공존의 시대

공존의 시대

김성환 지음

신자유주의 시대 이후
사람과 자연, 사람과 사람, 중앙과 지방이
더불어 사는 세상

타커스

꿈의 진화

제가 성장하면서 가졌던 꿈 이야기부터 할까요.

이순신

제 어렸을 적 꿈은 이순신 장군 같은 사람이 되는 것이었습니다. 제가 태어난 곳 거문도. 전라남도와 제주도 사이에 있는 작은 섬입니다. 이곳에서 초등학교 4학년까지 다니다가 바다 건너 서울로 유학을 왔습니다. 서울로 오려면 우선 육지로 나와야 하는데 그곳이 여수였습니다. 여수는 이순신 장군이 전라 좌수사로 부임하고 임진왜란을 승리로 이끈 곳이라 자연스럽게 그를 자주 접하면서 그와 닮은 사람이 되고 싶었습니다.

문학도와 운동가

그 꿈이 처음 변한 것은 고등학교 3학년 때입니다. 저는 대학입시를 앞두고 진로에 대해 고민합니다. 호랑이는 죽어서 가죽을 남기고 사람은 죽어서 이름을 남긴다는데, 어떻게 하면 이름을 남길 수 있을까? 국문학도가 되어 멋진 시나 소설을 남기면 되지 않을까 하는 생각도 했었습니다. 그러나 이 꿈은 오래가지 못합니다.

1983년, 부모님의 희망대로 성적에 맞춰 신촌에 있는 한 대학의 법학과에 입학했습니다. 1학년 때는 고시공부를 했지만 교내 백양로에 늘 진을 치고 있는 백골단과 그들에게 끌려가는 선배들의 모습을 보고 생각을 바꿨습니다. 특히 그 선배들에게 중형을 선고하는 사법부를 보면서 저마저 권력의 시녀가 되지는 않겠다는 마음을 굳혔습니다. 하여 고시공부 대신 민주화운동에 뛰어들었고, 당시 마음에 품었던 정의롭게 살겠다는 다짐이 오늘에 이르기까지 저를 지탱해준 밑거름이 되었습니다.

대통령

세 번째 꿈의 진화는 국회의원 비서관으로 일할 때 일어났습니다. 학생운동과 청년운동을 하다가 처음으로 국회의원 비서관으로 취직했는데, 첫해부터 국정감사와 예결산 심의 지원업무를 하다 보니 해당 사안이 코끼리의 앞발인지 꼬리인지 알기가 쉽지 않았습니다.

그 무렵 보좌관들 사이에 개별 사안에 매몰되지 않고, 종합적으로 관찰하고 대책을 세우려면 '대통령적 사고'가 필요하다고 주장하는 사람들이 있었습니다.

저도 그 의견에 전적으로 동의했습니다. 그때부터 어떤 문제를 접하게 되면 '내가 대통령이라면 이 문제를 어떻게 볼까?' 하는 사고 훈련을 하게 되었습니다. 실제 대통령이 되는 것과 관계없이, 이러한 사고 훈련은 제가 노무현 대통령님을 모시고 청와대 정책실에서 근무할 때와 구청장직 업무를 할 때 특히 많은 도움이 되었습니다.

독수리 5형제

최근 제 꿈은 '지구를 지키는 독수리 5형제'가 되는 것입니다. 제가 어렸을 때 즐겨봤던 '독수리 5형제'는 지구 정복을 노리는 비밀결사 캐릭터에 맞서 다섯 명의 소년 특공대의 활약을 그린 공상과학 애니메이션입니다. 이들 5형제는 지구 정복을 꿈꾸는 악당들과 싸워 지구를 구하지만, 저는 인간의 탐욕과 이기심으로 인해 멸종의 길로 가고 있는 지구와 인류를 구하고 싶습니다.

지구는 37억 년 전에 생명이 탄생하고 5억 년 전부터 생명종이 폭발적으로 늘어난 이래 현재까지 다섯 차례 대멸종을 겪었습니다. 그중 6,700만 년 전에 일어난 다섯 번째 대멸종의 주인공인 공룡은 자신이 멸종할 것이라는 사실을 몰랐습니다. 그런데 여섯 번째 멸종이 있다면 그 주인공은 바로 우리 인간일 것이고, 우리는 이 사실을 알고 있습니다. 그럼에도 우리는 그 길로 가고 있습니다. 마치 서서히 끓는 냄비 속 개구리처럼 말입니다.

저는 지구가 사람들만의 것이 아니라 오랜 세월 다양한 생명종들과 함께 살아오고 있는 공동의 공간이라는 사실을 최근에야 절실하게 느끼고 있습니다. 그런 지구가 산업혁명 이후 수백 년 동안 급속하게 파괴되고 있고, 특히 3억 년 전에 쌓아놓은 석탄과 석유를 물 쓰듯 하면서 생긴 기후변화의 속도와 방향을 빠른 시일 내에 되돌리지 못한다면, 회복불능의 상태에 빠질 가능성이 매우 크다는 사실도 알게 되었습니다.

어떻게 해야 지켜낼 수 있을까요? 혼자서는 절대 해낼 수 없는 일입니다. 뜻을 같이하는 여러 명의 형제들이 필요하겠지요. 독수리 5형제처럼. 저도 그중 한 명이고 싶습니다.

이 책에 제가 왜 지구를 지키는 독수리 5형제 중 한 명이 되겠다고 했는지, 어떻게 지구를 지킬 것인지, 지구를 지키기 위해 우리나라와 제가 살고 있는 마을에서 어떤 일을 하면 좋을지 등에 대한 제 생각을 담았습니다.

빅 히스토리

2017년 6월, 138억 년 우주 역사를 한눈에 이해할 수 있는 천문우주과학관 노원우주학교가 문을 열었습니다. 학교 건물 3, 4층에는 빅 히스토리관과 코스모스관이 있습니다.

보통 역사라고 하면, 1만여 년 전 농업혁명 이후 문명의 역사를 다룬 '세계사'이거나, 인류의 조상이 나무 아래로 내려온 시기부터 시작되는 '문명사'를 칭해왔습니다.

그런데 '빅 히스토리'를 창안한 데이비드 크리스천 교수는 오늘날 나와 우리를 이해하려면 우주의 시작인 빅뱅에서부터 별과 은하의 출현, 태양계의 생성, 생명의 탄생과 진화 그리고 인류의 등장과 현대의 문명에 이르기까지 전 과정을 알아야 한다고 말합니다. 이름 그대로

'거대사'입니다. 흥미롭게도 이를 적극적으로 지지하고 실천하는 사람이 마이크로소프트사의 설립자 빌 게이츠입니다. 그는 생물학, 물리학, 인류학 등 이미 많은 개별적 지식을 알고 있었지만 빅 히스토리를 접하기 전에는 이 모든 것을 융합시켜본 적이 없었다고 합니다. 특히 자신이 어렸을 때 이 같은 교육을 받지 못한 것이 무척 안타까웠다고 합니다. 그래서 그는 현재 미국의 9~10학년(우리나라로 치면 중3~고1)에 해당하는 학생들이 빅 히스토리를 배울 수 있도록 적극적으로 지원하고 있습니다.

반면, 우리나라는 고등학교 단계에서 인문계와 이공계로 나뉘고, 빅 히스토리 같은 융합적 학문을 충분히 배우지 못하면서 인문계는 과학적 지식이 부족하고, 이공계는 그 반대의 상황에 놓이는 경우가 많습니다.

저도 고등학교 2학년 때 인문계를 택했는데, 그때부터는 과학을 가까이 접할 기회가 거의 없었습니다. 그런데 우연히 리메이크된 칼 세이건의 '코스모스' 동영상 13부작을 보면서 새로운 사실을 많이 알게 되었습니다. 코스모스에 관심을 갖게 되면서 코스모스의 역사적 표현이라 할 수 있는 빅 히스토리도 가까이 하게 되었죠.

그리고 최근에는 빅 히스토리 협동조합의 조합원이 되었습니다. 조합원이 된 이유는 간단합니다. 저도 빌 게이츠처럼 한국의 학생들이 중고등학생 때부터 빅뱅에서 현재까지의 역사를 모두 배울 수 있기를 바라고, 그 일에 조금이나마 보탬이 되기를 희망하기 때문입니다.

빅 히스토리를 배우는 것은 천문우주학, 물리학, 화학, 지구과학, 생물학, 인류학, 문학, 철학 등 각 분야별로 쪼개져 있는 학문을 융합하여 이해할 수 있는 가장 좋은 방법입니다.

　제가 〈글머리〉에서 이를 강조하는 이유는 이 책을 읽을 분들이 가능한 한 우주만큼 넓은 안목을 갖기를 바라기 때문입니다. 또한 세상을 보는 눈과 생각의 범위가 커질수록 당면한 시점에서 우리가 해야 할 과제도 더욱 분명하게 인지하게 되기 때문입니다.

공존의 시대

　2008년, 미국 국책 모기지 업체인 페니매이와 프래디맥이 파산하여 2,000억 달러의 구제금융 결정이 내려진 지 일주일 만에 미국 4대 투자은행인 리먼 브라더스(Lehman Brothers)가 파산하면서 미국발 금융위기가 발생했습니다. 이 금융위기로 인해 유럽의 상업은행도 연쇄적으로 도산하여 세계적 금융위기로 확산되었지요.

　이에 대해 당시 많은 학자들은 고삐 풀린 시장자유주의가 만든 필연적 결과이며, 1980년대부터 확산된 신자유주의 시대가 종말을 고했다고 분석했습니다.

　한 시대가 종말을 고했다면 그 다음 시대는 어떻게 불러야 할까요? 시대를 규정하는 것이 칼로 무 자르듯 쉽게 되는 것이 아니고, 일정한 시간과 경향이 누적된 이후 학문적 분석이 뒤따라야 하는 것을 전제하면, 아직 새로운 시대를 무엇이라 규정하기는 어렵습니다.

　그렇지만 저는 신자유주의 이후 시대를, 이 책의 제목이기도 한 '공존의 시대'라 부르고 싶습니다. 세 가지 이유가 있습니다.

애덤 스미스의 《국부론》과 함께 시작된 고전 자유주의의 영향으로 1929년 세계 대공황 때까지 세계는 극심한 경제적 불평등을 경험합니다. 이후 뉴딜정책과 케인스주의, 두 차례의 세계대전과 공산주의 확산에 맞선 수정자본주의 등을 겪으며 비교적 평등하게 발전하는 시대가 열립니다. 그러나 1980년부터 '작은 정부, 큰 시장'을 주창하며 시작된 신자유주의로 인해 다시금 극소수의 부자와 다수의 빈자로 세상이 나뉩니다. 이런 불평등이 심해짐에 따라 전쟁과 테러, 범죄의 증가, 난민의 증가가 일어나고, 미국의 트럼프 대통령 집권 이후 멕시코 국경에 장벽을 세우는 것으로 상징되는, 이민족에 대한 혐오와 같은 퇴행적 상황이 확산되고 있습니다. 신자유주의는 무엇보다 시장을 맹신하며 물신주의와 이기주의를 확대해 전통적인 공동체의 가치를 약화시켰습니다.

우리나라도 예외는 아니었지요. 1995년 김영삼 대통령이 호주 방문을 마치고 돌아오는 길에 선언한 '세계화'가 그 시작입니다. 1997년 외환위기와 함께 급속하게 확산된 신자유주의는 우리의 경제·사회 풍토를 크게 뒤흔들었죠. 그리고 20년이 지난 지금, 경제적 양극화는 세계 최고 수준으로 심화되었고, 세계 최저 출산율과 최고 자살률을 기록하고 있습니다. 이 수치들은 시장만능주의가 한 사회를 얼마나 황폐하게 만드는지를 단적으로 보여줍니다.

세계적으로나 국내적으로나 이런 문제들을 해결하기 위해서는 이제 사람과 사람이 더불어 사는 세상, 즉 '공존'이 해답입니다.

노무현 대통령께서는 그의 유작 《진보의 미래》에서 "아무리 버스가 만원이더라도… 마, 같이 타고 가자"라고 말합니다. 사람들이 목적지를 향해 함께 버스를 타고 가는 것이 '진보의 미래'이자 '공존의 시대'이겠지요.

공존의 시대라 부르는 두 번째 이유: 사람과 자연의 공존

중세 봉건주의 시대를 지나 근대 자본주의 역사는 산업혁명의 역사와 그 궤를 함께합니다. 중세 봉건주의 시대는 1500년대 지동설을 비롯한 각종 과학적 발견과 실험 끝에 조금씩 변화가 생깁니다. 그 결과 봉건 영주의 권위는 추락하고 새로운 신흥계급이 탄생하지요. 이와 함께 과학은 새로운 에너지원인 석탄을 발견하고 이를 기초로 방적기계를 거쳐 기차까지 만들어냅니다. 산업혁명의 시작이지요.

석탄과 기차는 말과 배가 연결했던 세계를 빠르게 연결하기 시작합니다. 그와 함께 발견된 석유가 자동차와 비행기를 비롯한 각종 산업의 원재료가 되면서 인류 문명을 급속하게 발전시킵니다. 인류의 문명은 탄소의 유기 화합물인 석탄과 석유를 바탕으로 생명사와 인류문명 전체를 통틀어서 가장 급속한 발전을 거듭하게 됩니다.

그러나 3억 년의 역사를 지닌 석탄과 석유를 근대 산업혁명의 시작과 함께 활용했던 인류는 이 에너지원이 어떤 부작용을 초래할지에 대해서는 알지 못했습니다.

최초의 경고는 1970년대에 시작됩니다. 그러나 당시에 이 경고는 미래 예측의 가능성 중 하나로 치부되었습니다. 그러나 갈수록 석탄과 석유의 사용 과정에서 발생하는 이산화탄소가 기후에 미치는 악영향이 현실화되면서 1992년 브라질 리우에서 협약이 체결되고, 2000년대에 들어서 세계에서 가장 우선적인 해결과제가 빈곤의 해결에서 기후문제의 해결로 그 의제가 변경되기에 이르렀습니다.

자세한 논거는 본론에서 밝히겠지만, 한마디로 이제는 자연의 정복을 통한 인간의 행복은 불가능합니다. 자연과 사람이 공존해야 한다는 말이지요.

자연과 사람의 공존은 인류 문명사 전체로 놓고 보면 가장 최근의 고민 영역입니다. 왜냐하면 인류는 700만 년 전 나무 아래로 내려온 이래 대부분의 시간을 오로지 생존을 위해 보냈기 때문입니다. 인류는 700만 년의 마지막 1만 년 전에야 비로소 농업을 시작하면서 겨우 자연을 이용하기 시작했기에, 사람이 자연을 파괴한다는 것은 과거에는 상상할 수 없었습니다. 그런 오랜 인식이 최근의 상황에서도 우리를 과도한 낙관주의자로 만드는 시간의 역설이기도 합니다.

그러나 최근 인류는 애덤 스미스가 250년 전 《국부론》을 저술할 때와는 차원이 다른 세계를 살고 있습니다. 이제는 앞서 언급한 것처럼 인류의 멸종을 걱정해야 할 단계에 이른 것입니다.

신자유주의로 인한 경제 양극화를 해소할 방법은 '사람과 사람의 공존'이고, 기후변화로 인한 지구 온난화를 해결할 방법은 '사람과 자연의 공존'입니다. 불행한 것은 이 두 가지 과제가 우리 인류에게 동시에 닥치고 있다는 사실입니다.

공존의 시대를 열기 위해서는 위 두 과제와 함께 인구를 안정화하는 일과 자연생태계를 복원하는 일도 함께 진행되어야 합니다.

산업혁명 초기 세계 인구는 10억 명 수준이었습니다. 호모 사피엔스가 출현한 20만 년 전부터 산업혁명 시기까지는 인구가 매우 천천히 증가합니다. 그러나 이후 200여 년간 인구가 기하급수적으로 증가해 현재 70억 명을 넘어섰습니다. 이대로 가면 2050년에는 100억 명을 넘어설 것이라는 전망도 있습니다. 인구가 늘어날수록 자연에 미치는 영향이 커지고 반대로 공존의 시대를 열기는 어려워집니다. 따라서 지구촌 전체의 인구를 80억 명 이내에서 안정화시키는 과제가 동시에 진행되어야 합니다.

또한 지하수의 오염과 물 부족, 토양의 침식과 사막화, 어족 자원의 감소, 사라지는 빙하와 솟아오르는 해수면 등 파괴된 지구 생태계를 복원하는 일도 공존의 시대에 해결해야 할 중요한 숙제입니다.

공존의 시대라 부르는 세 번째 이유: 중앙과 지방의 공존

자연과 사람의 공존, 사람과 사람의 공존에 이어 우리가 해결해야 할 숙제는 중앙과 지방의 공존입니다. 우리나라는 전통적으로 중앙집권형 국가 운영 체계를 유지해왔습니다. 과거 유럽 국가들처럼 각 지역별 봉건영주들의 권한이 크지 않은 상태에서 근대 국가 체계를 갖게 된 것이지요. 특히, 우리는 근대 초기에 식민지와 전쟁을 겪으면서 국토 전체가 폐허가 되었고, 이를 재건하는 과정에서 수직적 권위주의 체제와 결합된 중앙집권 체계가 확대되는 과정을 거칩니다. 이와 같은 중앙집권형 체계에서는 명령과 복종을 기반으로, 과정보다는 결과를, 참여보다는 동원을, 다양성보다는 일사불란함이 중요시되었지요.

그 가운데 1995년부터 지방의 단체장과 의원을 주민의 손으로 뽑는 지방자치제도가 시행되어, 현재 20년이 넘었습니다. 제도 시행 이후 많은 변화가 있었지만 여전히 부족한 점도 많습니다. 인사·조직·예산권도 취약하고, 법령의 범위 내에서만 조례제정권이 있어 창조성을 발휘하기에도 제약이 큽니다. 무엇보다도 정보통신의 발전으로 정보의 접근과 공유가 국민 모두에게 확장된 가운데 헌법상 주인인 국민들이 살고 있는 삶의 현장에서 스스로 참여하고 결정할 수 있는 권한에 대한 제한이 너무 큰 상황입니다.

이런 문제를 해결하기 위해 문재인 대통령은 연방제 수준의 분권형 개헌을 하겠다고 국민과 약속했습니다. 중앙정부가 가지고 있는 권한을 주민들이 스스로 결정할 수 있도록 그 권한을 최대한 마을로 내려보내는 것. 이는 경찰자치, 교육자치, 생활자치 등의 형식으로 나타날 것입니다.

이와 같은 지방분권은 유한한 지구를 살리는 지름길이기도 합니다. 기후변화에 대응하고 지속가능한 경제 시스템을 구축하기 위해서는 결국 시민 한 사람 한 사람의 자발적 의지와 변화가 필요합니다. 세계적, 국가적 제도 변화와 함께 삶의 현장의 변화가 함께할 때만이 가능합니다. 그런 측면에서 중앙과 지방의 공존은 앞선 두 과제와 동시에 추진될 때 더 효과적일 수 있습니다.

지구촌은 각 나라와 마을 단위에서 기후변화 대응, 경제 양극화 해소, 인구 안정화, 생태계의 복원과 같은 시대적 과제를 그 현장의 특성에 맞게 다양한 방식으로 풀어나가야 합니다. 거기에다 우리는 남과 북의 평화와 통일이라는 특수한 과제가 하나 더 추가된 상황이니 여러 모로 더 복잡하다 하겠지요.

실타래가 얽혀 있을수록 실의 끝을 잘 잡아야 합니다. 우리 앞에 닥친 공존의 시대로 가기 위한 세 가지 과제와 남북한 간의 특수 과제는 각각 다른 문제처럼 보이지만 현실에서는 하나로 얽혀 있습니다. 북한이 미국을 위협하는 미사일을 발사하면 다른 과제는 논의에서 사라지기도 하고, 이 문제만을 놓고 해결방안을 마련하다 보면 다른 과제가 퇴행하는 경우도 생기기 때문입니다.

저는 공존의 시대로 나아가기 위해 현재 얽혀 있는 실타래를 푸는 현장의 기술자가 되고 싶습니다. 저는 학계의 전문가도 아니고, 환경운동 전문가도 아닙니다. 다만 국회의원 비서관, 노원구의원, 서울시의원, 청와대 정책실 행정관과 비서관, 노무현 대통령님이 만든 한국미래발전연구원의 기획실장, 그리고 노원구청장직을 거치면서 현장경험은 제법 쌓았다고 생각합니다. 달리 생각해보면 이런 경력을 쌓기도 쉽지 않지요. 저는 현장의 기술자로서 저의 제2의 고향이자 두 딸이 태어나고 자란 노원구와 대한민국 나아가 지구촌에 조금이나마 도움이 되길 희망합니다.

우리는 마을에서 '행복'할 수 있을까?

최근 100여 년의 현대사를 구분하면, 1940년대부터 1980년대까지를 복지국가 시대라 부릅니다. 이 시대의 키워드는 '정부'였지요. 그리고 1980년부터 2008년까지를 일반적으로 신자유주의 시대라 칭합니다. 이 시대의 키워드는 당연히 '시장'이었습니다.

저는 그 이후의 시대를 앞서 말한 바와 같이 공존의 시대라 규정했습니다. 그리고 그 키워드는 '공동체'라고 생각합니다. 사람과 자연,

사람과 사람, 정부·시장·시민의 공동체, 더 크게 보면 지구 전체가 살아 있는 하나의 공동체라는 의미죠. 지구 공동체. 하여 제가 8년간 구청장직을 맡으면서 가장 역점을 둔 일 중의 하나가 마을 단위에서 '공동체를 복원'하는 것이었습니다.

우리는 전통적인 농업 국가답게 과거 마을 단위로 두레나 계와 같은 공동체를 통해 서로 돕고 살아왔습니다. 그러나 이 농촌 공동체는 1960년대 산업화·도시화의 물결과 함께 급속하게 해체된 반면 도시형 공동체는 제대로 자리 잡지 못했습니다. 도시화 초기 고속 성장이 진행될 때에는 절대 빈곤에 따른 문제를 해소하기 위해 정신없이 살았지만, 절대 빈곤기를 벗어나고, 경제 양극화가 확대되면서 도시화 과정의 어두운 단면들이 드러나기 시작했지요. 노원도 예외는 아니었습니다.

수락산, 불암산에서 내려다보면 마치 성냥갑 같은 아파트들. 이 회색 콘크리트 담 속에서 이웃이 누구인지도 모른 채 우리는 각자 살아왔습니다. 그 가운데 송파 세 모녀 자살사건 같은 일이 도처에서 일어나고 있었지요.

저는 마을에서 농촌과 다른 의미의 새로운 도시 공동체를 만들어보고 싶었습니다. 이른바 마을공동체 복원 운동 시리즈입니다.

- 첫 번째 걸음 : '안녕하세요!'—이웃과 인사하기
- 두 번째 걸음 : '나누면 행복해집니다!'—기쁨을 나누면 두 배, 슬픔을 나누면 절반
- 세 번째 걸음 : '마을이 학교다!'—한 아이를 키우려면 온 마을이 필요합니다
- 네 번째 걸음 : '사람이 우선입니다!'—생명은 우주만큼 소중합니다

- 다섯 번째 걸음 : '녹색이 미래다!'– 자연과 사람이 공존해야 합니다
- 여섯 번째 걸음 : '노원아 놀자! 운동하자!'–문화로 행복 올리GO, 운동으로 건강 올리GO

이렇게 2012년 이후 대략 매년마다 한 가지 주제를 정하고, 그와 관련된 교육과 실천사업을 병행했습니다. 그리고 지난해부터 기존의 여섯 가지 발걸음을 총망라하여 일곱 번째 걸음인 '행복은 삶의 습관' 운동을 진행하고 있습니다.

경제는 수단이고 행복은 목표이지요. 우리가 마을공동체 복원을 통해 궁극적으로 얻고자 하는 것도 '행복'이라고 생각합니다. 어떻게 하면 같은 조건에서 구민들이 더 행복해질 수 있을까?

노원구는 영국 '슬로우 마을'을 대상으로 실험한 BBC 방송의 사례에 주목했습니다. 영국의 긍정 심리학자들이 참여한 가운데, 슬로우 마을에서 영국판 행복 10계명을 실천했더니 마을이 훨씬 행복해지는 것을 확인할 수 있었습니다. 그래서 우리도 노원구 버전의 행복 10계명을 만들었습니다.

행복을 만드는 10가지 방법

1. 인사와 웃음은 행복의 시작입니다.

2. 하루 다섯 번 감사를 표현합니다.

3. 매일 나와 이웃을 한 번 이상 칭찬합니다.

4. 일주일에 3일, 30분 이상 운동합니다.

5. 일주일에 1시간 이상 가족, 이웃들과 대화합니다.

6. 영성적 활동을 통해 마음을 풍요롭게 합니다.

7. 한 달에 한 번 이상 봉사 나눔 활동을 합니다.

8. 자연과 공존하며 식물을 키웁니다.

9. 독서와 문화예술 활동을 생활화합니다.

10. 비교하지 않고 자신에게 충실한 삶을 삽니다.

　노원구는 현재 1만여 명의 행복 배달부들이 매일 아침 행복 편지를 배달하는 일과 함께 '행복 10계명'을 습관화하기 위해 행동하고 있습니다. '행복은 전염된다'고 합니다. 우선 내가 행복하면 이웃이, 이웃이 행복하면 마을이 더 행복해집니다. 곧 대한민국도 그렇게 되겠지요.

　스웨덴은 20세기 초 '국가는 국민의 집'이라는 슬로건 아래 세계에서 가장 행복한 복지국가를 만들었지요. 국가가 국민의 집인 것처럼

노원구는 '구민의 집'입니다. 노원구는 8년간 4층짜리 '행복한 구민의 집'을 짓는 데 온 힘을 쏟았습니다. 우선 대지가 굳건해지도록 환경을 튼튼히 하고, 1층에는 복지, 2층에는 교육, 3층에는 일자리, 4층에는 문화를 올렸습니다.

스웨덴의 오늘이 있기까지 거의 100여 년이 걸렸습니다. 노원의 구민의 집도 한 번에 완성될 수는 없습니다. 다만, 노원구민 모두가 주인으로 참여하면서 백지장을 맞든다면 세상 어느 곳보다 행복한 집이 될 것이라고 확신합니다.

노. 발. 대. 발.

노원에서는 '노발대발'이라는 구호를 자주 보고 듣게 됩니다.

위 사진은 제 명함의 앞면인데, '노발대발'이라는 글자가 크게 보입니다. 화가 많이 났냐고요? 아닙니다. "노원이 발전하면, 대한민국이 발전한다"의 줄임말입니다. '노발대발'이라는 썩 좋지 않은 뜻의 사자성어가 노원에 와서 빛을 발하게 되었지요.

사실 제 창작품은 아닙니다. 권양숙 여사님 작품을 베꼈습니다. 저는 새해 첫날이면 늘 불암산성 터에서 구민들과 해맞이 행사를 하고, 바로 봉하마을로 내려가서 노무현 대통령님 참배 전후에 권양숙 여사님을 찾아뵙니다. 2014년 1월 1일이었습니다. 여사님과 함께 떡국으로 늦은 점심을 먹는 도중에 여사님이 이런 건배사를 하셨습니다. "노무현재단이 발전해야 대한민국이 발전합니다. 제가 '노발'하면 '대발'하세요."

서울행 KTX를 타고 돌아오는 길에 저는 노무현재단과 노원구가 같은 '노'씨 집안이니 '노발대발'을 노원의 대표 슬로건으로 쓰면 좋겠다고 생각했습니다.

그렇게 제가 '노발대발'한 지도 벌써 4년 차입니다. 2010년에 '삽질보다 사람입니다'로 시작한 민선 5기 4년까지 더하면 8년 차가 됩니다. 짧지 않은 시간이지요. 그 시간 동안 노원에서 처음 시작해 전국으로 확산한 그야말로 **'노발대발'**의 사례가 많이 쌓였습니다.

- 중앙정부도 엄두를 내지 못했던 **생명존중 자살예방사업**
- 소방서에서만 실시하던 **심폐소생술 상설 교육**
- 구에서 동으로 복지전달체계를 확장한 **동 복지허브화 사업**
- 전국 최대 개미군단이 모여 스스로 돕는 **노원교육복지재단**
- 문재인 정부 치매국가책임제도의 모범이 된 **노원치매지원센터**
- 30만 원 상당 지원을 통해 흡연율을 낮춘 **포지티브 금연사업**

- 최저임금 1만 원 시대를 앞당긴 **생활임금제도**

- 지방정부 공공부문 **비정규직의 정규직화**

- 노동부와 협업하여 10인 미만 **영세기업 4대 사회보험 가입 확대**

- 대학생과 어르신을 연결한 공유경제의 모범 **룸쉐어링**

- 마을 전체가 한 아이의 교육을 책임지는 **혁신교육 마을이 학교다**

- 돌봄 도서관, 북카페를 통합한 새로운 공동체 모델 **마을 행복발전소**

- 기후변화에 대응하여 주택의 패러다임을 바꿀 **노원 에너지 제로 하우스**

- 놀이를 통해 협동을 체험하는 공간 **불암산 더불어 숲**

- 나무의 생태와 순환을 종합적으로 체험하는 곳 **노원 목예원**

- 중랑천 유일의 하천 생태 교육 공간 **중랑천환경센터**

- 코스모스와 빅 히스토리를 전문 교육하는 **노원우주학교**

- 수학 포기자 없는 학생과 마을을 위한 **수학문화원**

- 범죄 없는 안전한 마을을 위한 **일반주택 범죄 제로화 사업**

- 자원봉사 기부 자원순환의 가치를 전면 확산한 **노원지역화폐**

  등등

기초지방자치단체의 업무는 상당수가 국가나 광역단체의 위임 사무여서, 새로운 과제를 발굴하고 이를 전국적인 모범사례로 확산하기가 쉽지 않습니다. 일반적으로 그와 같은 사례를 '혁신'이라 하지요.

참고로 노원구는 서울에서 재정자립도가 가장 낮습니다. 또한 노원에 저소득층과 장애인 등이 많은 까닭에 복지예산이 전체 예산의 태반을 차지합니다. 그럼에도 불구하고 8년간 제가 '노발대발'하면서 느낀 점은 '혁신은 풍요에서 나오는 것이 아니라 절박함에서 나온다'는 것입니다.

한 나라가 발전하기 위해서는 크게 두 가지 방식이 있습니다. 하나는 중앙정부가 결정하여 전국적으로 동시에 같은 정책을 추진하는 것입니다. 이른바 탑 다운(top down) 방식입니다. 이 방식은 파급효과가 큰 반면 실패할 경우 그 후유증도 큽니다. 대표적 사례가 4대강 사업이지요.

나머지 하나는 지방정부가 추진하는 사업 중 성공한 사례를 전국화하는 방식입니다. 이른바 버텀 업(bottom up) 방식입니다. 이 방식은 파급효과는 다소 느리게 나타나는 반면, 실패할 경우에 상대적으로 그 피해가 적습니다. 대표적 사례가 김상곤 경기 교육감이 처음 추진했던 무상급식 사업이지요. 앞서 언급한 '노발대발'의 사례는 국가 발전의 두 번째 방식에 조금이나마 기여했다고 생각합니다.

최근 문재인 대통령님은 노동조합 간부들과 만난 자리에서 '노발대발'을 외쳤다고 합니다. '노동조합이 발전해야 대한민국이 발전한다'의 줄임말로 사용한 것이지요. 더 나아가 '노인복지가 발전해야 대한민국이 발전한다'에까지 '노발대발'이 다양하게 쓰이기 시작했습니다. 그야말로 '노발대발'입니다.

노원은 하늘도 돕는 듯

서울 동북쪽 끝. 수락산, 불암산, 중랑천을 끼고 있는 전형적 배산임수 마을 노원. 제가 초등학교 4학년 때 바다 건너 서울로 올라온 이래

줄곧 서대문구 신촌 근처에 살다가 1991년 장모님 댁 근처에 살겠다고 처음 정착한 곳입니다. 이곳에서 구의원과 시의원을 하고, 2010년에 단체장이 되어 현재 구청장직 8년 차에 이르렀습니다.

저의 지난 8년여 시간을 한마디로 표현하면 '저는 참 운이 좋은 사람'이라고 말하고 싶습니다. 인간은 본성적으로 혼자 살아갈 수 없는 존재입니다. 우리의 먼 조상이 700만 년 전 나무 위에서 대지로 내려온 이래 그리고 인류의 직접 조상인 호모 사피엔스 종이 살아온 20만 년 동안 우리는 사회적으로 서로 돕고 살아왔지요.

최근 노원 8년의 역사도 마찬가지입니다. 노원구청 1층 로비 엘리베이터 맞은편에는 '노발대발 현황판'이 제법 크게 붙어 있습니다. 완료된 사업은 주황색으로, 진행 중인 사업은 파란색으로 표시된 이 판을 보고 있으면 8년간 노원의 모습이 참 많이 변하고 있음을 한눈에 알 수 있습니다. 이 노발대발 현황판에는 노원 마을을 행복하게 만들기 위해 함께 참여하고 노력한 분들, 일일이 열거할 수 없을 정도로 많은 분들의 땀이 고스란히 배어 있습니다.

정부도 엄두를 내지 못했던 **자살예방사업**을 진행할 수 있었던 것도 많은 분들의 도움 덕분입니다. 자살 시도자가 백병원, 을지병원, 원자력병원 응급실을 방문했을 때 그를 치료한 의사 선생님들의 도움이 없었다면 성과를 내지 못했겠지요. 자살 유가족을 관리해준 노원경찰서의 도움이 없었다면, 자살 시도자를 옮긴 노원소방서 식구들의 도움이 없었다면 마찬가지였겠지요. 혼자 사는 어르신들 중 우울증세를 보이는 분들은 없는지 전수 조사를 할 때, 복지도우미로 변신한 마을 통장님들의 헌신도 큰 역할을 했습니다.

고유명사로 출발해서 이제는 보통명사가 되어버린 **'마을이 학교다' 사업**. '한 아이를 키우기 위해서는 온 마을이 필요하다'는 공감 아래 함께해주신 학교 선생님들과 학생, 학부모님, 교사 자격증은 없지만 각종 재능을 가지고 참여해준 주민들 그리고 교육청 관계자와 구청 식구들의 헌신적 참여가 없었으면 역시 불가능했겠지요.

노원의 돌봄과 독서 그리고 마을 커뮤니티 활동을 새롭게 만들어가는 **작은 도서관과 마을별 행복발전소**. 이곳은 그야말로 주민자율로 운영됩니다. 가끔 이곳에 가보면 화수분처럼 마을의 새로운 자치 역량들이 샘솟는 모습을 보게 됩니다. 만약 이 공간을 구청이 직영하고, 주민들은 그저 이용객에 머물렀다면 오늘과 같은 활력은 없었을 것입니다.

기후변화에 대응하여 냉난방 시설 등에 화석연료를 사용하지 않는

노원 에너지 제로 하우스. 대한민국에서 처음 짓는 집이라 쉽지 않은 도전이었지만 명지대 산학협력단, KCC건설, 제드건축사를 비롯한 여러 식구들의 헌신적 노력이 없었으면 에너지 제로 건축의 패러다임을 바꾸는 역사는 한참 뒤로 미루어졌겠지요.

봄에 열리는 19개 동의 **마을 운동회**와 가을에 열리는 **마을 축제**. 이 행사는 거의 같은 날 동시에 열리기 때문에 저는 메뚜기 널뛰듯 급하게 들러봅니다. 그런데 예산이 많지 않음에도 각각의 특성에 맞게 마을공동체가 살아 움직이는 모습이 보입니다. 마을의 주인은 주민들입니다. 주민들이 주인의식을 갖고 참여하는 데는 노인회, 주민자치회, 복지협의회, 동 체육회, 통장협의회, 새마을단체를 비롯한 각종 직능단체와 주민센터 식구와 각종 동호회 모임 회원들의 헌신적인 노력이 있었기 때문입니다.

연 인원 30만 명이 넘게 참여하여 서울의 대표 축제가 된 **노원 탈축제**. 노원의 유치원, 어린이집, 문화예술단체, 약사회 등 의료단체, 종목별 체육단체, 마들농요를 비롯한 수많은 봉사단체가 참여하고 있습니다. 탈을 직접 만들고 퍼레이드에 참여한 각 동의 주민과 학생들, 교통지도를 해준 녹색어머니회와 모범운전자회 등의 적극적인 참여가 없었으면 적은 예산으로 성공하기 어려웠겠지요. 또한 야외 행사는 날씨가 성패의 절반을 좌우하는데 노원 탈축제 날에는 지난 5년 동안 한 번도 비가 오지 않았습니다. 노원은 하늘도 돕는 듯했습니다.

일일이 다 열거하지 못하지만 이 모든 일을 추진하는 데에는 지역의 국회의원, 시·구의원님들의 협력과 예산 지원이 늘 든든한 '빽'이 되어주었습니다.

혼자서 가면 빨리 갈 수 있지만, 여럿이 함께 가면 멀리 갈 수 있다고 했지요. 노원구가 그 걸음을 걷고 있습니다. 협업, 바로 '공동체의 힘'이 '노원의 변화'를 만들고 있습니다.

4년 전 제가 구청장에 재임될 당시 당선사례에 '4년간 전세계약을 연장해주신 집주인님 감사드립니다'라고 했었습니다.

4년씩 두 번, 8년의 전세계약 기간 동안 부족한 점이 많았습니다. 그럼에도 늘 집주인님들이 '노원구민의 집'을 함께 보살펴주신 덕분에 우리의 집이 예전보다 조금은 더 따뜻하고 살기 좋아졌다고 합니다. 그 변화의 과정 가운데 저도 함께할 수 있어서 행복합니다. 이 자리를 빌려 전세 사는 저를 '참 운이 좋은 사람'으로 만들어주신 모든 집주인 분들에게 머리 숙여 감사드립니다.

차례

3부 사람과 사람의 공존

4부 | 중앙과 지방의 공존

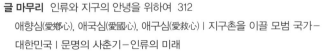

1부

지구와 생명.
그 기적 같은
경이로움

블루마블:
국경이 없는 지구

　1968년 12월 24일 크리스마스 이브. 아폴로 8호에 타고 달을 탐사하던 우주비행사 윌리엄 앤더스는 달의 뒤편에서 지구로 선물을 하나 보냅니다. 마치 달 표면에서 지구가 떠오르는 듯한 모습의 인류가 찍은 지구의 첫 컬러 사진. 이름하여 지구돋이(Earthrise).

　우리는 지금도 '해돋이' 혹은 '해가 뜬다'라고 말하지만, 실제로는 지구가 태양을 중심으로 매일 한 차례씩 자전한다는 사실을 이 사진

(Rising Earth, NASA)

을 통해 처음으로 확인합니다. 당시 사람들이 많이 놀랐다고 하지요.

저도 이 사진과 사진에 붙은 이름을 보고 매일 아침 '뜨는 해'를 어떻게 표현해야 할지 많이 고민했습니다. 아무래도 '해가 뜬다'보다는 '해를 맞이한다'가 더 과학적인 표현이겠지요.

그리고 4년 후. 1972년 12월 7일 아폴로 17호의 승무원이 지구로부터 4만 5,000km 떨어진 곳에서 온전하게 둥근 지구의 모습을 처음으로 카메라에 담아 전송합니다. 푸른 구슬처럼 보인다고 하여 블루 마블(The Blue Marble)로 유명해진 아래 사진이 그것입니다.

자세히 보면 구름 낀 푸른 구슬 위쪽으로 아프리카와 유럽, 중동아시아 대륙이 보이고 아래쪽으로 남극 대륙이 보입니다. 구슬이 참 아름답지요. 그런데 흔히 세계지도 속에서 봐왔던 국경이 보이질 않습니다. 색깔과 선으로 구분해놓은 국경. 사진이 지구로 전달되는 그 순간에도 경제적 이익이나 민족과 종교의 차이로 인해 서로 총부리를 겨누고, 우리 땅과 너희 땅을 구분하는 사람들 입장에서는 문화적 충격이었습니다.

우리는 인류의 문명이 시작되고 수천 년 동안 특히 가까운 거리에 있는 사람과 민족들끼리 서로 정복하거나 정복당하며, 당시 지배세력의 행동과 그 피해에 따라 갈등과 대립을 해왔습니다. 최근 트럼프 미국 대

(Blue Marble, NASA)

통령이 이스라엘의 수도를 예루살렘으로 공식 인정하고 대사관도 옮기겠다고 하자 국제사회가 크게 반발하고 있는데, 이것도 지구촌의 대표적 갈등 사례라 할 수 있겠지요.

예루살렘은 수천 년 동안 기독교, 유대교, 이슬람교가 모두 성지로 삼고 있는 도시입니다. 이런 이유로 유엔은 1947년 이곳을 어느 나라에도 속하지 않는 도시로 선언했지요. 1967년 이스라엘이 예루살렘을 무력으로 점령한 이후에도 국제법은 예루살렘을 이스라엘 영토로 인정하지 않고 있습니다. 이후 오랜 기간 이곳에 살았던 팔레스타인을 포함한 이슬람교 진영과 이스라엘 간의 대표적 분쟁지역이 되었지요.

먼 곳의 이야기뿐만 아니라 가까이 우리나라와 일본의 관계만 보더라도 마찬가지입니다. 일본의 식민지배 과정에서 생긴 상처는 가해국의 진정한 사과와 반성이 없는 가운데 70년이 넘었음에도 치유되지 않고 있습니다.

또 5,000년이 넘도록 한 핏줄로 살아왔음에도 6·25전쟁과 남북분단이 남긴 상처는 현재 진행형으로 우리의 삶에 지대한 영향을 미치고 있습니다.

그런데 50년 전 인류의 손으로 처음 찍은 푸른 별 지구의 사진에는 국경과 민족이 보이질 않습니다. 단지 지구가 둥근 하나의 공동체라는 사실만을 우리에게 보여줍니다. 이 사진이 주는 메시지는 과연 무엇일까요?

창백한 푸른 점:
우주의 먼지 같은 행성

세월이 좀 더 흐르고 난 1990년. 인류가 우주인과 소통하기 위해 1975년에 최초로 쏘아 올린 보이저 1호가 해왕성을 지날 무렵, 미국 나사(NASA)의 자문역이자 세계적 천문학자인 칼 세이건의 제안으로 태양계 밖을 향하던 보이저 1호는 자신의 카메라를 돌려 60억km 떨어진 지구 행성을 촬영한 사진을 보내옵니다.

컴퓨터 그래픽이 아니라 인간의 과학기술로 촬영한 것 중 가장 먼 곳에서 찍은 지구의 모습으로, 창백한 푸른 점(Pale Blue Dot)으로 유명한 아래의 사진입니다.

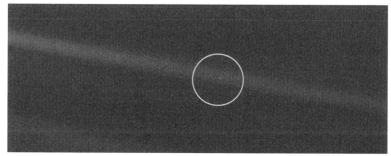

(Pale Blue Dot, NASA/JPL)

하얀 원 안에 있는 작은 점이 바로 지구의 모습입니다. 우주적 시각에서 보면 지구는 한강의 모래알보다 작은 먼지 같은 존재라는 사실을 이 사진이 처음으로 우리에게 알려주었습니다.

이 무렵, 천문학자 칼 세이건은 13편에 달하는 동영상 '코스모스'를 제작합니다. 그리고 이 코스모스 동영상 마지막 편에서 지구에 대한 그의 생각을 압축하여 다음과 같이 표현합니다. 다소 길더라도 한 번 읽어보시죠.

여기가 우리 보금자리고 바로 우리입니다. 이곳에서 우리가 사랑하고 우리가 알고 우리가 들어봤으며, 지금까지 존재한 모든 사람이 살았습니다.

우리의 기쁨과 고통, 우리가 확신하는 수천 개의 종교와 이념, 경제체제, 모든 사냥꾼과 식량을 찾는 이들, 모든 영웅과 겁쟁이, 문명의 창조자와 파괴자, 모든 왕과 농부, 모든 사랑에 빠진 연인, 모든 어머니와 아버지, 촉망받는 아이, 발명가와 탐험가, 모든 스승과 부패한 정치인, 모든 슈퍼스타, 모든 최고의 지도자, 역사 속의 모든 성인과 죄인이 태양 빛 속에 떠다니는 저 작은 먼지 위에서 살다 갔습니다.

지구는 '코스모스'라는 거대한 극장의 아주 작은 무대입니다. 그 모든 장군과 황제들이 아주 잠시 동안 저 점의 작은 부분의 지배자가 되려한 탓에 흘렸던 수많은 피의 강들을 생각해보십시오. 저 점의 한 영역의 주민들이 거의 분간할 수도 없는 다른 영역의 주민들에게 끝없이 저지르는 잔학행위를 생각해보십시오. 그들이 얼마나 자주 불화를 일으키고 얼마나 간절히 서로를 죽이고 싶어하며 얼마나 열렬히 증오하는지. 우리의 만용, 우리의 자만심, 우리가 우주 속의 특별한 존재라는 착각에 대해 저 창백하게 빛나는 점은 이의를 제기합니다. 우리 행성은 사방을 뒤덮은 어두운 우주 속의 외로운 하나의 알갱이입니다.

이 거대함 속에 묻힌 우리를 우리 자신으로부터 구해줄 이들이 다른 곳에서 찾아올 기미는 보이지 않습니다. 지구는 아직까지 알려진 바로는 생명을 품은 유일한 행성입니다. 적어도 가까운 미래에 우리 종이 이주할 수 있는 곳은 없습니다. 다른 세계를 방문할 수는 있지만 정착은 아직 불가능하죠. 좋든 싫든 현재로선 우리가 머물 곳은 지구뿐입니다. 천문학을 공부하면 사람이 겸손해지고 인격이 함양된다는 말이 있죠. 멀리서 찍힌 이미지만큼 인간의 자만이 어리석다는 걸 잘 보여주는 것은 없을 것입니다. 저는 이것이 우리의 책임을 강조하는 것 같습니다. 서로 좀 더 친절하게 대하고, 우리가 아는 유일한 보금자리인 창백한 푸른 점을 소중히 보존하는 것이 우리의 의무죠.

칼 세이건은 "우리가 아는 유일한 보금자리인 창백한 푸른 점을 소중히 보존하는 것이 우리의 의무"라고 말합니다. 저는 이 문장을 읽으면서 그가 천문학자이기보다 철학자라는 느낌을 받았습니다.

철학이란 무엇인가? 제가 대학에 다닐 무렵, 철학이란 궁극적으로 세계관과 인생관을 밝히는 학문이라 배웠습니다. 즉, '우주의 탄생부터 현재까지의 세계의 운영원리를 이해하는 가운데 나는 무엇을 어떻게 해야 하는가'를 칼 세이건은 철학자로서 저에게 말합니다. "창백한 푸른 점을 소중히 보존하는 것이 우리의 의무"라고.

창백한 푸른 점이 지구에 알려진 1990년. 당시 과학은 우주 탄생의 시작점을 150억 년 전으로 계산했습니다. 그러나 그로부터 37년이 흐른 지금, 인류는 더욱 진전된 과학적 발견과 검증을 거쳐 태초의 시점을 138억 년 전으로 변경했습니다. 고작해야 100년을 사는 사람의 입장에서 138억 년에 달하는 영겁의 시간과 빛의 속도로 수백억 년을 가야 하는 우주적 공간을 온전히 이해하기란 쉽지 않지요.

이제는 상식이 되었지만 1543년에 코페르니쿠스가 그의 책《천체의 회전에 관하여》에서 지동설을 주장하기 전까지 사람들은 지구가 우주의 중심이고 태양이 그 주위를 돈다고 믿었습니다. 예수님이 태어나고 100년 후 프톨레마이오스가 천동설을 정립한 후부터 약 1,400여 년간 그렇게 생각했지요.

코페르니쿠스가 지구가 돈다는 사실을 알게 된 것은 그가 책을 발간하기 30년 전입니다. 그리고 20년 전에 그 책을 씁니다. 그런데 왜 한참이 지난 후인 1543년에야 발표했을까요? 코페르니쿠스는 이 책을 공개한 1543년에 유명을 달리합니다. 그는 자신의 죽음이 임박했

니콜라스 코페르니쿠스

《천구의 회전에 관하여》 표지

다고 생각하고 마지막 결단을 내렸겠지요.

'청명에 죽으나 한식에 죽으나'라는 우리 속담이 있습니다. 청명과 한식은 같은 날이거나 하루 차이라서 언제 죽으나 별 차이가 없다는 뜻이죠. 코페르니쿠스도 자신의 생명이 다하여 죽음을 맞이하거나, 지동설을 발표하여 종교재판에 회부되어 죽음을 맞이하거나 비슷하다고 생각한 것이 아닐까 싶습니다. 1,400여 년 동안 진리로 받아들여졌던 천동설에 맞서 지동설을 주장하는 것이 미칠 파장이 두려웠겠지요.

그 후로도 상당 기간 지구가 우주의 중심이라는 종교의 권위는 과학적 발견을 인정하지 않았습니다. 대표적으로 17세기의 철학자이자 과학자인 갈릴레오 갈릴레이는 망원경으로 달과 목성 등을 관찰하며 지동설을 확신했습니다. 그럼에도 종교재판에서는 목숨을 부지하기 위해 이를 부정할 수밖에 없었습니다. 그리고 뒤돌아서서 독백하지요. "그래도 지구는 돈다"고.

갈릴레이 이후에도 케플러, 뉴턴, 아인슈타인, 허블을 비롯한 수많은 과학자들이 우주의 운영 원리를 알아내기 위해 땀을 흘렸습니다. 덕분에 우리는 직접 경험하지 않고도 많은 것을 알게 되었지요.

우주에서 지구가 먼지 같은 존재라는 사실을 알면 인생이 허무해진다고 말하는 사람들이 있습니다. 그런데 제 경험으로는 정반대입니다. 우주적 관점에서 지구가 먼지 같은 존재라는 사실에는 변함이 없습니다. 그러나 우주의 창조와 변화에 대해 알면 알수록 저는 이 지구 행성이 얼마나 기적 같은 존재인지 새삼 느끼게 됩니다.

그 행성에서 아침에 눈을 뜨고, 숨 쉬고, 일하고, 대화하고, 잠들 수 있는 생명체로 살고 있다는 사실에 매일 가슴이 벅차오릅니다. 그야말로 살아 있는 하루하루가 기적 같은 삶의 연속이지요.

더구나 과학적 추론과 증명을 누적하고 대물림하며 새로운 문명을 창조하는 가운데 한 번도 살아보지 않았지만 자신이 속한 지구와 우주의 역사를 밝혀낸 생명체로 산다는 것. 더 나아가 인류와 지구, 그리고 우주의 미래까지 내다보는 천재적 능력을 가진 생명체로 살아가고 있다는 것이 얼마나 경이로운 일인지 감탄스럽기만 합니다.

 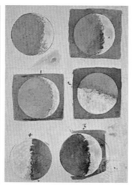

(http://snews.bnl.gov/index.html)　　(http://www.observatorio.ufmg.br/Pas93.htm)

갈릴레이가 관측했던 망원경과 달의 모습

태양계와 생명의 역사:
생명 창조의 기적

　우리가 살고 있는 지구 행성에는 현재 3,000만 종 이상의 생명체가 살고 있습니다. 이 모두는 세포로 이루어져 있고 사람의 몸에도 대략 60조 개의 세포가 있습니다. 이 세포는 지구 탄생 초기 원시 바다에 살았던 최초 생명체의 후손들입니다. 상상해보세요. 한여름 아스팔트의 빈틈을 뚫고 나온 이름 모를 잡풀과 우리가 태초의 조상이 같다는 사실을.

　생명의 역사는 지구의 역사이고, 곧 태양의 역사이기도 합니다. 태양이 없었으면 지구도 없고 물론 생명의 역사도 없었겠지요. 태양은 46억 년 전에 탄생합니다. 어떻게 탄생했을까요. 과학자들은 대략 50억 년 전 태양계 주변에서 초신성의 대폭발이 있었을 것이라고 합니다. 대폭발 이후 흩어져 있던 물질들이 중력 작용에 의해 뭉친 것입니다.

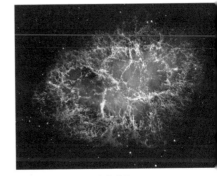

초신성 폭발 이후 나타난 성운

　초신성은 현 태양보다 대략 10배 이상

큰 별이 생명을 다했을 때 강한 빛을 내며 폭발하는 별을 말하는데, 이 때 원소 기호 26번인 철(Fe)보다 무거운 물질이 대량으로 만들어집니다. 지구에서 발견되는 금, 은, 우라늄 등 무거운 물질은 이때 만들어진 것입니다. 대폭발 이후 흩어져 있던 물질들은 다시 중력 작용에 의해 뭉치기 시작합니다.

그리고 46억 년 전 태양계가 만들어집니다. 태양계에서 태양의 비중은 99.84%입니다. 거의 절대적입니다. 남은 물질들은 우리가 과학 시간에서 배운 '수-금-지-화-목-토-천-해' 순으로 만들어집니다. 그 중 수성에서 화성까지는 무거운 고체형 별들이고, 목성부터는 가벼운 기체형 별들입니다. 태양이 만들어질 때, 무거운 원소들은 멀리 날아가지 못한 탓이겠지요.

태양의 세 번째 행성인 지구는 처음에는 용암 덩어리였습니다. 우주에 흩어져 있던 물질 덩어리들이 뭉치는 과정에서 당연히 불꽃이

튀었겠지요. 그리고 지구가 현재의 모양을 갖추기 직전에 또 화성만한 크기의 커다란 운석이 부딪치고 튕겨나가 동화 속 토끼가 살고 있는 달이 되었답니다. 수억 년의 세월이 흘러 지구가 친친히 식으면서 하늘로 올라간 증기는 비가 되어 지구로 떨어지고, 그 물이 모여 원시 바다가 만들어집니다.

그러던 지구에 대략 37억 년 전에 마치 기적처럼 생명체가 만들어집니다. 그러나 과학은 아직 그 생명체가 어디서 어떻게 만들어졌는지 알지 못합니다. 심해 바닷속 열수구에서 생겼다거나 우주로부터 운석에 실려서 왔다거나 하는 가설이 있지만 아직 검증되지 않았습니다. 분명한 것은 37억 년 전에 최초의 생명이 탄생했고, 그 흔적을 남겼다는 점입니다.

오스트레일리아 서부 샤크만, 시아노박테리아 화석

위의 사진은 얼핏 보면 제주도 해안가 같지요. 아닙니다. 오스트레일리아 서부 샤크만(Shark Bay)의 모습입니다. 37억 년 전에 만들어진 시아노박테리아(cyanobacteria)라는 남조균이 켜켜이 쌓인 화석입니다.

저도 사진으로만 몇 차례 봤는데 기회가 닿으면 꼭 한 번 직접 보고 싶습니다. 이것이 우리 인류의 조상이니까요.

이 단세포 생명체가 다세포로 진화하는 데 20억 년이 걸립니다. 유전 정보 DNA를 담은 핵과 에너지를 공급하는 미토콘드리아가 공존하는 세포로의 진화. 바로 이 하나의 기적 같은 창조가 있었기에 오늘날 인류가 태어나게 되었습니다.

이후 10억 년 전 무성생식에서 소위 암수가 나누어지는 유성생식이 시작되고, 5억 년 전에는 생명종들이 폭발적으로 분화되기 시작합니다. 드디어 생명의 꽃이 피기 시작한 것입니다.

그래도 아직 인류의 등장은 한참 멀었습니다. 아래 그림은 지구의

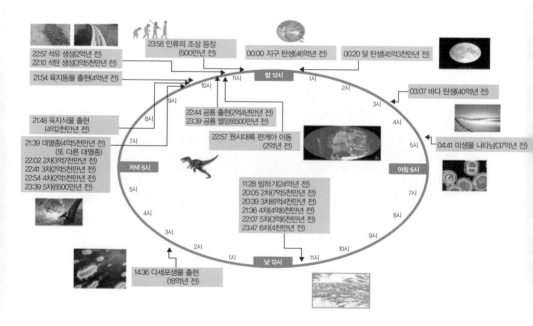

역사를 24시간으로 치환한 것입니다. 첫 생명체의 탄생이 새벽 5시경에 이루어졌다면, 다세포 생물로 진화한 시간은 오후 3시경입니다. 지구 전체 역사에서 볼 때도 무척 긴 시간입니다. 저녁 10시가 다 되어서야 육지에 식물과 동물이 차례로 진출합니다. 그리고 다섯 번의 대멸종기를 거치게 됩니다.

우리가 잘 아는 공룡은 2억 4,000만 년 전에 출현해서 6,500만 년 전에 멸종합니다. 지구의 역사를 하루 24시에 비유하면, 밤 10시 44분에 등장해서 11시 39분에 퇴장합니다.

인류의 조상은 대략 700만 년 전에 나무에서 내려옵니다. 직립하는 오스트랄로피테쿠스로 진화하는 데 절반인 350만 년이 걸립니다. 불을 사용하는 호모 에렉투스로 진화하는 데 또 대략 200만 년이 걸립니다. 그리고 인류의 직접 조상인 호모 사피엔스는 20만 년 전에 세상에 등장합니다. 지구 시간으로 밤 11시 59분 59초의 일입니다. 우주 138억 년 역사는 고사하고 지구 46억 년의 역사만 놓고 보더라도 생명의 역사 중 인류의 역사는 거의 찰나에 가깝다고 하겠지요.

저는 가끔 잠이 오지 않을 때면 인류가 현재까지 오게 된 길고 긴 여정을 헤아려보곤 합니다. 참 기적 같은 여정이지요.

인류의 출현:
위대한 여정의 시작

    지금으로부터 대략 700만 년 전. 북아메리카 대륙과 남아메리카 대륙이 연결되면서 해류 흐름에 대변화가 생겼다고 합니다. 이로 인해 아프리카 대륙에 가뭄이 찾아오고, 나무 위에서 살았던 인류의 먼 조상은 더 이상 나무 위에서 살기 어려운 환경이 조성되자 땅으로 내려오는 결단을 내립니다.

    코끼리처럼 몸집이 크거나 사자만큼 발톱이 날카롭거나 사슴처럼 빠르지 못한 인류는 땅에서 생존을 위한 큰 변화를 시도합니다. 수풀 사이에서 자신을 위협하는 맹수가 나타나는 것을 빨리 알아채야 하는 생존의 압박이 인류를 곧추서게 만들었지요.

인류의 진화 상상도

이러한 '직립'이 인류가 우리와 DNA가 2%밖에 다르지 않은 침팬지 등과 달리 오늘의 찬란한 문명을 만들게 된 첫 번째 관문입니다. 인류 최초의 직립 화석으로 알려진 루시. 1974년 당시 시카고대 대학원생이었던 조날드 존핸슨은 아프리카 에티오피아에서 320만 년 전 1*m*가 조금 넘는 여성의 유골로 추정되는 오스트랄로피테쿠스 아파렌시스 화석을 발견합니다. 존핸슨은 이 화석을 발견했을 때 텐트 안에서 흘러나오던 비틀즈의 노래 '저 하늘의 다이아몬드를 가진 루시(Lucy in the sky with Diamonds)'를 듣고 있어서, 그 이름을 '루시'라고 했다지요.

아래 왼쪽 사진이 '루시'라는 이름의 화석인데, 현재 동아프리카 대륙 에티오피아의 수도 아디스아바바의 국립박물관에 있답니다. 오른쪽 사진은 화석을 근거로 만든 입체모형이고요. 느낌이 어떤가요. 320만 년 전 우리 인류의 조상 같은가요?

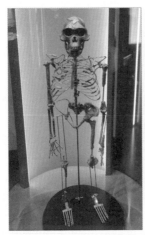

(https://answersingenesis.org/)

저는 인류의 조상이 살았던 아프리카 대륙에 아직 한 번도 가본 적이 없는데, 기회가 오면 직접 보고 싶습니다. 요즘 특정 테마가 있는 여행 상품이 인기를 끌고 있는데, 앞에서 소개한 생명의 시원이 확인된 오스트레일리아 서부의 사크만 등과 연계하여 '생명의 기원'에 대한 여행 코스를 만들면 의미 있는 여행상품이 되지 않을까 싶습니다.

인류 문명의 두 번째 관문은 '불의 발견'입니다. 대략 150만 년 전에 호모에렉투스 종이 불을 사용하면서 많은 변화가 시작됩니다. 한마디로 삶의 여유가 생기기 시작한 것이죠. 우선 맹수의 위협으로부터 스스로를 지킬 수 있게 되었고, 추위와 어둠을 이길 수 있게 되었습니다. 또한 날것으로 먹던 육류를 익혀 먹게 됨으로써 영양 흡수가 좋아지고, 이에 따라 신체구조가 달라지기 시작합니다. 이 조상들은 모닥불 근처에 모여 오랫동안 대화를 나누기 시작했고, 그 결과 인류의 뇌가 급속하게 커지기 시작합니다.

그리스 로마 신화에 프로메테우스가 제우스로부터 불을 훔쳐 인간에게 주는 이야기가 나옵니다. 이에 화가 난 제우스는 프로메테우스를

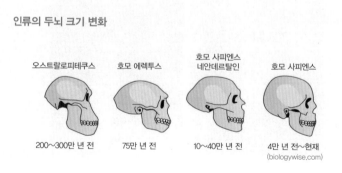

인류의 두뇌 크기 변화

오스트랄로피테쿠스   호모 에렉투스   호모 사피엔스 네안데르탈인   호모 사피엔스

200~300만 년 전   75만 년 전   10~40만 년 전   4만 년 전~현재
(biologywise.com)

코카서스 정상 바위에 묶어두고 낮에는 독수리가 그의 간을 쪼아 먹고 밤에는 다시 재생되게 하는 고통을 줍니다. 이 신화에서 알 수 있는 것처럼, 불의 사용은 신의 권능에 비견될 만큼 인류 역사에 중요한 변곡점이 된 사건이라 할 수 있겠지요.

인류 문명의 세 번째 관문은 '언어'입니다. 20만 년 전 현생 인류의 직접 조상인 호모 사피엔스가 동아프리카에 나타납니다. 그리고 7만 년 전을 전후하여 이들의 인지능력이 급속히 증가합니다. 이른바 생존을 위한 언어수준을 넘어 '저 별똥별이 떨어진 걸로 보면 재앙이 올지도 몰라'와 같은 상상력을 담은 언어를 포함해 뒷담화와 수다도 나눌 정도로 언어능력이 발달합니다. 이는 사피엔스 종족 내부에 협업능력과 단결력을 높이는 데 결정적인 역할을 하게 됩니다.

이 무렵, 유럽과 중동지역에는 현생 인류의 사촌 격인 네안데르탈인이 공존했습니다. 우리 인류는 부분적으로 네안데르탈인과 교류했지만 3만 년 전까지 그들을 멸종시키는 주인공이 되었습니다. 2100년이면 현생 인류가 사라질 것이라고 예언한 이스라엘의 역사학자 유발 하라리는 그의 책 《사피엔스》에서 이를 '인지혁명'이라고 표현했지요. 우리의 직접 조상인 사피엔스의 활약상이 궁금하시면 이 책을 읽어보면 좋을 듯합니다.

인류 문명의 마지막 관문은 '농업혁명'과 '문자'입니다. 인류는 700여만 년의 긴 여정을 마치고 대략 1만 2,000여 년 전에 정착하기 시삭합니다. 도구를 만들고, 불을 상시로

사용하며, 언어로 의사소통하며 발전해온 인류가 마침내 한곳에 머물며 농사를 지으며 삶을 유지할 수 있는 방법을 체득한 것입니다. 우리가 아는 문명의 시작입니다.

그동안 인류는 자연의 한 부분이었습니다. 그러나 농업혁명을 통해 인류는 자연을 정복하기 시작했습니다. 그에 따라 대규모 도시가 만들어지고, 잉여와 정복이 생기고, 이를 기록할 도구를 발명하기 시작했습니다. 문자의 탄생이지요.

문자는 인류 문명을 비약적으로 발전시킵니다. 그동안 인류의 유산은 언어와 관습을 통해 일부에게 전달되었지만 문자의 발명으로 인류의 유산이 오랜 기간 폭넓게 전달할 수 있게 된 것이죠. 우리의 문명은 이와 같은 과정을 거쳐 오늘에 이르게 됩니다.

로제타스톤

영국의 런던대영박물관 입구에는 1799년 로제타 마을에서 발견된 길이 114cm, 폭 72cm 크기의 현무암이 하나 있습니다. 일명 로제타 스톤. 이 돌멩이에는 프톨레마이오스 5세(BC 205~180)의 은혜가 상형문자, 민용문자, 그리고 그리스 알파벳의 세 가지 방식으로 기록되어 있습니다. 그래서 이집트 상형문자 해독의 실마리를 제공했지요. 아직도 아마존 밀림에는 언어는 있지만 문자가 없는 종족이 꽤 있는 것을 고려해보면 문명의 발전에 있어서 문자가 갖는 위력은 결정적이라 하겠지요.

그 이후 대부분의 과정은 우리가 세계사 시간에 배운 인류 문명의 역사입니다. 우리는 농업혁명 이후에 각 대륙별로 발전을 거듭하고, 1500년경에는 과학적 발전으로 세계적 교류와 정복을 확대한 이래 1800년대 산업혁명을 거치며 오늘에 이르게 되었습니다.

중요한 것은 우리가 아는 농업혁명 이후 지금까지 대략 1만 년가량의 역사는 인류가 유인원으로부터 분기되어 나무 아래로 내려온 700만 년 전부터 지금까지의 기간에 비하면 너무도 짧다는 점입니다. 그럼에도 현재의 인류는 1/700에 해당하는 이 기간이 인류 여정의 전부인 양 느끼고 있습니다.

특히, 산업혁명의 급속한 진전 이래, 최근 100년 동안 인류의 문명은 급속한 과학적 발견과 창조가 거듭되면서 오히려 세상의 변화를 긴 호흡으로 바라보기보다는 당장 눈앞의 기술변화에 대응하기 급급한 상황에 내몰리고 있습니다.

대표적인 예가 인공지능(AI, artificial intelligence)입니다. 과거 덜 진화된 인공지능이 서양의 체스를 이길 때만 해도, 반상에서 수많은 경우의 수를 가진 바둑은 이기기 어려울 것이라고 생각했습니다. 그런데 2016년에 한국의 바둑 1인자인 이세돌이 인공지능 알파고에 1승 4패로 패하는 충격적 사건을 접하면서 인공지능에 대한 인류의 상식은 급속히 변화합니다. 급기야 유발 하라리의 주장처럼 호모 사피엔스 종족인 현생 인류의 존폐까지 걱정하는 단계에 이르게 되었지요.

저는 이럴 때일수록 우리 인류의 여정을 긴 호흡으로 바라봐야 한다고 생각합니다. 그런 관점에서 보면 오늘날 우리 인류가 자연의 단순한 피조물의 단계를 지나서 부분적이지만 인류가 가진 능력을 초월하는 존재까지 이르게 된 사실에 새삼 감탄하게 됩니다.

700만 년 전 나무에서 내려오기로 결단한 이래 우리 인류는 더 없는 창조적 진화 과정을 거쳐 오늘날에 이릅니다. 그래서 고민하게 됩니다. 신이 창조하지 않았다면 정말 이런 진화의 과정이 가능했을까요?

여섯 번째 멸종의 위기:
끓는 냄비 속 개구리를 닮은 인류

지금으로부터 대략 6,700만 년 전. 북아메리카 대륙 멕시코 유카탄반도 옆에 엄청나게 큰 운석이 떨어집니다. 이 충돌로 지구에는 오랜 기간 핵겨울이 찾아오고 2억 5,000만 년 전에 출현하여 세상을 지배했던 공룡이 멸종합니다.

이 멸종은 5억 년 전 생명종이 폭발적으로 늘어난 이래 다섯 번째 대멸종에 해당합니다. 참고로 대멸종이란 한 시대에 살던 생명종이 70% 이상 멸종한 때를 말합니다. 또한 대멸종 당시 먹이사슬의 최상위에 있는 포식자는 반드시 멸종에 포함되었습니다. 다섯 번째 대멸종 시기에 공룡이 멸종했던 것처럼 말입니다.

다섯 번째 대멸종이 있고 난 후, 공룡의 위해에 눌려 쥐 죽은 듯이 땅굴 속에 숨어 살았던 포유류가 세상으로 나옵니다. 그 포유류의 한 종인 우리 인류는 오랜 기간 도전과 응전 끝에 대략 4만 년 전부터 지구상의 최상위 포식자가 됩니다. 그 포식자는 아프리카 대륙을 넘어

아시아와 유럽으로 그리고 오세아니아와 아메리카 대륙으로 이동했고, 그들이 이동한 지역에는 어김없이 멸종이 있었습니다. 이제는 영화에서만 볼 수 있는 매머드와 같은 거대 동물이 멸종한 것도 인류의 영향이 컸지요.

그럼에도 산업혁명 이전에는 인류에 의한 멸종의 진행은 그리 심각한 수준이 아니었습니다. 그러나 산업혁명과 함께 문명의 비약적 발전으로 인류가 호사를 누리는 뒤안길에서 다른 생명종들은 기존과는 비교할 수 없을 정도의 속도로 멸종해가고 있습니다.

미국 생물다양성센터는 "우리는 6,500만 년 전 공룡들의 멸종 이래로 가장 심각한 대멸종 사태에 직면해 있다"라며 "하루에도 10여 종이 멸종하는 가운데 현재 대멸종이 진행되는 속도는 과거 대멸종의 1,000배에서 1만 배로 추정된다"고 설명했습니다. 이 센터는 향후 50년 내에 현존 생물종의 30%에서 50%가 멸종할 우려가 있다는 전망도 내놓았습니다. 이른바 여섯 번째 멸종을 말합니다.

역대 대멸종

단위: % | 자료: 네이처, 미국국립과학원

1차 대멸종	86	2차 대멸종	75	3차 대멸종	96
시기: 약 4억 4500만 년 전 추정 원인: 빙하기 도래 우주의 감마선 폭풍, 화산 폭발	멸종	시기: 약 3억 7000만 년 전 추정 원인: 빙하기 도래 운석 충돌	멸종	시기: 약 2억 5000만 년 전 추정 원인: 지구 온난화 운석 충돌, 화산 폭발	멸종
4차 대멸종	80	5차 대멸종	76	6차 대멸종(?)	70
시기: 약 2억 500만 년 전 추정 원인: 대규모 화산 폭발	멸종	시기: 약 6500만 년 전 추정 원인: 운석 충돌 대규모 화산 폭발	멸종	시기: 현재 진행 중 추정 원인: 인류 *향후 100년 내 가능성	멸종

(중앙일보 2016. 04. 29)

남극에서 측정한 이산화탄소 농도 및 지구 온도 그래프(60만 년 전~현재)

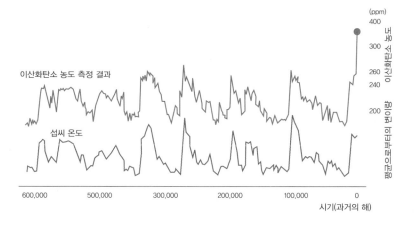

심각한 것은 앞선 다섯 번의 대멸종은 화산의 폭발, 운석의 충돌로 인한 자연변화 등이 원인이었다면, 현재 진행형인 여섯 번째 대멸종은 사람에게 책임이 있다는 점입니다.

산림과 생명종의 다양성을 파괴하고, 3억 년 전부터 쌓아온 석탄과 석유에너지를 물 쓰듯 하면서 순환되지 않는 쓰레기를 산더미처럼 쌓고 있는 인류의 이기심과 탐욕이 문제입니다. 그중에서도 가장 대표적이고 심각한 문제가 기후변화입니다.

위 그래프는 한때 세계 환경 대통령이라 불렸던 앨 고어가 쓴 책 《불편한 진실》에서 발췌한 것입니다. 이 그래프는 60만 년이 넘도록 남극에 켜켜이 쌓여 있는 빙하를 분석한 것입니다. 그래프 위의 진한 선이 대기 중 이산화탄소 농도 변화를 나타내고, 아래 엷은 선이 같은 시기 지구의 온노를 나타냅니다.

자세히 보면 두 그래프가 마치 쌍둥이처럼 함께 움직이는 것을 알 수 있습니다. 이산화탄소의 농도 변화가 지구 온도 변화에 그만큼 큰 영향을 미친다는 것을 보여주는 객관적 자료로 손색이 없지요.

그래프를 좀더 자세히 보면 60만 년 동안 대기 중 이산화탄소의 농도는 등락이 있긴 했지만 한 번도 280ppm을 넘어본 적이 없었습니다. 그런데 산업혁명을 기점으로 최근 200년 동안 이산화탄소 농도가 급격히 상승하고 있습니다. 급기야 2015년 지구상의 이산화탄소 평균 농도가 400ppm을 넘어서게 되었습니다.

대기 중에 이산화탄소가 늘어나면 햇빛을 더 많이 흡수하여 지구가 더워지는 지구 온난화 현상이 일어납니다. 최근 지구는 매년 2ppm씩 이산화탄소 농도가 오르더니 최근에는 3ppm씩 오르고 있습니다.

이 속도대로라면 2050년에는 대기 중 농도가 대략 560ppm에 이르고, 지

지구 온난화가 미치는 영향

5도 상승
- 히말라야의 빙하 소멸
- 중국 인구 25%에 영향
- 해양 산성화 가속, 해양 생태계 변화
- 해수면 상승으로 작은 섬들과 뉴욕, 도쿄 등의 도시 수장

4도
- 30~50%의 물 감소
  −아프리카 농작물 15~35% 감소
- 아프리카에서 최대 8000만 명 말라리아로 사망
- 해안지역 인구 최대 3억 명 홍수 피해

3도
- 유럽에서 10년마다 심각한 가뭄. 10억~40억 명 물 부족
- 기근 피해자 5억 5000만 명 증가
- 최대 300만 명이 영양실조 사망
- 최대 50%의 생물 멸종 가능성, 아마존 밀림 파괴 시작

2도
- 남아프리카와 지중해에서 물 공급량 20~30% 감소
- 열대지역 농작물 크게 감소 (아프리카는 5~10%)
- 아프리카인 최대 6000만 명 말라리아에 노출

1도
- 안데스산맥의 작은 빙하 녹음. 5000만 명 물 부족
- 매년 30만 명, 기후 관련 질병으로 사망
- 영구 동토층 녹아 러시아와 캐나다의 건물 및 도로 손상
- 10%의 생물 멸종 위기

자료: '기후 변화의 경제학' 보고서

(동아일보 2016. 11. 01)

구의 온도는 약 4~5℃ 상승할 것으로 예측됩니다.

만약 이 속도를 우리 스스로 제어하지 못한다면 다른 생명종은 말할 것도 없고 지구상의 최고 포식자인 인류도 다른 다섯 번의 멸종과 함께 사라졌던 최고 포식자들과 같은 운명에 놓이게 될 것입니다. 시한폭탄과 같은 이야기죠.

아래 사진에서 모래시계에 든 지구에게 남은 시간은 얼마일까요?

우리의 이성은 시간이 얼마 남아 있지 않다는 사실을 알고 있습니다. 그리고 남은 시간에 우리가 어떤 일을 우선해야 하는지도 알고 있습니다. 그런데 실제의 행동은 다릅니다. 당장 눈앞의 이익에 눈이 어둡고 기존의 관행적 방식에 익숙하여 이성적 실천을 뒤로 미루고 있습니다.

흔히 우리 인류의 현재 행태를 끓는 냄비 속의 개구리에 비유합니다. 차가운 물에 개구리를 넣고 조금씩 냄비를 데우기 시작하면, 그 물에 적응한 개구리가 물 안에서 튀어나오지 않고 삶아져 죽는다는 이야기입니다. 끔찍한 비유지요.

이런 표현도 있습니다.

"공룡은 자신이 멸종할 줄 몰랐다. 그러나 인류는 멸종할 줄 알면서도 그 길로 가고 있다."

(http://climatestate.com/2013/05/30/turning-the-tide/)

문명의 새로운 방향:
공존의 시대

지구 역사를 지질학적으로 구분하는 시간표가 있습니다. 지질학에서는 지구 역사를 ○○대(era), ○○기(period), ○○세(epoch)로 구분합니다. 제가 학교에 다닐 때 이것을 외우느라 머리에 쥐가 난 적이 있습니다. 전문용어라 아무래도 익숙하지 않지요. 옆의 영국 지질연구소에서 만든 도표를 보면 중생대 '쥐라기' 시기가 있습니다. 호박 안의 모기 화석으로부터 공룡의 DNA를 채취하여 공룡을 되살린 영화 '쥐라기(쥬라기) 공원'의 이름으로 그나마 친숙하지요.

이 연대표에 따르면 우리 인류는 신생대 제4기 홀로세에 살고 있습니다. 신생대(Cenozoic era)는 공룡이 멸종했던 중생대가 끝나고 포유류의 전성시대가 시작되는 6,500만 년 전부터를 말하고 그중 4기 홀로세는 1만 1,700년 전 마지막 빙하기가 끝나는 시점부터입니다.

그런데 2000년에 노벨화학상을 받은 네덜란드 대기화학자 파울 크뤼천(Paul J. Crutzen)은 현재의 지질시대를 '인류세(Anthropocene)'라고 부를 것을 제안합니다. 현생 인류의 활동이 지구 행성에 미치는 영향이 너무도 크기 때문에 이를 지질학적 시간표에 명시해야 한다는 것

새 지질연대 '인류세'
1950년 시작

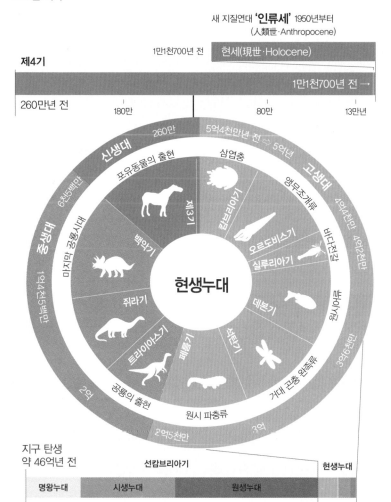

새 지질연대 **'인류세'** 1950년부터
(人類世·Anthropocene)

1만1천700년 전　현세(現世·Holocene)

제4기

1만1천700년 전 →

260만년 전　　180만　　　80만　　　13만년

260만 5억4천만년 전 ⇨ 5억년

신생대
포유동물의 출현
삼엽충
고생대
6천5백만
제3기
8천5백만
앵무조개류
4억4천만
백악기
오르도비스기
바다전갈
4억2천만
중생대
포악의 공룡시대
지긋한
실루리아기
현생누대
1억4천5백만
쥐라기
데본기
원시어류
3억9천만
트라이아스기
페름기
석탄기
거대 곤충 양서류
공룡의 출현
2억
원시 파충류
3억6천만
2억5천만
3억

지구 탄생
약 46억년 전

선캄브리아기

현생누대

명왕누대　시생누대　원생누대

자료: 영국지질연구소, 가디언, 위키백과
(연합뉴스 2016. 08. 30)

이죠. 그는 산업혁명 시기부터를 인류세라 불러야 한다고 주장하고, 또 어떤 과학자들은 최초 원자폭탄이 실험된 1950년대부터를 시작점 이라고 말하기도 합니다. 아직 관련 학계에서 정식으로 확정되지는 않았지만 조만간 '인류세'가 공식적 지질연대에 포함될 날이 머지않았다고 합니다.

지질연대에서 '홀로세'로 표현하든 '인류세'로 표현하든 무슨 상관 이냐고 하는 분도 있을 것입니다. 그러나 46억 년의 지구 역사로 보면 인류는 그야말로 기적 같은 창조물입니다. 인류는 기적 같은 생명의 탄생과 진화에 진화를 거듭한 끝에 지구 역사의 맨 마지막 순간에 등장합니다. 유인원에서 분리된 지 700만 년, 우리의 직접 조상인 호모사피엔스부터 보더라도 20만 년의 역사는 우리에겐 긴 역사 같지만 지구 전체 역사로 보면 그야말로 찰나의 순간에 불과합니다.

그런 인류가 지구 생태계 전체에 가장 큰 영향을 미치고 있다는 사실을 이제는 지질학 분야에서도 의미심장하게 다루고 있습니다. 결코 무시할 수 없는 대목이라 하겠지요.

그렇다면 인류세 이후의 인류의 미래는 어떻게 될까요? 앞에서 말한 것처럼 인류가 여섯 번째 멸종의 주인공이 되어 공룡이 사라진 것과 같이 지구 행성에서 자취를 감추게 되는 것은 아닐까요? 만약 그렇게 된다면 지질학을 연구하고, 분류하고, 기록한 인류는 그들 스스로가 살고 있는 현세를 '인류세'라고 기록하는 것을 마지막으로 자신도 멸종하게 되는 것일까요?

아직은 아무도 모릅니다. 우연의 연속으로 3차 세계대전이 발발해 핵무기가 남발되어 인류가 전멸할 수도 있고, 영화에 자주 등장하는 것처럼 우리 문명보다 앞선 외계인들의 침공으로 인류가 노예의 삶을 살아갈 수도 있고, 우리가 만든 인공지능 로봇에 의해 인류가 파멸되는 상황이 올지도 모릅니다. 혹은 지구가 기후변화로 더 이상 살 수 없는 행성이 되어 노아의 방주 같은 거대한 우주선을 타고 다른 별로 이주하여 살게 될지도 모르죠.

이와 관련하여 천문학자 칼 세이건은 우리 인류가 '문명의 사춘기'를 거치고 있다는 말로 현 수준을 진단합니다. 간결하지만 참 멋진 표현이지요. 사피엔스에 새겨진 초 사회성의 비밀을 다룬 책 《울트라 소셜》을 쓴 장대익 서울대 교수는 그의 책 에필로그에서 칼 세이건이 표현한 '문명의 사춘기'에 대해 다음과 같이 설명합니다. 한번 읽어보시죠.

> 우리 개개인은 질풍노도의 사춘기를 거치면서 타인을 이해하고 공감하고 배려하는 법과 자신의 감정을 통제하는 법을 연습한다. 그 시기를 잘 거친 개인은 훌륭한 인격을 가진 시민으로 성장하지만 그렇지 않은 이들은 자신과 타인의 삶에 고통을 주는 존재가 되기도 한다. 아동기를 큰 문제 없이 잘 거쳤다고 해서 사춘기가 자동으로 잘 흘러간다고 할 수는 없다. 마찬가지다.
>
> 인류 전체가 문명의 탄생과 아동기를 잘 넘어간다고 해서 사춘기의 성공은 보장되지 않는다. 물론 다른 종들이 감히 못한 사춘기 진입을 우리는 했지만 말이다. 그렇다면 호모 사피엔스는 이 사춘기 문턱을 잘 넘어 우주적으로 성숙한 초 사회적 종으로 성장할 수 있을까? 아니면 이 문턱 앞에서 자기 파멸의 길로 들어서고 말 것인가?

저는 장대익 교수의 글에 전적으로 동의합니다. 그렇다면 문명의 사춘기에 놓인 인류는 어떤 선택을 해야 할까요?

저는 아래 왼쪽 그림과 같이 현재 인류의 이기적(EGO) 삶을 오른쪽 그림처럼 생태적(ECO) 삶으로 옮기는 것이 사춘기를 성공적으로 넘어서는 지름길이라고 생각합니다. 다시 말하면 적자생존의 지구를 공존의 지구로 바꾸는 것이죠.

인류는 그동안 생존과 풍요를 위해 숨차게 달려왔습니다. 상상해봅니다. 인류의 먼 조상이 나무 아래로 처음 발을 디딜 때 얼마나 두려웠을까요? 이후 직립하고, 불을 발견하고, 도구를 사용하고, 언어가 발달하여 지구 생태계의 맨 꼭대기에 섰을 때에도 불안은 여전했지요.

홍수가 나거나 가뭄이 들면 끼니를 때우기 어려웠고, 전염병이 돌면 속수무책으로 가족의 죽음을 지켜봤어야 했겠지요. 또 이웃 나라가

(NeighborhoodEconomics.org)

더 날카로운 무기와 세력으로 침략하지 않을까 걱정하며 농사짓는 일 손을 놓고 성을 쌓았겠지요.

산업혁명 초기에는 3억 년 전에 땅속에 묻힌 석탄과 석유를 에너지로 사용하면서 기차와 자동차를 움직이고 새처럼 날고 싶다는 꿈을 비행기를 통해 이루면서도 더 많은 자원을 얻기 위한 전쟁의 참혹함도 마다하지 않았지요.

그러나 특히 산업혁명 이후 급격히 풍요로워진 인류의 생존 방식이 생태계를 파괴하고 기후변화를 가져올 것이라는 사실을 그때는 몰랐습니다. 지금은 알게 되었지요.

그렇게 숨 가쁘게 달려온 결과가 왼쪽의 EGO 그림 속에 있습니다. 지구 생태계 피라미드의 정점에 남자를 세우고 나머지를 복속시킨 인류의 이기심(EGO). 인류는 이제 그 이기심을 버려야 합니다. 그 이기심을 가득 채우고 있는 한 인류는 인류세를 마지막으로 여섯 번째 멸종의 주인공이 되는 것을 피할 수 없을 것입니다.

이제는 그 이기심의 자리에 공존의 가치를 채워야 합니다. 남녀노소를 포함하여 지구상의 모든 생명체가 생태적(ECO)으로 공존하는 세상이 되어야 합니다. 문명의 사춘기에서 성인기로 가는 과정에서 거쳐야 할 새로운 방향이지요.

공존의 세상, 공존의 시대를 만들어야 한다고 하면 취지는 좋은데 당장 어떻게 하자는 것이냐고 반문할 수 있습니다. 이와 관련된 내용은 다음 장부터 상세히 다루도록 하겠습니다. 다만, 세부 내용에 앞서 우리가 꼭 기억해야 할 것이 있습니다. 바로 지구촌 모두는 하나의 유기체적 존재라는 사실입니다.

한 나라에서 하나의 정책으로 표현되는 것들도 알고 보면 유기적인 과제들이 혼재되어 있지요. 예를 들면, 우리나라의 사회현상 중에서 가장 대표적인 해결과제가 세계 최고의 자살률 문제입니다. 이 문제의 중앙정부 소관부서는 보건복지부입니다. 그렇지만 보건복지부가 가지고 있는 정책 수단으로 자살률을 낮추는 사업을 얼마나 할 수 있을까요?

자살 예방사업은 우울증 환자를 치료하는 단순한 문제가 아니라 한 나라의 경제제도, 실업, 일자리, 복지, 건강, 교육, 마을공동체 등 여러 분야가 복합된 문제입니다. 따라서 자살예방 사업을 효과적으로 해내기 위해서는 자살에 이르는 여러 요소의 유기적 관계들을 잘 살피고 그에 맞는 처방을 해야 할 것입니다.

이와 관련한 이론이 가이아(Gaia) 이론입니다. 이 이론은 영국의 과학자 제임스 러브록이 1972년 그의 논문 '대기권 분석을 통해 본 가이아 연구'에서 처음 발표하고, 1978년 그의 책《지구상의 생명을 보는 새로운 관점》에서 소개했습니다. 잘 알려진 바와 같이 '가이아'는 그리스 로마 신화에 나오는 '대지의 여신'의 이름으로, 지구를 은유적으로 나타냅니다.

제임스 러브록의 가이아 이론에 따르면 '지구는 단순한 행성이 아니라 모든 생물과 무생물이 상호작용하면서 스스로 변화에 적응하고 진화해나가는 하나의 거대한 생명체이자 유기체'입니다. 지구상에 살아 있는 생명체는 물론이고 대기권, 바다, 토양을 비롯하여 길거리의 발에 채는 돌멩이 하나까지도 서로 유기적으로 연관되어 있다는 것이죠.

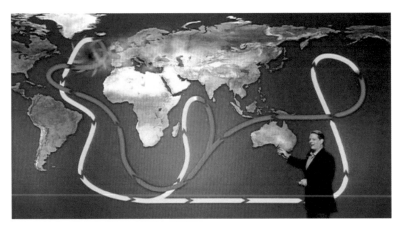

지구촌 해류의 흐름을 설명하고 있는 앨 고어

제가 이 책을 집필하고 있는 2017년 겨울, 한국은 추위에 떨고 있지만 우리보다 위도가 높은 유럽에서는 한겨울인데도 축구를 합니다. 유럽 사람들이 우리보다 축구를 좋아해서 그럴까요? 아닙니다. 그들이 겨울에도 축구를 할 수 있는 이유는 대서양 남쪽 멕시코 만 일대의 난류가 바닷속 깊숙이 흐르다가 유럽의 북해 일대로 올라와 따뜻한 공기를 쏟아내어 우리나라보다 덜 춥기 때문입니다.

위 사진은《불편한 진실》의 앨 고어가 지구상 해류의 흐름을 설명해주는 장면입니다. 사진의 왼편에 유럽에서 한겨울에 축구를 할 수 있는 해류의 흐름이 보입니다. 그런데 최근 북극 옆 그린란드 대륙의 빙하가 녹으면서 이 해류의 흐름이 근본적으로 바뀔 수 있음을 경고합니다. 이 경고가 현실이 되면 유럽도 우리처럼 봄부터 가을까지만 축구를 하는 나라로 바뀌겠지요. 그렇게 된다면 한겨울에 박지성에 이은 우리의 호프 손흥민이 런던에서 골을 넣는 장면도 더 이상 볼 수 없게 되겠지요.

이렇듯 세계는 상호 유기적으로 연관되어 있습니다. 이 유기적 관계를 인위적으로 파괴하는 집단은 안타깝게도 지구상에서 오직 인류뿐입니다.

> 지구는 아직까지 알려진 바로는 생명을 품은 유일한 행성입니다. 적어도 가까운 미래에 우리 종이 이주할 수 있는 곳은 없습니다. 다른 세계를 방문할 수는 있지만 정착은 아직 불가능하죠. 좋든 싫든 현재로선 우리가 머물 곳은 지구뿐입니다.

앞에서 소개한 칼 세이건이 쓴 글의 일부입니다. 그의 표현대로 지구는 아직까지 생명을 품은 유일한 행성입니다. 그 생명의 역사가 여기까지 온 과정을 되짚어보면 정말 경이롭습니다.

우리 몸의 2/3는 물입니다. 물 분자(H_2O)는 수소 원자 두 개와 산소 원자 한 개로 이뤄져 있지요. 이 수소 원자는 138억 년 전 우주가 빅뱅을 통해 처음 만들어질 무렵에 생깁니다. 그보다 무거운 탄소나 산소 혹은 철과 같은 원소는 수소와 헬륨이 핵융합 반응을 하면서 2억 년 후부터 생겨납니다. 내 몸속에 138억 년 전에 만들어진 물질이 가득 들어 있다고 생각해보세요. 얼마나 신비로운 일입니까. 그러니 저를 포함하여 지구의 모든 것은 우주와 떼려야 뗄 수 없는 관계를 맺고 있는 것이죠.

1609년에 강원도에서 미확인 비행물체가 목격되었다는 조선왕조실록의 기록을 모티브로 하여 만들어진 드라마 '별에서 온 그대(일명 '별 그대)'. 2013년 말 김수현과 전지현이 주연을 맡은 인기 드라마이지요. 과학으로 확인된 생명의 역사를 보면 사실 우리 모두가 '별 그대'의 주인공과 같은 존재입니다. 이 주인공들이 살고 있는 지구. 저는 이 경이로운 주인공들이 태양이 우리에게 빛의 에너지를 주는 한 앞으로 더 멋진 드라마를 계속 만들어갈 수 있기를 희망합니다.

2부

사람과
자연의 공존

유한한 지구별에서
살아남기

우주 공간에는 수많은 별들이 있고 이런 별들의 모임을 '은하'라고 합니다. 그중 우리가 살고 있는 태양계가 속해 있는 은하를 '우리은하(Our Galaxy)'라고 부릅니다. 우리는 일상생활 가까운 곳에 은하(Galaxy)를 두고 있기도 하지요. 남성의 양복 안에 혹은 주머니 속 핸드폰 안에.

아래 그림은 우리은하의 상상도입니다. 참 아름답고 웅장하지요. 우리은하에는 태양처럼 빛을 내는 항성이 약 1,000억 개 있고 전체 길이는 약 10만 광년입니다. 참고로 지구가 속해 있는 태양계는 중심부에서 약 3만 광년 떨어진 2/3 지점쯤에 있습니다. 빛은 1초에 지구를 일곱 바퀴 반을 도는 속도인 초속 30만km로 달리는데, 우리은하를 끝에서 끝까지 여행하려면 그 속도로 10만 년을 가야 한다니 상상하기 쉽지 않습니다.

우리은하만 해도 10만 광년의

(http://hubblesite.org/)

크기이다 보니, 1929년 천문학자 허블이 새로운 은하를 발견하기 전까지 인류는 우리은하가 우주의 전부인 줄 알았습니다. 그 무렵 허블은 우주가 정적으로 머물러 있지 않고 점점 팽창하고 있다는 사실을 발견했습니다. 덕분에 인류는 팽창의 속도를 역산하여 우주의 시원인 빅뱅에 접근하게 되었지요.

그 후로도 비약적으로 발전한 과학은 우리은하와 같은 은하가 대략 1,000억 개쯤 더 있다는 사실도 밝혀냈습니다. 이쯤 되면 우주의 끝과 끝이 얼마나 되는지 상상하는 것이 별 의미가 없게 되지요.

끝을 알 수 없는 광활한 우주 가운데 생명체가 살고 있는 별은 얼마나 있을까요? 이론적으로는 얼마든지 지구와 유사한 행성에서 생명체가 살 수 있습니다. 영화의 단골 메뉴처럼 우리보다 고등한 생명도 있을 수 있지요. 그러나 눈부시게 발전한 현대 과학으로도 다른 별에 생

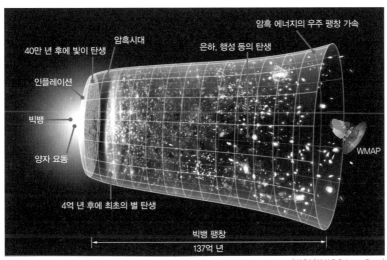

(NASA/WMAP Science Team)

명체가 살고 있다는 사실은 아직까지 발견하지 못했습니다. 현재까지 생명체가 살고 있는 유일한 행성은 지구밖에 없다는 뜻이지요.

그런 지구 행성에 지금과는 차원이 다른 위기가 닥쳐오고 있습니다. 46억 년 전에 지구가 만들어지고, 37억 년 전 생명이 탄생한 이래 진화를 거듭한 생명체는 5억 년 전부터 폭발적으로 늘어납니다. 그 후로 다섯 차례 대멸종이 있었는데, 6,700만 년 전 운석의 충돌로 인한 공룡의 대멸종이 다섯 번째입니다. 이제 인류는 여섯 번째 대멸종을 걱정하기 시작했습니다. 공룡이 사라진 빈자리에 최고 포식자가 된 다름 아닌 우리 인류의 멸종. 만약 우리 인류가 멸종한다면 그 핵심 요인은 기후변화 때문일 것이라고 예측하는 과학자들이 점점 늘어나고 있습니다.

20세기까지만 해도 현재의 기후변화는 빙하기와 간빙기의 순환 사이클 범위 안에 있다는 주장에 대해서도 사람들은 귀를 기울였습니다. 그러나 21세기에 접어들면서 이런 주장을 하는 과학자는 몇몇 다국적 석유 기업들의 이익을 대변하는 사람이라고 치부되는 상황에 이르렀습니다. 다수의 과학계와 합리적 이성을 가진 정치계에서는 이제 기후변화가 자연현상이 아니라 인류가 물질문명의 편리함을 위해 석탄과 석유를 물 쓰듯 하고 있기 때문이라는 사실에 이견을 달지 않습니다.

생태 발자국(Ecological Footprint)이란 용어가 있습니다. 생태 발자국은 1996년 캐나다 경제학자인 마티스 웨

커네이걸과 윌리엄 리스가 개발한 개념입니다. 이 개념은 인간이 지구에서 삶을 영위하는 데 필요한 의·식·주 등을 제공하기 위한 자원의 생산과 폐기에 드는 비용을 토지로 환산한 것입니다.

이에 따르면 이미 인류의 생태 발자국은 지구 생태용량의 1.6배를 초과했다고 합니다. 또한 현재의 중국이 선진국 수준의 물질적 풍요를 누리려면 4개의 지구가 필요하고 합니다. 지구를 길거리에서 보는 옥수수 뻥튀기 기계에 넣어 서너 배쯤 크게 만들 수 있다면 참 좋을 텐데 말입니다. 불가능한 일이겠지요.

아래 사진은 생태 발자국 지수를 반영한 세계지도입니다. 붉은색이 지구에 생태적 영향을 크게 미친 나라들입니다. 우리나라를 포함하여 대체로 OECD 선진국들이죠. 이들 나라부터 우선하여 생태 발자국을 줄이기 위한 행동에 적극적으로 나서야 하겠지요.

이 생태 발자국에 가장 큰 영향을 미치는 요소도 역시 대기 중에 방

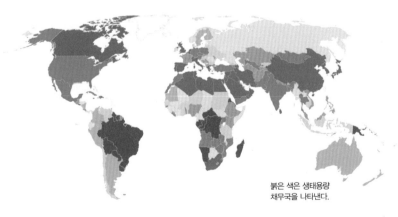

붉은 색은 생태용량
채무국을 나타낸다.

(https://www.footprintnetwork.org/content/documents/ecological_footprint_nations/)

'코스모스' 리메이크

출되는 이산화탄소입니다. 칼 세이건의 '코스모스' 동영상 리메이크작 12편을 보면 매년 지구상에는 약 300억 톤의 이산화탄소가 배출되고 있다고 합니다. 이 중 화산활동처럼 자연에서 배출되는 총량은 전체의 2%에 해당하는 5억 톤에 불과합니다. 대기 중 이산화탄소 증가량과 문명이 매년 뿜어내는 이산화탄소의 배출량이 거의 같다는 사실은 인류가 기후변화의 주범임을 확인해주는 증거이지요.

기후변화 문제의 심각성을 알기 전 지구는 인류에게 무한정 사랑을 나눠주는 어머니 같은 존재였습니다. 자식이 아무리 떼를 쓰고 못된 짓을 해도 그저 무한한 사랑으로 감싸주는 어머니. 무한정 자원을 채취하고 가공하고 쓰고 버리기를 반복해도 어머니는 그저 덤덤하게 버틸 것처럼 보였습니다. 그렇지만 그 어머니가 산업혁명 시기를 지나며 아프기 시작했고 잘못하면 사망할 수도 있다는 사실을 인류는 뒤늦게 알게 되었습니다.

이제 지구 행성이 유한하다는 사실을 인류는 겸손하게 인정해야 합니다. 이를 인정한다면 우리는 그동안 지구가 무한 성장할 것을 전제하여 살아왔던 경제와 삶의 방식을 근본적으로 바꿔야 합니다.

사회주의는 시장의 진실을 말하지 않아서 실패했다. 자본주의는 생태적 진실을 말하지 않아서 실패할지도 모른다.

1776년에 자본주의 고전 경제학의 창시자라 불리는 애덤 스미스가 《국부론》을 발표합니다. 그는 여기서 "국가가 여러 경제 활동에 간섭하지 않는 자유 경쟁 상태에서도 보이지 않는 손(invisible hand)에 의해 사회 질서가 유지·발전한다"는 유명한 말을 했지요. 또《국부론》초반부에서 핀 공장을 예로 들면서 분업의 효율성에 대해서도 언급합니다. 이 보이지 않는 손과 분업이 자본주의를 이끈 이론적 동력이지요.

애덤 스미스의 《국부론》 표지

칼 마르크스의 《자본론》 표지

한편, 1867년에 사회주의 사상의 대부 격인 마르크스가 《자본론》을 집필합니다. 마르크스는 '공산당 선언'에서 "만국의 노동자여 단결하라"고 호소했지만 1848년 혁명이 실패하면서 영국으로 망명하여 《자본론》을 썼지요. 마르크스는 자본과 노동, 생산력과 생산관계에 대해 독특한 주장을 펼칩니다. 이 주장은 훗날 사회주의의 정신적 깃발이 되지요.

애덤 스미스와 마르크스로 상징되는 자본주의와 사회주의의 사상 경쟁은 1917년 러시아가 공산화되고 1, 2차 세계대전을 거치고 사회주의 체제가 확산되면서 본격적으로 체제 경쟁을 하게 됩니다. 20세기는 두 차례의 세계대전과 미소 간의 체제 경쟁으로 점철된 100년이라 해도 과언이 아닙니다. 그 최대 피해 지역이 한반도임은 말할 것도 없고요.

이와 같은 체제 경쟁은 1989년 베를린 장벽의 붕괴와 함께 사회주의 체제가 무너지면서 끝이 납니다. 자본주의는 시장의 모순이라 할 수 있는 경제적 양극화를 조세와 복지국가 제도로 보완한 반면 사회주의는 시장의 진실을 반영하지 못하고 계획경제에 의존한 탓에 비효율이 발생했습니다. 결국 핵무기는 있지만 빵이 없는 상황에 처해 붕괴되고 말았지요.

사회주의의 상징인 동독에 이어 소련이 붕괴되면서 사실상 자본주의와 사회주의 간의 경쟁은 끝이 납니다. 사회주의는 시장의 진실을 말하지 않아서 실패한 것이지요. 이후 세상은 시장만능 사회가 됩니다. 1980년대 미국의 레이건 대통령과 영국의 대처 수상 시기부터 확대되기 시작한 신자유주의는 사회주의 붕괴와 함께 지구촌 전체를 뒤덮기 시작합니다. 그 물결의 영향은 대한민국도 예외는 아니었지요.

이 시장만능의 물결은 2008년 세계 금융위기와 함께 위기를 맞습니다. 그러나 당장의 위기만을 돌파하기 위한 응급처방만 할 뿐 근본적 변화를 꾀하지는 못하고 있습니다.

저는 이 위기를 극복할 방안이 생태적 진실을 반영하는 것이라고 생각합니다. '설마가 사람 잡는다'는 말이 있지요. 임진왜란이 일어나기 10년 전 율곡은 10만 양병설을 주장합니다. 일본의 침략이 멀지 않았음을 예견한 것이지요. 그러나 선조를 포함한 당시 조정은 '설마, 그럴 리야 없겠지' 하다가 결국 낭패를 봤습니다. 지금 인류는 일부 유럽 국가들을 제외하고 모두 선조와 같은 고민을 하고 있는 것 같습니다.

설마…….

경제 시스템의 근본적 전환:
지속가능한 경제 시스템

프랑스의 사르코지 대통령은 재임 시절 GDP가 삶의 질을 측정하는 도구로 정확하지 않으므로 새로운 지표를 만들 것을 노벨경제학상 수상자인 조지프 스티글리츠와 아마르티아 센, 그리고 프랑스 경제문제연구소 소장인 장 폴 피투시에게 의뢰합니다. 그 의뢰에 답한 책이 《GDP는 틀렸다》입니다.

이 책의 부제가 '국민 총 행복을 높이는 새로운 지수를 찾아서'인 것처럼 GDP는 사람들의 행복을 측정하는 최적의 지표가 아닙니다.

GDP는 1930년대 국민소득계정을 확장하면서 만든 지표입니다. 그런데 세계 각국은 오랜 기간 '올해 GDP는 몇 % 성장할 예정이고, 1인당 국민소득은 ○○달러에 이를 전망이다'라는 식으로 GDP를 정책 결정과 집행의 중요한 지표로 사용해왔습니다. 그러다 보니 국민의 삶과 직결되는 환경보존이나 자원의 순환과 지

속성, 자원봉사, 가사노동 등은 GDP에 반영되지 않는 반면 전쟁 비용, 범죄 증가에 따른 대책, 환경파괴형 개발 등은 모두 GDP에 반영되는 모순이 나타납니다.

GDP의 한계를 극복하기 위해 UN과 여러 나라들은 새로운 개념을 도입하고 있습니다. 그중 하나가 부탄의 국민총행복지수(GNH: Gross National Happiness)입니다. 이 GNH는 1970년대 초에 부탄의 국왕인 지그메 싱예 왕추크가 만든 개념이라고 합니다. 인도 북동부 히말라야산맥에 위치한 부탄은 국토 대부분이 해발 2,000m가 넘고 네팔보다 한층 더 원시적인 자연 환경을 가지고 있습니다. 부탄은 전 세계에서 GDP 순위가 156위에 불과하지만 국왕이 나서서 국민의 행복을 목표로 두고, 이를 지표화했다는 점에서 의미가 있다고 하겠지요.

아래 도표가 부탄의 국민총행복 지표의 내용인데, 이 기준으로 하면 우리나라는 어느 정도 수준이 될까요?

부탄의 국민총행복 지표 구성

영역	내용
생활 수준	자산, 주거, 1인당 소득
심리적 웰빙	삶에 대한 만족도, 긍정적·부정적 감정, 신앙
건강	정신건강, 스스로 평가한 건강상태, 건강 일수, 장애
시간사용	일, 여가, 수면
교육	문자해독력, 학교 교육, 지식, 가치
문화적 다양성 및 회복력	원주민어 사용, 문화적 참여, 예술적 재능, 부탄식 행동규범
굿 거버넌스	정부 성과, 기본권, 서비스, 정치참여
공동체의 활력	기부(시간 및 금전), 공동체 관계, 가족, 안전
생태적 나앙성 및 회복력	생태직 문제, 환경에 대한 책임감, 야생동·식물 피해, 도시회 문제

유엔 자문기구인 지속가능발전해법네트워크(SDSN)에서도 매년 '세계행복보고서'를 발간합니다. SDSN에서는 옆의 표처럼 1인당 국민소득, 사회적 자원, 기대 건강수명, 너그러움(기부 등), 선택의 자유, 부정부패 등 6가지 항목을 지수화하여 매년 행복한 나라를 발표합니다. 대체로 1~5위까지는 북유럽 국가들이 번갈아 1위를 차지하는 한편, 일본이나 한국은 순위가 낮은 편입니다. 참고로 2017년에 우리나라는 56위를 했네요.

국민소득이 행복에 미치는 영향에 대한 연구가 많이 있습니다. 대체로 절대 빈곤기를 통과할 때까지는 소득증가가 행복에 정비례합니다. 그러나 대략 소득 1~2만 달러 전후로 절대 빈곤기를 지나게 되면 소득증가가 곧 행복으로 직결되지 않는다는 연구결과가 많습니다. 즉, 소득 이외에 사회정의, 평등과 기회, 거버넌스, 공동체 등의 요소가 중요해지기 때문입니다. 그런 측면에서 행복 선두권인 북유럽 국가들과 우리나라의 문화와 행태에 대해 되돌아봐야 할 점이 많이 있습니다.

이와 유사한 방식 중에 '그린 GDP'가 있습니다. 경제활동이 천연자원의 소비나 환경파괴를 수반할 경우 그 가치만큼 빼고 산출한 GDP를 말합니다. 그린 GDP는 석유, 석탄, 가스 등 재생 불가능한 자원을 소비한 경우 그 손실을 계산에 집어넣고 삼림, 수자원, 신선한 공기 등의 경제적 가치를 추가하여 반영합니다. 1994년 4월 22일 지구의 날을 맞아 미국이 처음으로 그린 GDP를 발표했다고 합니다.

앞에서 저는 '지구가 무한 성장할 것을 전제하여 살아왔던 경제와 삶의 방식을 근본적으로 바꿔야 한다'고 주장했습니다. 그런 관점에서 현재 경제운영의 기초가 되고 있는 GDP 산정방식은 재고될 필요가

세계에서 가장 행복한 나라는?

- 155개국 대상 행복도 측정
- 유엔 자문기구인 'SDSN'에서 아래 여섯 항목을 통해 산출한 지수(10점 만점 기준)

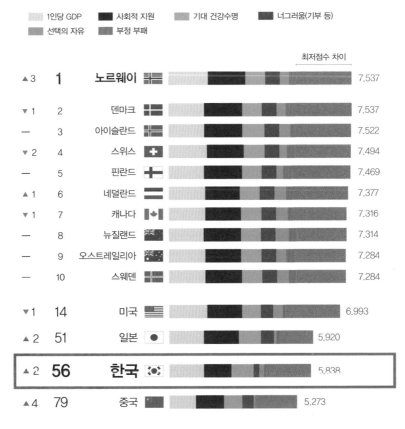

| | 1인당 GDP | | 사회적 지원 | | 기대 건강수명 | | 너그러움(기부 등) |
| | 선택의 자유 | | 부정 부패 | | | | |

최저점수 차이

▲3	1	노르웨이	7.537
▼1	2	덴마크	7.537
—	3	아이슬란드	7.522
▼2	4	스위스	7.494
—	5	핀란드	7.469
▲1	6	네덜란드	7.377
▼1	7	캐나다	7.316
—	8	뉴질랜드	7.314
—	9	오스트레일리아	7.284
—	10	스웨덴	7.284
▼1	14	미국	6.993
▲2	51	일본	5.920
▲2	56	한국	5.838
▲4	79	중국	5.273

자료: 2017 세계행복보고서
(중앙일보 2017. 03. 27)

있습니다.

현재 지구촌 경제는 더 많은 양의 상품과 서비스를 끊임없이 생산하고 소비하는 일을 되풀이하고 있습니다. 이런 방식으로 지구는 더 이상 지탱될 수가 없다는 것을 이성이 있는 전문가라면 누구나 인정하게 되었지요.

지금이라도 지구의 유한성을 인정한 지속가능한 경제체제로 전면적인 전환을 이루어야 합니다. 지구 생태계를 파괴하고, 기후변화를 야기하는 생산방식은 억제하고, 지속가능한 경제체제를 만드는 데 도움이 되는 상품이나 서비스는 장려하는 방식으로 재편해야 합니다. 그렇게 하려면 '상품의 가격에 생태적 진실'을 반영해야 합니다.

대표적 예가 석탄발전소 등에 부과하는 환경세(혹은 탄소세)입니다. 화석연료 발전소는 전기를 생산하여 우리의 삶을 편리하게 해주지만 발전소 굴뚝에서는 석탄과 석유, 천연가스의 연소과정에서 이산화탄소와 각종 미세먼지가 나옵니다. 지구의 안녕과 사람들의 건강에 상당한 영향을 미치게 되는 일이지요. 당연히 그에 대한 환경세와 건강부담금 등이 부과되어 이를 억제하거나 혹은 그 피해를 보상하는 것이 합리적이죠.

이와 관련하여 EU 국가들은 이미 1990년대부터 온실가스 감축을 위한 탄소세를 포함한 환경세를 도입하고 있고, 환경세를 도입하는 국가가 더욱 증가하는 추세입니다.

아래 도표를 보면, 각 세율은 차이가 있지만, 유럽의 선진국들은 모두 친환경 세제를 도입하고 있습니다. 그리고 2017년 이후로는 캐나다와 칠레, 중국, 싱가포르 등 비유럽 국가들도 탄소세를 도입했거나 할 예정이고요.

친환경 에너지세 도입국들의 도입 시기

	국가	환경관련세
1990년	핀란드	탄소세(Carbon tax) 도입
1991년	스웨덴, 노르웨이	CO_2세(CO_2 tax) 도입
1992년	덴마크	CO_2세 도입
1996년	네덜란드	에너지규제세(Regulatory energy tax) 도입
	슬로베니아	CO_2세 도입
1999년	독일	환경세(Eco tax) 도입
2000년	에스토니아	탄소세 도입
2001년	영국	기후변화세(Climate change levy) 도입
2007년	프랑스	석탄세(Coal tax) 도입
2008년	스위스	CO_2세 도입
	캐나다 브리티시컬럼비아주	탄소세 도입
2010년	아일랜드	탄소세 도입
2011년	아이슬란드	탄소세 도입
2012년	**일본**	지구온난화대책세 도입
2014년	프랑스, 멕시코	탄소세 도입
2015년	포르투갈	탄소세 도입
2017년	남아프리카, 칠레, 캐나다 앨버타주	탄소세 도입 예정
2018년	캐나다	탄소세 도입 예정
	중국	환경세 도입 예정
2019년	싱가포르	탄소세 도입 예정

(KOGAS 블로그, '글로벌 환경세 강화추세와 시사점 보고서')

아래 그래프는 가장 많은 양의 이산화탄소를 배출하는 10개국을 나타냅니다. 예전에는 미국이 1위였는데 지금은 중국이 월등히 앞선 1위를 차지하고, 미국 2위, 인도 3위, 러시아 4위, 일본 5위, 독일 6위, 한국 7위, 캐나다 8위 순입니다. 이들 나라가 지구와 인류를 위협하는 기후변화에 주요 원인을 제공하고 있으니, 이들 나라에 우선적으로 환경세를 부과하여 탄소 발생 원인을 억제할 필요가 있겠지요.

환경세를 도입한 나라들과 이산화탄소 발생 상위국 도표를 비교해 보면 눈에 띄는 나라가 있습니다. 이산화탄소 발생 상위국이면서 환경세를 도입하지 않고 있는 나라인 미국과 한국입니다. 선진국이라 할 수 없는 러시아와 인도는 별개로 하고요. 이유는 짐작이 갑니다. 환경세 도입으로 에너지 비용이 인상되면 물가 상승과 산업 전반에 가해지는 부담이 커질 것을 우려하기 때문이겠지요.

특히 우리나라는 오른쪽 도표와 같이 1990년 대비 이산화탄소 배출 증가율이 1위 국가인데, 부끄럽게도 이를 억제하기 위한 노력은 매우 소극적이었지요.

경제학에 '외부효과'라는 개념이 있습니다. 외부효과

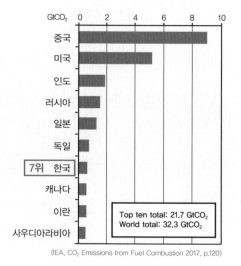

상위 10개 국가의 이산화탄소 배출량 (2015년)

Top ten total: 21.7 GtCO2
World total: 32.3 GtCO2

(IEA, CO2 Emissions from Fuel Combustion 2017, p.120)

란 어떤 경제활동과 관련하
여 제3자에게 의도하지 않은
혜택이나 피해를 주면서도
이에 대한 대가를 받지도 지
불하지도 않는 상태를 말합
니다. 이 중에서 혜택을 주는
것을 외부경제, 피해를 주는
것을 외부불경제라고 부릅니
다. 여기에서 주로 문제가 되
는 것은 외부불경제 영역입
니다.

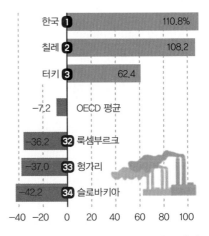

OECE 주요국 이산화탄소 배출 증가율
1990년 대비 2013년 1인당 CO2 배출량 증가율

한국 ❶ 110.8%
칠레 ❷ 108.2
터키 ❸ 62.4
-7.2 OECD 평균
-36.2 ㉜ 룩셈부르크
-37.0 ㉝ 헝가리
-42.2 ㉞ 슬로바키아

-40 -20 0 20 40 60 80 100

자료: 국제에너지기구(IEA)
(연합뉴스 2016. 04. 11)

외부효과로 인해 생기는
피해를 막기 위해서는 외부
효과 자체를 시장경제로 편
입시키는 과정이 필요합니다. 이를 '외부효과의 내부화'라고 합니다.
경제학 용어라 조금 생경하지요. 예를 들어 설명해보면, 석탄 발전 과
정에서 이산화탄소와 질소산화물 등 미세먼지가 다량 배출되는데, 이
로 인해 피해를 보는 당사자들에게 보상청구권을 주거나 혹은 그에
대한 포괄적 보상 차원에서 정부가 조세를 부과하고 이를 용도에 맞
게 사용할 수 있을 것입니다.

상품에 생태적 가치를 반영해야 하는 또 하나의 대표적 분야가 자
동차 운영에 사용되는 경유나 휘발유입니다. 기후변화에 영향을 미치
는 영역 중 대략 1/3이 자동차 운송 분야에서 발생하므로 그 중요성이

크다고 하겠지요.

오른쪽 도표는 주요 국가들의 수송용 경유와 휘발유의 세율을 비교한 것입니다. 꼼꼼하게 보시면 경유와 휘발유의 제조 가격은 대체로 비슷한 반면 각 나라의 세금에 따라 최종 소비자가 부담하는 가격이 차이 나는 것을 알 수 있습니다. 미국과 캐나다, 일본, 호주가 상대적으로 세금이 낮고 한국을 포함한 유럽 국가들이 조세부담이 큽니다.

수송용 화석연료도 기후변화와 인류 건강에 미치는 영향이 막대하므로 화석연료 발전소에 환경세를 부과하는 것과 같이 조세부담이 낮은 나라들은 이를 높여 수송과정에서 화석연료 사용을 억제할 필요가 있습니다.

이 중 한국이 다소 독특한 사례입니다. 화석연료 발전소에는 세금을 부과하지 않는데 자동차 관련 유류세는 유럽 수준이니 조금 이상하지요. 실제 우리나라의 유류세는 아래쪽 도표에서 보시는 것처럼 생산가격의 절반 이상이 세금이다 보니 국제유가가 출렁일 때면 '국민이 봉이냐, 세금을 내려라'라는 요구도 빗발칩니다.

유류세의 세부 내용을 보면 주행세는 그렇다 하더라도 휘발유에 교육세를 붙이는 것은 상식적으로 이해하기 쉽지 않습니다. 휘발유와 교육이 어떤 관련이 있을까요? 더 주목해서 봐야 할 대목은 전체 세금 중 2/3에 육박하는 교통에너지환경세입니다.

교통, 환경, 에너지를 하나의 세금 명목에 버무려놨으니 일반인들은 이 세금이 매년 10조 이상인데도 어디에 쓰이는지는 잘 모릅니다. 이 세금은 2000년대 이전에는 전액 100%가 2007년 이후부터는 그중 80%가 교통시설특별회계로 전입되어 항만, 도로, 철도 등 SOC 분야

주요 국별 수송용 경유 가격과 세율 비교 (2015년)

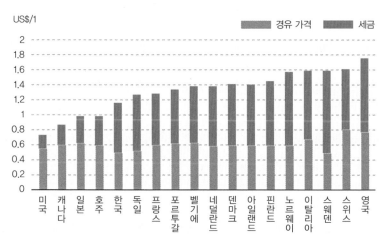

OECD Energy Prices and Taxes, Third Quar,IEA Statistics, 2016

주요 국별 수송용 휘발유 가격과 세율 비교 (2015년)

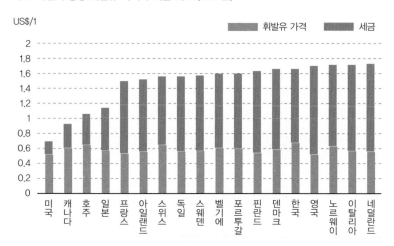

OECD Energy Prices and Taxes, Third Quar,IEA Statistics, 2016
(한국가스공사 블로그)

보통휘발유 유류세 구조

구분	금액
교통에너지환경세	529.00원
교육세	79.35원
주행세	137.54원
부가가치세	137.11원
유류세 합계	883.00원
주유소 최종가격	1503.10원

＊10월 둘째주 가격 기준　자료: 오피넷
(파이낸셜뉴스 2017. 10. 15)

에 쓰이고 있습니다.

시대에 따라 세금을 걷을 대상과 용도가 달라질 수 있습니다. 우리나라가 도시화, 산업화가 한창일 무렵에는 SOC 투자 재원을 화석연료에 부과할 수 있습니다. 그러나 현재 한국의 SOC 수준은 거의 세계 최고 수준까지 올라와 있습니다. 이제 자동차 수송용 화석연료에 부과한 세금으로 자동차를 더 달리게 할 도로를 건설하는 것은 시대 취지에 맞지 않게 된 것입니다.

결론적으로 한국의 자동차 수소용 경유나 휘발유의 경우 이미 상품에 상당한 세금이 붙어 있습니다. 따라서 별도의 환경세를 추가하기보다 현재 세금의 용도를 화석연료 사용의 취지에 맞게 변경할 필요가 있다고 생각합니다.

정리하자면, 유한한 지구와 인류의 생존과 번영을 위해서는 지속가

교통세수의 분야별 배분비율 추이

1994~2000	2001~2006	2007~
교통시설특별회계 (100%)	교통시설특별회계 (85.8%)	교통시설특별회계 (80%)
		환경개선특별회계 (15%)
	잉여금관리특별회계 (14.2%)	에너지및자원사업특별회계 (3%)
		국가균형발전특별회계 (2%)

(경기연구원 공식블로그)

능한 경제로 전환해야 하고, 이를 위해서는 상품에 생태적 진실을 반영해야 합니다. 이는 외부효과라는 경제학 이론을 적용하더라도 타당한 논리로, 화석연료 발전소와 자동차 유류 등 이산화탄소를 발생하는 모든 곳에 환경세를 부과하고, 이를 재원으로 재생에너지 분야에 투자를 늘리거나 혹은 근로소득세와 같은 세원을 낮추어야 한다는 것입니다.

공존의 목표:
350ppm 1.5℃

　인류의 생존에 영향을 미치는 가장 큰 변수가 대기 중 이산화탄소 배출로 인한 기후변화 문제인데, 이 문제에 대해 인류는 그동안 어떻게 대처해왔을까요?

　탄소 배출에 따른 지구 온난화에 대한 경고는 1800년대부터 있어왔습니다. 그러나 당시에는 별로 주목받지 못했지요. 그러다가 20세기 후반에 들어 본격적인 경고가 시작됩니다.

1992년 유엔기후변화협약이 채택된 후 현재까지 진행 상황. 현재 자국의 이해관계에 의해 기후변화 대응을 위한 행동과 논의가 답보상태에 머물러 있다.

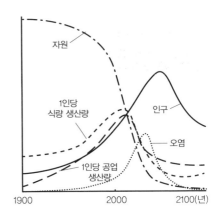

연못에 수련(水蓮)이 자라고 있다. 수련이 하루에 갑절로 늘어나는데, 29일째 되는 날 연못의 반이 수련으로 덮였다. 아직 반이 남았다고 태연할 것인가? 연못이 완전히 수련에게 점령되는 날은 바로 다음날이다.

위 문장은 1972년 이탈리아의 실업가 아우렐리오 페체이가 만든 로마클럽에서 환경오염의 심각성을 경고하면서 발간한 책《성장의 한계》의 한 구절입니다. 이 연못과 같이 우리에게 절반이나 남아 있는 것처럼 보이는 지구 환경은 하루 뒤에 완전히 회복불능 상태가 될지도 모릅니다.

지금으로부터 45년 전에 쓰여 환경 분야 고전이 된《성장의 한계》에서는 위의 그래프처럼 21세기에 자원과 식량 생산, 그리고 인구와 오염 등에 대해 구체적 수치로 분석했는데, 당시에는 여러 예측 중 하나로 치부되었지만 지금 보면 무서울 정도로 정확하게 분석한 자료임을 알 수 있습니다.

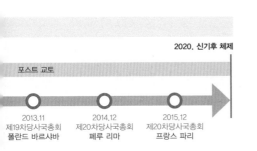

로마클럽의 경고가 있을 무렵인 1972년 유엔인간환경회의는 처음으로 '지속가능한 성장'이란

개념을 제시합니다. 이어서 1987년 세계환경개발위원회가 제출한 '브룬트란트 보고서'에서는 '미래세대의 필요를 충족시킬 수 있는 능력을 손상함이 없이 현 세대의 필요를 충족시키는 발전'이라고 정의합니다.

이와 같은 UN과 시민사회의 노력에 바탕해 1992년 브라질 리우데자네이루에서 역사적인 유엔 기후변화 협약이 체결됩니다. 그리고 1997년 일본 교토에서 의무이행 선진국들은 2012년까지 1990년 대비 이산화탄소 배출량을 5.2% 감축하는 의정서를 채택합니다. 교토의정서가 채택될 때만 해도 세계는 지구촌의 가장 시급한 과제인 기후변화에 대해 부족하지만 이성적 대응을 할 것처럼 보였습니다.

그런데 곧이어 불행이 찾아옵니다. 기후변화협약을 성사시키는 데 주축이었던 미국 클린턴 대통령의 임기가 끝나고, 당시 부통령이었던 앨 고어와 치열한 경합 끝에 당선된 공화당 부시 대통령이 집권하자마자 2001년에 교토의정서를 탈퇴해버린 것입니다.

당시 미국 민주당의 앨 고어 후보는 유권자 전체 투표에서는 앞섭니다. 그러나 미국만의 독특한 주 단위 대의원 독식 선거 제도하에 마지막 플로리다주에서 재검표 끝에 지고 맙니다. 만약 세계의 환경 대통령이라 불릴 만큼 기후변화 문제에 관심이 많았던 앨 고어가 미국의 대통령이 되었다면 지금쯤 세계는 어떻게 되었을까요? 생각해볼수록 아쉬움이 남는 대목입니다.

세계적으로 외교적 영향력이 크고 이산화탄소 발생량도 가장 많은 미국이 탈퇴하자 역사적인 리우협약은 사실상 종이호랑이 신세가 되

파리 기후변화협약 핵심사항

역사적 협약 195개국이 승인, 2020년 발효

자료: AFP

기온
2100

· 섭씨 "2도보다 훨씬 작게"
  온도 상승을 포함하여
  "섭씨 1.5도 이하로" 상승
  제한 위해 모든 노력 지속

재원
2020~2025

· 부국, 2020년부터 매년
  "최소 1000억 달러" 지원
· 지원액 2025년 갱신

차별화

· 선진국, 온실가스 감축
  지속적으로 "앞장서야"
· 개도국, "노력을 늘려갈
  것", 감축기준까지 점진
  적 이행 권장

가스배출 목표
2050

· "가능한 빠르게" 온실가스
  배출 감축
· 2050년부터 인류활동에 의
  한 가스 배출량이 "흡수원"
  의 가스 흡입량과 균형을 달
  성하기 위해 급속 감축권장

책임 분담

· 선진국, 개도국 지원 위해
  재원 제공 의무
· 그외 국가들, 자유의사에
  따라 원조 제공

점검 방식
2023

· 이행 여부 5년마다 점검 첫
  세계 점검, 2023년
· 매 점검마다 가입국에게 협
  약 "갱신과 강화" 통지

기후변화 피해

· 기후변화 취약국은 기후변화
  로 인한 손실을 "방지, 최소
  화, 거론"할 필요성이 인정

(NEWS1 2015. 12. 13)

고 맙니다. 그 사이 지구의 병은 더욱 깊어지고 그에 따른 증상도 눈에
띄게 늘어났지요. 거의 벼랑 끝에 몰린 지구촌 구성원들은 2015년 12월
프랑스 파리에서 제21차 기후변화 당사국 총회를 개최하여 새로운 협
약을 맺습니다.

 이 파리기후변화협약(파리협약)에서는 위 도표처럼 온도의 상승을
1.5℃ 이하로 제한하기 위해 모든 노력을 지속하기로 합의합니다. 이
를 위해 2020년부터 선신국은 후진국들의 환경 개선을 위해 매년 최

소 1,000억 달러를 지원하고, 2050년까지는 온실가스의 배출과 흡수가 제로가 될 수 있도록 하며, 또한 이 협약을 5년마다 점검하기로 합니다. 첫 점검은 2023년도에 할 예정입니다.

파리협약은 1992년 리우협약에 이어 가장 의미 있는 협약이라 할 수 있습니다. 우선 참여 범위가 매우 넓어졌습니다. 리우협약에서는 일부 선진국에만 의무 책임을 부여한 반면, 파리협약에서는 195개국이 승인하여 사실상 지구상의 모든 국가가 참여했다는 점에서 의미가 있습니다. 또한 지구 온도 상승을 산업혁명 이전과 비교하여 1.5℃ 이하로 제한한다는 것을 명확히 목표치로 제시했다는 점에서 의의가 큽니다.

그러나 문제는 UN이 이 목표를 달성할 강제적 수단을 갖고 있지 않다는 점입니다. 특히 도쿄의정서와는 달리 파리협약에서는 온실가스 배출의 감축 기준을 강제하지 않고 나라별로 자율로 정하게 함으로써 사실상 목표 달성에 근본적 한계를 가지게 됩니다.

그 대표적 나라가 한국입니다. 오른쪽 도표는 파리협약에 제출한 주요 국가들의 온실가스 감축 목표치입니다. 미국은 2005년 대비 26~28% 감축, 중국은 2005년 대비 60~65% 감축, EU는 1990년 대비 40% 감축, 러시아는 1990년 대비 25~30% 감축, 일본은 2013년 대비 26% 감축을 목표치로 제안합니다. 그런데 한국은 이산화탄소 발생이 꾸준히 늘어날 것을 감안하여 2030년을 기준연도로 잡고 그 상한선에서 37%를 감축하겠다고 제안합니다.

각 국가별로 자율로 제출하게 되어 있어 기준연도가 다 다름을 이해하더라도 주요 국가들이 1990년 혹은 2005년을 주요 기준연도로

주요 6개국 감축 목표

미국	중국	EU	러시아	일본	한국
2005년 대비 26~28% 감축	2005년 대비 60~65% 감축	1990년 대비 40% 감축	1990년 대비 25~30% 감축	2013년 대비 26% 감축	2030년 BAU 대비 37% 감축

미국(2025년)을 제외한 국가 2030년까지 감축 목표 / 2030년 BAU: 온실가스 배출 전망치(8억5천60만 톤)
(http://reporter.korea.kr/newsPrint.do)

설정한 반면 주요 국가 중 유일하게 한국만 2030년 추정치에 대비하여 목표치를 설정합니다. 얼핏 보면 다른 국가와 감축 비율이 비슷해 보이지만, 2030년까지 꾸준하게 온실가스 사용량이 늘어날 것으로 예측한 가운데 감축 목표를 제시했다는 점에서, 현재 지구상 이산화탄소 발생 7위 국가로서는 매우 무책임한 목표치라고 볼 수밖에 없습니다. 아무리 박근혜 정부 때 제출한 것이라 하더라도 참 부끄러운 제안이라 하겠지요.

결론적으로 파리협약은 정책 목표를 강제할 수단을 가지지 못한 한계가 있음에도 불구하고 세계 모든 국가들이 자율로 참여하여 1.5℃ 이하로 온도 상승을 억제하겠다는 목표에 합의했다는 점에서 의미 있는 협약이었습니다.

그런데 리우협약을 사실상 무산시킨 미국이 또다시 파리협약에 중대한 찬물을 끼얹었습니다. 2017년 6월, 미국의 트럼프 대통령이 파리협약이 중국과 인도에는 엄격하지 않고 미국에 불공평하다는 이유를 들어 협약을 탈퇴해버린 것입니다. 트럼프 대통령이 탄소 배출로 인한 기후변화 이론을 믿지 않는 스콧 프루이트를 2017년 초 파리협정 관련 주무 부처인 환경보호청(EPA)의 수장으로 앉힐 때부터 미국의 탈퇴는 예고되었다고 볼 수 있지요.

실제로 미국의 부와 권력에 상당 부분을 점유하고 있는 에너지 기득권층은 공화당 정부와 정치권 곳곳에 포진해 있습니다. 대통령 다음으로 중요한 지위인 국무장관이 바로 석유 재벌인 렉스 틸러슨 엑손모빌 최고경영자(CEO)이고, 공화당의 재정에 상당한 영향력을 행사해 온 '큰손' 역시 석유 재벌인 코흐가(家)입니다. 석유 부호인 록펠러 가문도 미 공화당의 모든 결정 구조에 관여하는 것으로 알려져 있지요.

이들 기존 에너지 기득권 세력들은 재생에너지 투자에 적극적이었던 오바마 행정부가 퇴임하자 공화당 트럼프 후보의 당선을 위해 총력전을 펼쳤고 당선된 트럼프 대통령은 이들에게 진 빚을 갚은 것으로 보입니다. 안타까운 일이지요.

오바마 전 대통령과 EU 등은 미국 트럼프 정부의 탈퇴에 대해 강력한 유감을 표합니다. 특히 독일 메르켈 총리는 "기후변화는 인류에게 현존하는 실질적 위협"이라며 "파리기후협약은 되돌릴 수도 없고, 재협상 대상도 아니다"라고 단호하게 말합니다.

그럼에도 불구하고 세계 최대 경제대국이자 탄소 배출량 2위 국가인 미국의 탈퇴로 인해 파리협약은 그 취지는 물론 실효성마저도 크게 퇴색할 수밖에 없는 위기에 빠진 것이 사실입니다. 파리협약은 2020년부터 발효될 예정입니다. 그런데 협약에 잉크도 채 마르기 전에 물이 떨어져 번지고 말았으니 풍전등화 같은 지구의 운명은 또 어떻게 될까요?

저는 지금이야말로 지구촌이 이성의 힘을 작동해야 할 때라고 봅니다. 1992년 리우 회담과 1997년 교토의정서가 미국의 탈퇴 없이 제대로 작동되었더라면 지금쯤 지구촌은 훨씬 더 희망적인 미래를 그릴 수 있었을 것입니다. 그러나 미국이 탈퇴했다고 하여

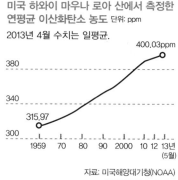

미국 하와이 마우나 로아 산에서 측정한 연평균 이산화탄소 농도 단위: ppm
2013년 4월 수치는 일평균.

자료: 미국해양대기청(NOAA)
(조선일보 2013. 05. 02)

지난 협약처럼 다시 파리협약 전체를 휴짓조각으로 만든다면 우리는 지구를 살릴 마지막 열차를 놓칠지도 모릅니다.

강물은 굽이쳐도 결국 바다로 간다는 격언이 있지요. 미국의 탈퇴로 강물이 굽이치더라도 지구와 인류를 살리고자 하는 이성의 힘이 잘 작동하면 강물은 결국 바다로 가게 되겠지요. 남은 숙제는 이미 파리협약에서 목표한 바와 같이 지구 온도를 1.5℃ 이하 낮추기 위한 실질적, 실효적 공동 협력입니다.

지구 온도 상승을 1.5℃ 이하로 안정화하려면 이산화탄소 농도를 350ppm 이하로 유지해야 한다는 것이 환경 관련 단체와 전문가들의 보편적 의견입니다. 그런데 이미 지구 대기 중의 이산화탄소 농도는 400ppm을 넘어섰습니다.

위 그래프와 같이 대규모 이산화탄소 배출 시설이 없는 미국 하와이에서의 측정 결과가 2013년에 이미 400ppm을 넘어섰고, 2015년에는 세계 곳곳의 측정소 평균(平均)으로도 400ppm을 넘어 매년 2~3ppm

씩 그 농도가 올라가고 있습니다.

이번 파리협약에 명시되지는 않았지만 지구 온도는 최소한 2.0℃ 이상 오를 가능성이 높다고 합니다. 고속도로를 달리다가 앞에 장애물이 나타나 급브레이크를 밟더라도 스퀴드 마크가 찍히며 한참 앞으로 가게 되는 것처럼 말입니다.

이산화탄소의 농도도 마찬가지입니다. 기후변화 전문가에게 400ppm은 심리적 마지노선이었으나 이미 그 선을 넘어버리고 말았습니다. 이제 남은 숙제는 이산화탄소 농도와 지구 온도의 피크점을 최대한 빨리 찍고 다시 화살표의 곡선을 하향시키는 것입니다. 기후변화 대응의 목표인 350ppm, 1.5℃, 아래로.

지구의 이산화탄소 농도를 350ppm 이하로 유지하자는 캠페인과 퍼포먼스 장면

에너지의 대전환:
태양과 바람의 나라

기후변화로 인한 파국을 막으려면 대기 중 탄소 농도는 350ppm 이하로 안정화하고 지구 온도는 산업혁명 이전보다 1.5℃ 이상 오르지 않도록 억제해야 합니다. 이 목표를 달성하기 위해서는 석탄과 석유에 의존하는 에너지 체계를 재생에너지 체계로 대전환하는 것이 핵심 과제입니다.

이와 관련하여 제레미 리프킨이 쓴 책《3차 산업혁명》은 읽어볼 만합니다. 저자는 아래 개념도처럼 1차 산업혁명은 석탄과 기차가 주도

1차 산업혁명 | 2차 산업혁명 | 3차 산업혁명
석탄과 기차 | 석유와 자동차 | 재생에너지와 인터넷

했고, 2차 산업혁명은 석유와 자동차가 중심이었다고 말하면서 현재의 문명은 3억 년 전 석탄기의 탄소 퇴적물을 토대로 건설된 '탄소시대'인데, 이제는 그 시대가 저물어 간다고 주장합니다.

저자는 1, 2차 산업혁명에 이어 재생에너지와 인터넷이 3차 산업혁명을 주도할 것으로 내다보고 이 현실을 실행할 다섯 가지 핵심 과제를 제안합니다.

첫째, 모든 화석연료 에너지를 재생 에너지로 전환한다.

둘째, 모든 건물을 현장에서 태양광 등 재생에너지를 생산할 수 있는 미니 발전소로 변형한다.

셋째, 모든 건물과 인프라 전체에 수소 저장 기술 및 여타의 저장 기술을 보급하여 불규칙적으로 생성되는 에너지를 보존한다.

넷째, 인터넷 기술을 활용하여 모든 대륙의 동력 그리드를 인터넷과 동일한 원리로 작동하는 에너지 공유 인터그리드로 전환한다.

다섯째, 교통수단을 전원 연결 및 연료전지 차량으로 교체하고 양방향 스마트 그리드상에서 전기를 사고팔 수 있게 한다.

제레미 리프킨이 제안한 다섯 가지 실천 과제에 대해 반대 의견을 가질 사람은 거의 없을 것입니다. 다만 "다 좋은데 기존의 원전이나 석탄 발전소의 발전 비용보다 재생에너지 발전 비용이 비싼 것 아니냐"는 반론이 있습니다. 즉 재생에너지를 확대하면 시민들이 지금보다 비싼 전기를 써야 한다는 논리이지요. 과연 그럴까요?

돌이 다 떨어져서 석기시대가 끝난 것은 아니다. 더 나은 기술인 청동기가 등장해 도구로서 돌을 쓸모없게 만들었다.

필름사진 시대가 종말을 맞은 것은 우리가 필름을 다 소모해서가 아니다. 우리는 필름이나 필름 카메라를 생산하는 데 필요한 어떤 요소도 다 써버리지 않았다. 필름사진은 선도 기업이었던 코닥, 후지필름이 경쟁할 수 없었던 디지털 이미지 기술의 급속한 발전과 정보기술, 비즈니스모델의 붕괴, 참여적 문화로 파괴되었다.

위 문장은 에너지 분야 전문가인 미국의 토니 세바(Tony Seba)가 쓴 책《에너지 혁명 2030》에 나오는 재미있는 표현입니다. 그는 석기시대와 필름시대가 끝난 것에 비유하여 2030년이면 석유와 그 석유를 동력으로 하는 자동차 시대가 종말을 고할 것이라고 예측합니다. 우리는 그동안 석유시대의 종말을 석유가 고갈될 시점으로 예측해왔습니다. 그런데 저자는 석유 고갈과 관계없이 더 혁신적인 에너지 자원과 제품 그리고 새로운 비즈니스 모델에 의해 석유시대가 끝날 것이라고 예측합니다.

그는 자신의 책에서 전 세계 태양광 발전 용량은 2000년 1.4GW에서 2013년 141GW로 성장했는데 매년 43%씩 성장하고 있는 반면, 태양광 패널 생산단가는 1970년대에 대비하면 1/154로 저렴해졌고, 최근 5년 동안에도 1/10로 낮아져서 이미 석탄발전소의 생산단가보다 더 저렴해졌다고 말합니다.

또한 2017년 초 블룸버그 통신에 따르면, 태양광 에너지의 생산가는 이미 일부 국가에선 석탄보다 싼 상태이고 이 같은 추세는 앞으로 더욱 가속화돼 10년 내에 전 세계 모든 곳에서 태양광 에너지가 가장 값싼 에너지가 될 것이라고 합니다.

실제 칠레의 경우 2016년 8월 태양광 에너지 생산가격을 1kW당 2.91달러로 계산해 발전소 건설 업체와 계약을 맺었고, 아랍에미리트(UAE)는 같은 해 9월에 태양광 발전소 건립 계약을 체결하면서 칠레보다도 더 싼 1kW당 2.42달러로 계약해 에너지 업계를 깜짝 놀라게 만들었습니다. 위와 같은 가격은 석탄을 때는 화력발전소의 전력생산 글로벌 평균가의 절반에 불과합니다.

아랍에미리트 아부다비에 본부를 둔 국가 간 기구인 국제재생가능에너지국(IREA)은 태양광 생산능력을 배가할 때마다 가격이 20%씩 떨어지고, 2025년쯤에는 태양광 에너지 생산가가 현재보다 45~65% 더 떨어져, 2009년 이후 총 84% 하락하게 될 것으로 전망했습니다.

투자의 귀재 워런 버핏이 2012년 태양광 부문에 24억 달러를 투자한 것만 보더라도 이제 태양광은 '좋지만 비싸서……'가 아니라 이미 원전이나 석탄발전소보다 경쟁력 있는 투자처가 되었습니다.

태양에너지는 지구촌 모든 생명체의 원천입니다. 석탄과 석유도 3억 년 전에 태양에너지를 받아서 다른 방식으로 저장해둔 것이지요. 태양이 지구로 보내주는 1시간의 에너지양이면 지구촌 전체가 1년간 사용할 수 있다고 하지요.

남은 문제는 태양광 패널의 기술 혁신을 가속하고, 그를 설치할 수 있는 장소를 다양화하는 것입니다. 특히 도심에서는 공간의 제약 때문에 태양광 설치가 쉽지 않지만, 하고자 하는 의지가 있으면 어느 곳이든 가능하고 이미 세계적으로 다양한 사례가 쌓이고 있습니다. 몇 가

지 사례를 살펴볼까요.

위의 두 사진은 태양을 따라 360도 회전하는 집으로, 독일 프라이부르크에 있는 헬리오트롭입니다. 5년 전 에너지 전환 연수 때 봤는데 발상 자체가 참 인상적이었지요. 아래 사진은 독일 분데스리가 1부리그 프라이부르크 바데노바(Badenova) 경기장의 모습입니다. 2만 5,000석 규모의 바데노바 경기장 지붕에 태양광 패널을 설치하여 시민들에게 분양하고, 시민들은 이곳에서 생산된 에너지를 바데노바에 팔아 돈을 법니다.

(영국 Evening Standard 2012. 07. 09)

위 사진은 영국 런던의 템스강의 모습입니다. 1886년에 건설된 빅토리아 철교를 덮은 태양광 시설로 1,103MW 용량의 태양광 지붕 아래 블랙프라이스 기차역이 새 단장을 했습니다. 한강에 다리가 많으니 우리도 얼마든지 가능하겠지요.

바람을 전기에너지로 바꾸는 풍력은 재생에너지의 주된 분야입니다. 잘 알려진 바와 같이 2015년에 덴마크는 풍력발전으로 총 전력 소비량의 약 42%를 생산하였습니다. 풍력발전은 미국과 중국, 호주 등 유럽 시장을 넘어 바람이 있는 곳이면 어디든 확대되면서 매년 20% 이상 발전량이 늘어나고 있습니다.

전통적 재생에너지원인 수력발전도 꾸준히 증가하는 추세입니다. 특히 노르웨이, 오스트리아, 코스타리카, 파라과이 같은 산악지대를 낀 나라들은 수력발전으로 거의 전체 전력을 충당하는 곳도 많은 편입니다. 그 밖에 지열발전이나 바이오매스 등도 재생에너지원으로 그

(https://deepresource.files.wordpress.com/2013/11/windenergie1.jpg)

덴마크 세계 최대 해상풍력단지 호른스레우. 풍력발전기 80대가 560m 간격으로 설치되어 있다.

비중이 낮은 편이긴 하지만 관심을 가져야 할 영역입니다.

《에너지혁명 2030》의 저자 토니 세바가 말한 것처럼 이제 재생에너지는 이미 혹은 조만간 석유나 석탄에너지 발전과 비교해 가격 경쟁력에서 뒤지지 않은 것으로 확인되고 있습니다. 특히 석탄과 석유와는 대조적으로 태양광과 풍력에너지는 오늘 사용한 만큼씩 다음 날 사용량이 줄어드는 에너지원이 아니라는 점에 주목할 필요가 있습니다. 화석연료는 채취, 운반, 정제 비용이 지속적으로 들 뿐 아니라 점점 자원이 고갈되어 그 비용이 증가할 수밖에 없습니다. 반면, 재생에너지는 한 번 시설을 설치하고 나면 추가비용이 거의 발생하지 않습니다. 한계비용이 제로에 가깝다는 뜻이지요.

또한 석탄이나 원전 발전은 대규모 중앙집중형 에너지인 반면 재생에너지는 소규모 지방분산형 에너지입니다. 따라서 석탄 발전 등은 대규모 송전선로가 필요한데 경남 밀양에서 있었던 고압송전선로 반대와 같은 문제가 생길 수밖에 없지요. 반면, 재생에너지는 날씨에 영향을 낳이 받아 불완전할 수밖에 없지만 가까운 곳에서 생산하여 소비하기 때문에 고압송전 선로와 같은 시설이 필요 없다는 장점이 있습니다.

이러한 사정으로 세계 에너지 생산의 40%를 담당하던 석탄발전소는 빠른 속도로 줄어들고 있습니다. 예를 들어, 미국의 경우 2010년 시점에서 500기 이상의 석탄화력발전소가 가동되었으나, 이 중 180곳 이상이 폐쇄되었거나 폐쇄를 예정하고 있어 현재는 343곳만이 가동되고 있다고 합니다. 석탄발전소가 줄어드는 이유는 발전소 굴뚝에서 기후에 영향을 미치는 이산화탄소뿐 아니라 인근 지역주민의 건강에 영향을 미치는 미세먼지 등이 다량 배출되기 때문입니다. 이런 이유로 석탄발전 세계 1위의 중국도 2014년을 기점으로 석탄화력발전소가 줄어들기 시작하고 있습니다.

원자력발전소의 운명도 석탄발전소와 다르지 않습니다. 원전은 발전 과정에서 탄소를 배출하지는 않습니다. 그래서 한때는 화석연료를 대체하는 수단으로 각광받기도 했지요. 그러나 1986년 체르노빌 원전사고와 2011년 후쿠시마 원전 사고를 거치면서 세계는 빠른 속도로 신규 원전 건설을 중단하거나, 수명이 다한 원전을 폐쇄하고 있습니다.

독일 2022년, 대만과 벨기에 2025년, 스위스 2031년, 스웨덴 2040년 순으로 원전 발전을 완전히 중단하는 국가가 늘어나고 있습니다.

한국도 2017년 신고리 5, 6호기 원전 건설 문제로 사회적 논쟁이 있었습니다. 이미 3~4조 원이 투입된 원전 건설을 계속할 것인가, 아니면 현재 상태에서 중단할 것인가를 둘러싼 논쟁이었지요. 결국 숙의민주주의 실험 끝에 5, 6호기는 다음 도표처럼 59.5%가 재개에 찬성

'신고리 5 · 6호기 공론화' 시민참여단 의견 추이

– 2차 조사는 관련 문항 없어 제외
– 최종은 4차 조사에서 판단 유보를 제외한 재개·중단 양자택일 결과

(단위: %)

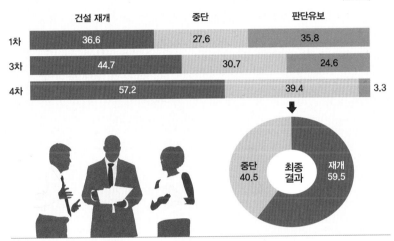

	건설 재개	중단	판단유보
1차	36.6	27.6	35.8
3차	44.7	30.7	24.6
4차	57.2	39.4	3.3

최종 결과
중단 40.5
재개 59.5

'원자력 발전 정책 방향' 의견 변화

(단위: %)

	원전 축소	원전 유지	원전 확대	잘 모르겠음
1차	45.6	32.8	14.0	7.5
3차	45.9	37.2	13.3	3.6
4차	53.2	35.5	9.7	1.6

자료: 신고리 5·6 호기 공론화위원회
(연합뉴스 2017. 10. 20)

하여 건설하게 되었지요. 이 과정에서 주목할 만한 사항은 토론을 할수록 5, 6호기 재개에 찬성한 시민들이 늘어난 반면 원전을 장기적으로 축소하자는 의견도 함께 늘어났다는 것입니다.

저는 개인적으로 5, 6호기 건설을 중단해야 한다는 입장입니다. 원전이 안전하다면 서울 여의도 한복판에 지을 수 있어야 합니다. 원전건설의 최대 수혜자는 서울, 수도권 기업과 시민들입니다. 그런데 한반도 내 활성단층이 있어 지진 피해가 가장 심한 울산과 부산 인근 시민들에게 원전으로 인한 위험을 고스란히 전가하는 것은 옳지 않기때문입니다.

생태계의 복원:
자연경제는 시장경제보다 크다

아래 사진은 사우디아라비아 상공에서 찍은 사진입니다. 왼쪽 사진 속 작은 원반 하나를 확대하면 오른쪽 사진의 원반이 됩니다. 무엇을 하는 곳일까요? 사막 한가운데에 있는 밀 농장입니다. 농장이 원형인 이유는 지하 대수층의 물을 끌어 올린 후 스프링클러를 통해 물을 뿌려 농사를 짓기 때문입니다.

사우디는 사막 국가로 과거 식량의 대부분을 수입했습니다. 그런데 1970년대 아랍 국가들의 석유 수출 금지 파동이 있을 무렵 식량 수출 금지의 역공에 취약하다는 판단을 내립니다. 이에 식량 자급률을 높이기 위한 방법으로 원유 시추 기술을 활용하여 사막 깊숙이 있는 대수

(imgur.com)

층까지 관성을 뚫어 20여 년간 밀을 자급자족했습니다. 이와 같은 밀 농업 방식은 한때 사막의 농업혁명으로 각광받기도 했습니다.

그런데 사진을 자세히 보면 색깔이 검게 보이는 원이 많습니다. 지하 대수층이 2008년부터 고갈되기 시작했고, 2012년을 끝으로 더 이상 이 농장에서 밀을 수확하지 못하게 되었지요. 그 결과 사우디는 다시 밀 수입국이 되고 말았습니다.

물은 생명의 원천입니다. 그런데 지구상에는 물 부족 국가가 많습니다. 물 부족은 식량 생산에 영향을 미치고 기아와 빈곤의 원인이 되지요. 그러다 보니 한 번 사용하면 복원되지 않는 지하 대수층에서 물을 끌어올려 사용하고, 사용하다 보면 그곳은 오염되거나 회복 불가능한 상태가 됩니다.

물뿐만 아니라 토양의 침식과 사막화도 심각합니다. 2015년 봄 중국 베이징에 몰아친 황사 폭풍은 거의 최악의 수준이었습니다. 대낮인데도 아래 사진처럼 앞을 볼 수 없을 정도였지요. 이날 베이징은 초미세먼지(PM10)의 농도가 1m^3당 1,000ug 이상 치솟았는데 이런 현상은 중국 네이멍구 인근의 사막이 확대되고 중국의 공업화가 중첩되면서 그 강도가 더 높아진 것이지요. 잘 알려진 바와 같이 북경 스모그는 북경 시민의 건강에 매우 치명적일 뿐 아니라 인근의 우리나라에도 중대한 영향을 미쳐 국제적 환경 협력의 과제를 안겨주고 있습니다.

중국 베이징 대낮 황사 폭풍 현장

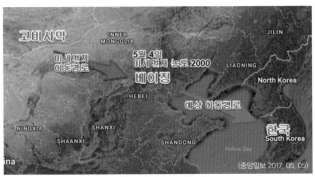
2017년 5월 고비사막에서 발생한 미세먼지의 이동 경로

　이런 문제를 해결하기 위해서는 국가 간 협력뿐만 아니라 민간교류 협력도 중요하지요. 이제 봄철이면 중국과 몽골 일대의 사막화를 막기 위해 네이멍구 식목행사에 참여하는 한국의 봉사자들이 많이 늘었습니다.

　생태계의 변화 중에 가장 심각한 현상은 이미 알려진 바와 같이 온난화로 인해 사라지는 빙하와 이로 인한 해수면의 상승, 그리고 해양 생태계의 파괴입니다. 이 현상은 이미 우리들에게 널리 알려져 있으므로 이곳에서는 최근 북극의 변화에 대해서만 살펴보겠습니다.

　북극은 줄어드는 빙하 때문에 생존 공간이 갈수록 줄어드는 북극곰의 눈물로 유명한 곳입니다. 북극곰은 원래 다른 지역의 곰들과 피부색이 같았습니다. 그런데 빙하 지역에서 사냥하다 보니 흰색 돌연변이 곰이 사냥을 더 잘하게 되었고, 그 자연 선택의 결과 현재는 흰색 털을 갖게 되었지요. 북극곰의 진화 과정은 적어도 수만 년에 걸친 진화의 결과였을 것입니다. 그런데 최근 북극의 빙하가 녹는 속도가 상당히 심각합니다.

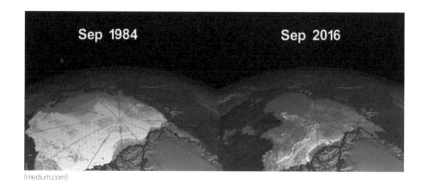

(medium.com)

위 사진은 미국 항공우주국 나사(NASA)가 공개한 영상 자료입니다. 왼쪽은 1984년 9월이고, 오른쪽은 2016년 9월입니다. 나사의 분석에 따르면 1984년 빙하지대는 210만km^2였는데 지난 2016년에는 21만 1,000km^2로 감소하여 30여 년 사이 빙하지대가 1/10로 줄어들었다고 합니다.

북극곰이 갈색에서 흰색으로 변신하는 데 걸린 자연의 속도에 비하면 북극 빙하가 줄어드는 인공의 속도는 비교 자체가 불가능한 수준이라 할 수 있지요. 북극은 이제 한여름에는 화물선이 다닐 수 있을 정도로 빙하가 녹아버렸습니다.

이를 두고 우리 경제계는 네덜란드의 로테르담까지 기존의 수에즈항로로는 24일이 걸렸는데 북극항로를 이용하면 14일이 소요되어 물류 시간이 10일이나 단축되고 비용도 줄었다고 좋아합니다.

로테르담

북극항로
1만2700km(14일 소요)

부산

수에즈항로
2만1000km(24일 소요)

(중앙일보 2010. 11. 16)

물류 회사 입장에서는 좋은 일인지 모르겠지만 북극항로 개설로 상징되는 지구 온난화가 미칠 피해를 생각해보면 마냥 좋은 일이 아닐지도 모릅니다.

북극의 빙하가 줄어드는 현상 때문에 우리의 겨울에도 변화가 생겼습니다. 북극의 빙하지대는 겨울에 제트기류를 형성하면서 찬 공기를 북극에 가두게 됩니다. 그런데 지구 온난화로 북극의 기온이 상승하면 겨울에 제트기류가 느슨해집니다. 그 결과 시베리아에 머물러야 할 찬 공기가 한반도 상공까지 내려오는 경우가 잦아지고 있습니다. 지구 온난화의 영향으로 겨울이 더 추워지는 현상을 이제는 일상적으로 겪게 되는 것이지요.

이렇듯 지하수의 오염과 물 부족, 토양의 침식과 사막화, 어족 자원의 감소, 사라지는 빙하와 솟아오르는 해수면 등 생태계의 파괴는 지구와 인류의 지속가능성을 급격하게 후퇴시킵니다.

그동안 인류는 자연을 그저 정복의 대상으로 삼아왔습니다. 이제는 그 정복의 대상이 인류의 생존을 위협하기 시작했습니다. 인류는 다른 별이나 심해에서 생활하는 것이 가능하도록 인공적인 생태계를 조성하는 실험을 진행하고 있습니다. 그 일은 엄청난 비용을 수반할 뿐만 아니라 아직 성공하지 못하고 있습니다. 따라서 우리가 현재 우선해야 할 일은 인류가 파괴한 생태계를 복원하는 것입니다. 지구 전체의 자연경제는 시장경제 영역보다 훨씬 정교하고, 그 범위 또한 비교할 수 없이 크기 때문입니다.

자연과 공존하기 위한
국가적 과제

　공존의 시대의 첫 번째 과제가 '사람과 자연의 공존'입니다. 핵심 목표는 기후변화를 막기 위해 대기 중 이산화탄소의 농도를 350ppm 이하로 안정화하고, 온도 상승이 1.5℃를 넘지 않도록 하는 것입니다. 이 목표를 달성하기 위해서는 모든 나라가 함께 노력해야겠지만, 특히 이산화탄소 발생 세계 7위인 우리나라의 몫이 큽니다. 그런데 우리는 공존의 시대 과제를 달성하는 것과는 너무나 다른 방향으로 달려 왔습니다.

　노무현 정부 때의 일입니다. 2007년 남북정상회담이 확정되어, 당시 저는 청와대 정책조정비서관으로 남북협력 의제 중 경제 사회 분야를 총괄 지원하게 되었습니다. 당연히 경제 사회 분야 전문가들의 다양한 의견을 접할 수 있었습니다. 그때 북한 문제의 핵심이 에너지 문제임을 알게 됩니다. 당시 북한은 일부 지역을 제외하고 에너지 사정이 너무 취약했습니다. 그러다 보니 주민들은 산에서 나무를 남벌하여 에너지원으로 씁니다. 산은 벌거숭이가 됩니다. 그 지역에 조금만 비가 더 내려도 홍수가 납니다. 홍수는 다시 식량난을 야기합니다. 식량난은 해당 주민의 발육과 건강을 악화시킵니다. 악순환의 연속이죠.

북한의 핵 개발을 억제하고 에너지 문제를 해결하기 위해 1994년 제네바 합의에 따라, 1997년에 함경남도에 경수로를 착공합니다. 그런데 우여곡절 끝에 2006년에 건설이 중단됩니다. 잘 되었더라면 핵 위협도 줄이고 북한의 고질적 에너지난 해결에도 도움이 되었을 텐데 안타깝지요.

북한의 사례에서 보는 것처럼 에너지는 국민의 삶과 산업에서 매우 중요한 기초 인프라에 해당합니다. 우리는 북한과 달리 산업화 초기 과정에서 안정적 에너지원을 확보하기 위해 해안가를 끼고 대용량의 원전과 석탄발전소를 짓습니다. 이렇게 생산된 전기는 전기 수요처까지 이동하는 과정에서 손실되는 것을 줄이기 위해 고압으로 송전하고, 수요처 근처에서 다시 변전하여 사용해왔습니다. 이와 같은 중앙집중형 생산과 대량 원거리 송전 방식은 도시의 건설과 산업 시설에 안정적 동력을 공급하기에는 좋은 방식이었습니다.

전력 생산 에너지믹스 비중 현황 (단위: %)

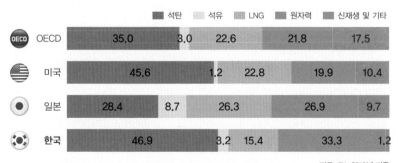

		석탄	석유	LNG	원자력	신재생 및 기타
OECD	OECD	35.0	3.0	22.6	21.8	17.5
	미국	45.6	1.2	22.8	19.9	10.4
	일본	28.4	8.7	26.3	26.9	9.7
	한국	46.9	3.2	15.4	33.3	1.2

자료: IEA, 2010년 기준

전력 총생산 중 재생에너지 비율 (2010년 기준)

이 통계는 그린피스가 재생가능에너지로 보지 않는 대수력발전을 포함합니다.

(http://www.greenpeace.org/korea/ 2014. 03. 19)

그러나 최근 일본 후쿠시마에서 치명적인 원전사고가 생기고, 우리도 원전 밀집지대에서 지진이 자주 발생하면서 탈원전의 필요성이 높아졌습니다. 또, 기후변화와 건강에 치명적인 석탄발전소를 폐쇄해야 한다는 여론이 급격히 늘어나면서 에너지 생산과 공급의 방식을 근본적으로 재검토해야 하는 상황에 이르렀습니다.

앞 페이지의 표와 같이 한국의 전력 생산 중 석탄과 원자력이 차지하는 비중은 80%를 넘습니다. 절대적이죠. 반면, 신재생 에너지 비율은 2010년 기준 1.9%입니다. 이 역시 절대적으로 적습니다.

위 그림에서 보는 것처럼 세계 주요 국가들 중에는 이미 전체 전력 생산에서 재생에너지 비중이 높은 나라가 많습니다. 아이슬란드처럼 이미 100%를 달성한 나라도 있고, 스웨덴 55%, 캐나다 60%처럼 절반을 넘어선 나라도 많습니다. 또한 산업경쟁력이 높은 독일은 20%, 세계 최대 경제대국인 미국도 11%를 재생에너지로 충당하고 있습니다. 아직 우리보다 산업경쟁력이 낮다고 알려진 중국도 11.4%로, 이미 우리보다 그 비율이 상당이 높습니다. 부끄러운 사실이지요.

우리는 통계마다 차이가 있긴 하지만, 재생에너지 비중이 2%를 넘지 못합니다. 그동안 우리가 재생에너지를 늘리기 위한 노력이 얼마나 부족했는지 여실히 드러나는 수치입니다. 이 상황에서 문재인 정부는 2030년까지 전체 전력 생산량의 20%를 재생에너지로 충당하겠다고 공약했습니다. 이는 주요 선진국들의 2030년 목표에 비하면 낮은 편이지만, 우리 현실을 보면 결코 만만치 않은 목표치입니다. 어떻게 해야 할까요?

우선 에너지 패러다임의 대전환이 필요합니다. 결론부터 우선 말하면 중앙집중형 에너지 시스템을 지방분산형 에너지 시스템으로 바꾸어야 합니다. 석탄, 석유, LNG 등 화석연료 발전소와 원전은 대용량 발전이 기본입니다. 따라서 이 같은 발전 방식은 중앙정부가 계획을 세우고 추진하는 것이 효율적입니다. 그런데 재생에너지는 기본적으로 발전 용량이 적고 분산적입니다. 따라서 재생에너지는 중앙정부보다는 지방정부가 마을 단위에서 계획을 세우고 추진하는 것이 더 효과적입니다.

다시 말하면, 현재 중앙집중형 에너지 시스템을 그대로 두고 재생에너지 비율을 20%까지 높이는 것은 불가능합니다. 이제 중앙정부는 중장기적으로 전체 에너지 믹

중앙집중형

화석 + 원자력
- 에너지 안정 공급
- 수요 관리 실패
- 환경 사회적 불평등
- 사회적 경제적 갈등
  (입지갈등, 전력손실)

지방분산형

재생에너지
- 에너지절약과 효율 향상기반
- 에너지생산 자립도 제고
- 지역 에너지정책 수립

스에 대한 계획을 종합하되, 실제 재생에너지를 생산할 수 있는 권한을 과감하게 지방정부에게 넘기고, 지방정부는 마을의 특성을 감안하여 다양한 방식으로 재생에너지를 생산할 수 있도록 직접적 노력을 기울여야 합니다. 이와 같이 에너지 패러다임을 전환하기 위해서는 몇 가지 법과 제도를 동시에 바꾸어야 합니다.

첫째, 환경세 혹은 탄소세를 도입해야 합니다.

앞서 '경제 시스템의 근본적 전환'에서도 말했지만, 상품 가격에 생태적 진실을 담아야 합니다. 즉, 화석연료 발전소 굴뚝에서 나오는 이산화탄소에 상응하는 세금을 부과해야 합니다. 이미 유럽의 많은 나라들은 환경세를 도입했고, 최근에는 비유럽 국가들도 환경세 혹은 탄소세를 도입하고 있습니다. 심지어 중국이나 싱가포르 같은 나라도 탄소세를 도입할 예정인데, 탄소 발생 2위인 미국과 7위인 한국은 환경세 도입 논의가 지지부진한 상황입니다.(84쪽 참조)

환경세(탄소세)와 '탄소 배출권 거래제도' 중 어느 것이 이산화탄소 발생을 억제하는 데 더 효과적인지 한때 논쟁이 있었습니다. 탄소 배출권 거래제도는 일정 지역에 탄소 배출 가능 총량을 정해주고, 이를 서로 사고팔 수 있도록 하는 제도로, 시장 친화적이라는 평가가 있었지요. 그런데 막상 이를 도입하여 실험한 국가에서 대부분 큰 실효를 거두지 못했습니다. 지금은 이산화탄소가 발생하는 곳에 탄소세를 부과하는 것이 조세정의에 훨씬 더 부합한다는 의견이 다수입니다.

환경세를 부과할 경우 그 세수를 어떻게 할 것인지에 대해서는 공론을 모을 필요가 있습니다. 환경세의 취지상 늘어난 세수를 재생에너지 분야에 투입할 수도 있습니다. 북유럽 국가들처럼 환경세 수입만큼

충남 당진에 화력발전소 신규 건설을 반대하며 광화문 앞에서 시위하는 시민들

근로소득세를 인하함으로써 세수 중립을 유지할 수도 있습니다. 북유럽 국가들은 이미 세금 요율이 전반적으로 높기 때문에 세수 중립을 취하는 것으로 보이는데 우리도 조세 저항 등을 고려해보면 북유럽의 사례를 참고해볼 필요가 있다고 생각합니다.

둘째, 전원개발촉진법을 폐지해야 합니다.

전원개발촉진법이란 전력수급의 안정적 도모와 국민경제 발전에 이바지함을 목적으로 1978년 제정된 법입니다. 이 법에 따라 사업자가 발전소 실시계획 허가를 받게 되면 국토의 계획 및 이용에 관한 법, 도로법, 하천법, 공유수면 관리 및 매립에 관한 법, 자연공원법, 농지법 등 거의 모든 주요 법률의 허가, 지정, 승인, 해제, 처분 등을 받은 것으로 본다고 규정하고 있습니다. 한마디로 프리패스(Free Pass), 무소불위의 권한을 가진 법이라 할 수 있죠.

최근 문제가 되고 있는 충남 당진이나 경기도 포천의 석탄 화력발전소 신설이 지역 주민과 환경단체의 반대에도 아랑곳하지 않고 추진될 수 있는 이유가 바로 전원개발촉진법 때문입니다.

이 법은 1970년대 산업화 초기에는 효과적이었을지 모릅니다. 그러나 지금 시대에는 어울리지 않는 법이지요. 이에 2016년 더불어민주당 우원식, 어기구 의원 등의 공동발의로 전원개발촉진법의 폐지 법안이 제출되어 있습니다. 이 법의 폐지는 중앙집중형 에너지 체계를 지방분산형 에너지 체계로 변경하는 상징성을 갖게 될 것입니다.

셋째, 발전차액지원제도(Feed in Tariff; FIT)를 부활해야 합니다.

독일에 태양의 도시 프라이부르크가 있습니다. 독일 남부에 있어 일조량이 독일에서는 가장 많은 곳 중 하나입니다. 그런데 그 도시보다 서울시는 연간 100시간 이상 일조량이 많습니다. 남해안 쪽으로 내려오면 더 차이가 나지요. 독일이 우리보다도 일조량이 부족함에도 세계 최대의 태양광 발전이 가능했던 이유는 발전차액지원제도 덕분입니다.

발전차액지원제도는 신재생에너지의 경제성 확보를 위해 신재생에너지 발전에 의하여 공급한 전기의 전력거래 가격이 정부가 고시한 기준가격보다 낮은 경우, 기준가격과 전력거래와의 발전차액을 지원해주는 제도를 말합니다. 이 제도는 2002년 김대중 정부 때 도입되었으나, 2011년 이명박 정부에서 의무할당제도(Renewable Portfolio Standard; RPS)가 도입되면서 폐지되었습니다. 이 의무할당제도는 발전사업자가 의무적으로 일정 비율을 재생에너지로 충당하는 제도입니다. 그러나 발전사업자가 해외 폐목을 수입하여 발전량을 채우는 방식으로 대응하면서 국내 재생에너지 시장은 답보할 수밖에 없었습니다.

이런 상황에서 최근 문재인 정부는 2018년부터 새롭게 한국형 발전차액지원제도를 도입할 계획을 밝혔습니다. 즉, 협동조합과 농민은 100kW 미만, 개인사업사는 30kW 미만의 생산 전력에 대해 20년간 정해진 가격으로 의무 구매를 하겠다는 것입니다.

이 취지는 마을 단위 협동조합을 장려하고 있다는 점에서 긍정적이라 할 수 있습니다. 다만, 최근 태양광 발전 설비의 혁신 속도를 고려해볼 때 의무 구매 기간은 오히려 15년 정도로 단축시키고, 개인사업자의 경우도 그 한도 규모를 다소 상향 조정할 필요가 있어 보입니다.

정부는 그 외에 다양한 방식으로 태양광과 풍력을 확대하여 2030년에는 설비 보급을 확대하여 전체 전력의 20%를 재생에너지로 대체하겠다는 계획입니다.

재생에너지 3020 계획 설비 보급 목표 (단위: %)

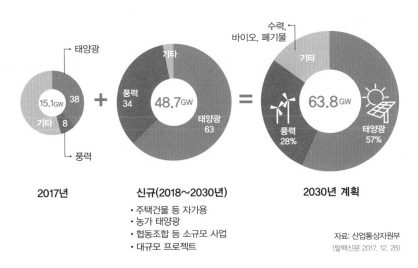

2017년

신규(2018~2030년)
• 주택건물 등 자가용
• 농가 태양광
• 협동조합 등 소규모 사업
• 대규모 프로젝트

2030년 계획

자료: 산업통상자원부
(탈핵신문 2017. 12. 28)

또한 이 과정에서 농어촌의 주민들이 마을 단위 태양광 협동조합을 통해 소득의 상당 부분을 보완할 수 있도록 제도를 잘 설계할 필요가 있습니다. 이 제도가 성공하면 인구 감소로 소멸이 우려되는 많은 농어산촌이 다시금 경쟁력을 갖출 수 있을 것입니다.

넷째, 전력산업 기반기금의 용도를 바꿔야 합니다.

우리가 매달 내는 전기요금 고지서를 자세히 보면 전기요금 외에 3.7%를 추가로 납부하는 것을 확인할 수 있습니다. 이 돈이 전력산업 기반기금의 재원입니다.

2017년을 기준으로 이 기금의 재원은 4조 1,439억 원으로, 결코 적지 않은 금액입니다. 이 기금의 사용 용도를 보면, 지난 4년간 원자력을 홍보하는 데는 211억 원이 사용된 반면, 재생에너지 홍보에는 3억 4,700만 원이 쓰여 사실상 원자력의 홍보 수단으로 이용되었다고 하겠습니다. 이제는 이 기금이 원자력과 화석연료 중심의 에너지 체계에서 재생에너지 체계로 전환하는 용도에 맞게 바뀌어야 합니다.

다섯째, 교통환경에너지세의 사용처를 변경해야 합니다.

교통환경에너지세는 자동차의 유류세로, 자동차에 경유나 휘발유 등을 급유할 때 실제 제조원가에 더하여 붙는 세금입니다.

이와 관련해서는 이미 88쪽에서 자세히 설명했습니다. 요약하면 이미 이 유류세는 유럽의 선진국 수준으로 세금을 부과하고 있는데, 세금의 80%가 다시 도로 등을 확장하는 데 쓰이고 있으므로, 이 세금이야말로 재생에너지를 확대하는 데 쓰일 수 있도록 그 사용처를 변경할 필요가 크다고 하겠습니다.

자연과 공존하기 위한
노원의 도전

2014년 봄입니다. 탈핵 에너지전환 도시선언을 함께 했던 타 지방자치단체장님들과 유럽 연수를 갔습니다. 당시 여러 도시를 둘러봤는데 그중 가장 인상 깊었던 곳은 세계의 환경수도로 불리는 독일의 프라이부르크였습니다. 그때 저는 다짐합니다. 유럽에 프라이부르크가 있다면 아시아에는 한국에 노원구가 있다고 할 만큼 노원을 지속가능한 도시로 만들어보겠다고 말입니다. 그리고 또 4년여의 시간이 흘렀습니다.

돌이켜보면 기초자치단체 차원에서 할 수 있는 일이 많지 않았습니다. 특히 같은 시기의 정부는 4대강 사업이나 원전과 석탄 발전을 확대하는 사업을 주로 추진하고 있는 상황이라 더 어려움이 많았습니다.

여기서는 기초자치단체 차원에서 추진했던 사업 가운데 나름 의미 있는 사업을 몇 가지 간추려 소개합니다.

⬡ 노원 에너지 제로 하우스

2017년 12월 8일 문재인 대통령님이 참여한 가운데 노원 에너지 제로 주택의 오픈 하우스 행사가 열렸습니다. 이 주택은 이명박 정부 당시 '저탄소 녹색성장'이란 구호가 있었지만 별다른 성과가 없자, 임기 마지막 해에 국토부에 R&D 예산 180억 원을 편성하면서 시작됩니다. 공모는 2013년 박근혜 정부 초기에 추진되었는데 대구시, 세종시, 서울 노원구 등 3자 경합 끝에 모두의 예상과 달리 노원구가 선정되었지요. 노원은 명지대, KCC건설, 서울시와 컨소시엄을 구성하여 설계와 건축을 추진하였고, 그 후 여러 우여곡절을 거치며 마치 기적처럼 오늘에 이르게 되었습니다.

이 책에서 일관되게 말한 바대로, 인류사 최대 위기인 기후변화에 대응하기 위해서는, 우선 화석연료 사용을 최대한 줄이고, 꼭 필요한 에

노원 에너지 제로 하우스: 냉방, 난방, 온수, 조명, 환기 등 5대 분야에 화석연료를 사용하지 않고, 단열과 재생에너지로 생활하는 총 121세대 규모의 주택단지

너지는 재생에너지로 충당하는 에너지 대전환이 추진되어야 합니다.

화석연료는 건물, 수송, 산업 영역에서 대략 1/3씩 사용됩니다. 따라서 건물 분야에서 화석연료 사용을 줄이는 것은 지구를 살리는 중요한 일일 뿐만 아니라 장차 건축의 새로운 패러다임으로 자리매김될 것입니다.

그런 측면에서 단열과 기밀(패시브), 고성능 기자재와 재생에너지(액티브) 기술을 집약한 노원의 실험은 국내의 첫 사례일 뿐 아니라 세계적으로 주목을 받고 있습니다.

제도가 수요를 만들고, 수요가 기술혁신과 일자리를 가져옵니다. 이 주택이 건축되기 전까지 국내 건축소재 대표 기업인 LG하우시스와 KCC는 단열의 핵심자재인 3중 유리 창호를 생산하지 않았습니다. 지금은 노원 에너지 제로 주택에 공급하기 위해 국제 수준의 제품을 개발, 생산하고 있습니다.

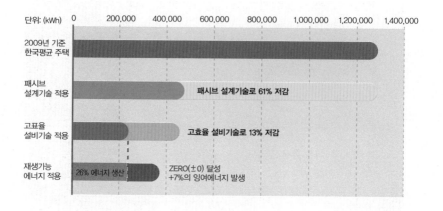

단위: (kWh)

| | 2009년 기준 한국평균 주택 | 패시브 설계기술 적용 | 고효율 설비기술 적용 | 재생가능 에너지 적용 |

패시브 설계기술로 61% 저감

고효율 설비기술로 13% 저감

26% 에너지 생산   ZERO(±0) 달성
+7%의 잉여에너지 발생

그런데 에너지는 가두고 공기만 순환시키는 열 회수용 환기장치 등은 에너지 절약과 미세먼지 대책에 꼭 필요한 시설이지만, 제도와 수요의 부족으로 국내에서는 생산되지 않고 있습니다. 아직 에너지 제로 관련 설계와 시공 전문가도 많이 부족하고, 이를 양성할 교육기관도 부족한 편입니다. 그렇지만 이런 빈틈이 4차 산업혁명의 한 축인 그린 이코노미(Green Economy) 분야 일자리 창출의 블루오션이기도 합니다.

국내 GDP의 약 10%를 차지하는 건축 분야에서 에너지 제로 주택과 같은 사례가 전국적으로 추진된다면, 지구도 살리면서 건축 분야의 기술혁신과 부가가치 및 많은 일자리 창출의 좋은 본보기가 될 수 있으리라고 생각합니다.

남은 문제는 건축비입니다. 단열 성능을 높이는 패시브 주택은 일반 주택 대비 약 10~15%, 국내 제로 에너지 등급(1⁺⁺) 수준은 약 20%, 노원 에너지 제로 주택처럼 최고 성능(1⁺⁺⁺)의 주택은 약 30%가량 건축비가 더 듭니다.

노원 에너지 제로 주택의 보급효과
산업연관분석을 이용하여 등급강화에 따른 추가 건축비용 경제적 파급효과 산출

2등급 → 1⁺⁺⁺등급
생산유발: 연평균 29.1조원
부가가치유발: 연평균 8.5조원
고용유발: 연평균 9.1만명

2등급 → 1등급
생산유발: 연평균 7.4조원
부가가치유발: 연평균 2.2조원
고용유발: 연평균 2.4만명

건축물 에너지 효율등급 강화에 따른 주택
건설의 경제적 파급효과 분석
Economi Effects on Housing Construction for
Strengthening Building Energy Efficiency
Rating

2013년 전체 산업기준
총생산은 연평균 0.21~0.65%
부가가치(GDP)는 연평균 0.17~0.65%
고용자 수는 연평균 0.15~0.56% 상승 가능

추가된 건축비는 에너지 절감 비용으로 회수되는데, 패시브 주택은 7~10년, 액티브 포함 주택은 20~30년이면 가능합니다. 그러나 이런 주택이 대중화되면 회수기간이 더 짧아지겠지요.

한국도 2020년부터 공공부문 제로 에너지 건축 인증을 의무화하고 2025년부터 민간부문까지 확대할 계획을 가지고 있습니다. 그러나 지금의 준비 정도로는 건축비 상승 등의 이유로 목표 달성이 뒤로 미뤄질 가능성이 높습니다. 이날 대통령님은 입주민들이 실제 생활이 편리한지 등에 대해 일일이 물어보고 확인하면서 국토부 장관에게 이와 같은 주택을 더 많이 지을 것을 지시했습니다.

참고로 노원 에너지 제로 주택은 신혼부부 위주의 행복주택으로 임

문 대통령, 에너지제로 주택 방문 문재인 대통령이 7일 서울 하계동 에너지제로 주택에서 열린 '노원 제로에너지 실증단지 오픈 하우스' 행사에 참석해 단열문을 살펴보고 있다. EZ하우스는 화석연료 사용 없이 난방·냉방·급탕·조명·환기 등 5개 항목에 대해 에너지 제로화를 이룬 공동주택이다. 청와대사진기자단

대하는데, 입주자들이 협동조합을 구성하여 마을공동체 방식으로 운영할 예정입니다. 이 주택은 2018년 1월에 입주가 마무리되었는데, 사계절을 한 바퀴 돌아보면 더 많은 노하우가 쌓이겠지요.

겨울철에 일반 주택이나 아파트의 현관문을 열면 찬기가 많이 느껴집니다. 그 틈새로 에너지가 새고 있는 것이지요. 위 사진 속 두 개의 문은 노원EZ센터 안에 있는 단열문과 일반 문입니다. 그런데 대통령님이 대한민국 최초로 에너지 제로 주택의 단열문을 열어주셨습니다. 멀지 않아 대한민국의 모든 주택의 현관문이 단열문으로, 창호는 3중창으로 바뀌고, 햇빛이 드는 모든 곳에 태양광 전지판이 붙는 날이 곧 오게 되겠지요.

노원구의 5년여에 걸친 실험은 이제 시작이지만, 장차 대한민국 건축의 패러다임을 바꾸는 중요한 터닝 포인트가 될 것이라고 생각합니다.

'지구와 사람에게 이롭고 지속가능한 에너지 제로 하우스 에너지 현황'판 앞에서 문재인 대통령님과 에너지 제로를 상징하는 퍼포먼스를 하며.

건물 에너지 다이어트, 그 밖의 사례들

노원에코센터

노원 에너지 제로 주택을 건립하게 된 배경에는 노원에코센터가 있습니다. 2010년, 민선 5기 노원구청장에 도전할 때 저는 환경교육센터를 만들겠다고 약속합니다. 그리고 센터 신축 자리를 살펴보던 중 옛 마들근린공원 수영장 관리동을 다른 용도로 리모델링하는 중임을 확인합니다. 여러 여건상 환경교육센터 자리로 안성맞춤이었지요.

저는 기왕이면 지을 때부터 건물 자체가 환경교육에 걸맞도록 탄소 제로 건물로 짓기로 생각했습니다. 그런데 막상 건축을 하다 보니 이런 유형의 건축 사례가 드물어 시행착오를 겪게 됩니다. 그때의 경험이 에너지 제로 주택을 지을 때 많은 도움이 되었지요.

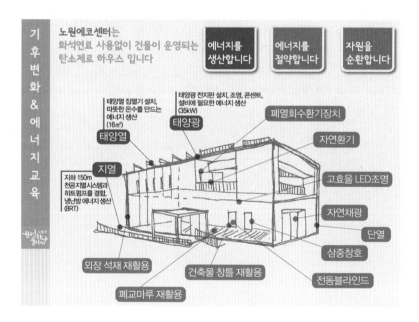

기후변화 & 에너지교육

노원에코센터는 화석연료 사용이 건물이 운영되는 탄소제로 하우스 입니다

에너지를 생산합니다 · 에너지를 절약합니다 · 자원을 순환합니다

태양열 집열기 설치, 따뜻한 온수를 만드는 에너지 생산 (16㎡) — 태양열

태양광 전지판 설치, 조명, 콘센트, 설비에 필요한 에너지 생산 (35kW) — 태양광

폐열회수환기장치

자연환기

고효율 LED조명

자연채광

단열

삼중창호

전동블라인드

지열 — 지하 150m 천공지열시스템과 히트펌프를 결합, 냉난방 에너지 생산 (8RT)

외장 석재 재활용

건축물 창틀 재활용

폐교마루 재활용

이 건물은 지하 1층, 지상 2층 건물로 그리 크지 않습니다. 그러나 왼쪽 그림처럼 에너지 제로 기술요소를 전부 갖춘 건물로, 환경교육센터 중 전국 최초로 에너지 제로 건물이 되었지요. 정확히 말하면, 에너지 플러스 건물이 되었습니다. 이 센터는 2012년 2월에 완공되었습니다. 그리고 사계절 동안 운영해보았더니 전체 건물에 에너지를 사용하고도 남아서 한전에 전기를 파는 건축물이 되었습니다.

이 건축물이 생긴 후 환경교육용 건물은 대부분 에너지 제로 기준을 적용하고 있습니다. 노원에코센터가 환경교육용 건물의 표준 모델이 되었기 때문이지요. 또한 이 건물은 2012년 국토해양부가 공모한 제1회 대한민국 녹색건축대전에서 최우수 작품으로 선정되는 영광도 누리게 되었습니다. 무엇보다도 저는 현실에서 에너지 제로 건물을 처음 건축해보면서 그 가능성을 확인할 수 있었습니다.

노원에코센터, 전국 제일 녹색건축물

녹색건축대전 최우수 작품 선정

기후 변화에 대한 경각심을 높이기 위한 환경교육장으로 쓰이는 노원에코센터가 전국에서 제일가는 녹색건축물로 인정받았다. 노원구는 지난 2월 개관한 노원에코센터가 국가건축정책위원회와 국토해양부가 공모한 '2012 제1회 대한민국 녹색건축대전'에서 최우수 작품으로 선정됐다고 19일 밝혔다.

녹색건축대전은 녹색건축물의 조기 정착과 국민생활 속에서 녹색건축 실현에 대해 공감할 수 있는 계기를 마련하기 위해 '지속가능한 녹색건축 창출'이라는 주제로 공모를 실시했다. 대상 1점, 최우수상 3점, 우수상 8점 등 모두 12개의 건축물을 선정

했다. 시상식과 전시회는 21일 오전 9시 서울역사박물관에서 열린다.

노원에코센터는 건축비 17억원을 들여 폐수영장 관리실을 리모델링한 지하 1층, 지상 2층 규모(649㎡)로 태양광, 태양열, 지열 등 신재생에너지 100%를 사용해 전국 최초로 화석연료를 사용하지 않는 건물이라는 기록을 남겼다. 지하 150m 깊이에 지열관 3개를 설치하고 발생한 에너지를 이용해 냉·난방 기기를 가동하고 있으며, 옥상에는 10kW, 15kW 태양광 발전시설을 설치했다. 또 태양열 설비(16㎡)를 설치해 온수로 사용한다.

별도 기계장치 없이 에너지 절약요소 기술만으로 기존 건축물 대비 난방에너지를 88% 절감할 수 있으며, 패스브요소(에너지

노원구 상계동 마들체육공원에 있는 '노원에코센터'. 최근 '2012 제1회 대한민국 녹색건축대전'에서 최우수 작품으로 선정된 노원에코센터는 태양열과 지열 등 100% 천연에너지를 사용하는 건물로 친환경 건축물의 표본이 되고 있다. 서울신문 포토라이브러리

절약형 건축물) 기술만으로 건물에너지(난방, 냉방, 급탕, 환기, 조명)를 45% 절감하도록 했다. 그동안 초중고생, 주민 등 1만 500여명이 다녀가는 등 지역 주민들이 함께 배울 수 있는 환경교육장으로 활용해 국가건축정책위원회에서 우수한 평가를 받았다.

강국진기자 betulo@seoul.co.kr

공릉 보건지소 리모델링

공릉동 구길 가운데 위치한 옛 공릉2동 주민센터. 주민센터가 신축하여 다른 곳으로 옮겨 가고 이곳에는 푸드마켓과 노원 시설관리공단 등이 입주해 있는 낡은 공간이 남아 있었습니다. 시설관리공단이 옮겨 간 2층은 한때 봉제 마을기업이 사용하기도 했었지요. 저는 고민 끝에 이 낡은 건물 전체를 리모델링하여 보건지소를 건축하기로 결정하고, 2013년 6월에 착공, 2015년 1월에 완공합니다.

아래 두 사진은 공사 전과 후의 모습입니다. 전혀 다른 건물 같지요. 이 건물은 외관이 바뀐 것뿐만 아니라 리모델링 전과 비교하여 약 90%에 해당하는, 연간 1,500만 원 상당의 전기료를 절약할 수 있는 건물로 변신했습니다. 참고로 이 건물은 일반 리모델링 건축비에 에너지 절감을 위한 추가 공사비가 약 2억 3,000만 원 들었습니다. 대략 15년이면 본전이 뽑히는 구조이니 그리 밑지는 장사는 아니지요.

이 건물도 2016년 국토교통부가 주관한 대한민국 녹색건축 한마당에서 금상을 수상하는 영예를 누렸습니다. 이후

(위)공릉 2동 옛 동청사 건물로 리모델링 이전의 모습
(아래)공릉 보건지소로 리모델링 후의 모습

에 공릉 보건지소는 에너지 절약형 리모델링 분야에서 주요 벤치마킹 사례가 되었습니다.

노원구는 2016년에 경로당 등대 프로젝트도 추진합니다. 오래된 경로당을 에너지 친화적으로 리모델링하는 사업이지요. 공사 후 재입주한 경로당 어르신들이 얼마나 좋아하시던지요.

또한 2017년 7월에는 상계9동 청사를 에너지 절약형 건물로 변신시킵니다. 이곳은 유리창이 모두 북향이라 겨울이면 몹시 추웠습니다. 그런데 2017년 겨울에는 춥다는 말을 들어보지 못했습니다.

노원에서 가장 오래된 상계 3·4동 도암경로당 등대 프로젝트 추진 전과 후 모습

상계9동 청사 리모델링 전과 후

저소득층 단열형 집수리 사업

저소득층은 여름보다 겨울나기가 더 어렵습니다. 여름에는 에어컨이 없더라도 선풍기로 계절을 날 수 있지만, 단열이 되어 있지 않거나 웃풍이 센 집이 많은데 겨울에 난방비가 부족한 저소득층은 해결책이 없기 때문입니다. 정부는 이런 집을 고쳐주라고 저소득층 집수리 사업비를 지원합니다. 그런데 정작 가구당 수리비용이 적

어서 도배와 장판 작업만으로도 예산이 모자랍니다.

노원구는 집수리 분야의 사회적 기업과 협약하여 저소득층이 집수리를 할 때 최대한 단열성능을 높일 수 있도록 노력했습니다. 이렇게 수리하면 대략 20~40%가량 에너지 효율이 올라갑니다. 그만큼 에너지도 절약되고 저소득층의 겨울나기가 한결 편해졌겠지요. 노원구는 한국에너지재단에서 지원한 비용으로만 지난 8년간 3,475가구에 단열형 집수리 사업을 시행했습니다. 누적해놓고 보니 참 많이 했지요.

연도	지원가구 수	집행액	비고
2010	151	122,219천 원	
2011	361	332,000천 원	
2012	459	411,000천 원	
2013	704	801,000천 원	한국에너지 재단 국비 100%
2014	930	1,182,000천 원	
2015	448	582,740천 원	
2016	260	373,690천 원	
2017	162	262,953천 원	

동절기 우리집 에너지 컨설팅

저소득 가구뿐만 아니라 일반 가정집도 겨울나기가 쉽지 않은 집들이 꽤 있습니다. 노원구는 주민이 신청을 하면 열화상 카메라를 들고 집으로 찾아가 실제 열이 어디서 새고 있는지 무료로 컨설팅해주고 있습니다. 이렇게 컨설팅을 한 가구가 2011년부터 6년간 2,200여 가구가 됩니다. 이들 가구도 겨울이 많이 따뜻해졌지요.

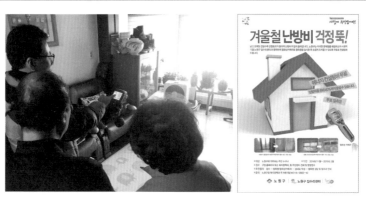

우리집 에너지 컨설팅에 신청한 가구를 방문하여 열화상카메라로 열 측정을 실시하여 열이 새는 부분을 주민이 이해할 수 있도록 설명하는 모습

노원구, 집안 열 손실 차단 "난방비 줄여 드립니다"

**열화상카메라 창문 등 찍어
열 새어 나가는 곳 찾아내
단열시트 부착·수리 상담도**

노원구가 본격적인 추위를 앞두고 열화상카메라를 동원해 집 안에서 새는 난방비 잡기에 나섰다.

구는 이달부터 내년 2월까지 지역 내 사회적기업인 노원구집수리센터가 각 가정을 방문해 열손실 원인을 찾아 집수리를 상담해주는 '우리집 에너지컨설팅'을 진행한다고 4일 밝혔다. 아파트와 주택 등 주거 형태에 관계없이 누구든 신청할 수 있다.

집수리센터가 상담을 원하는 주민의 집에 찾아가 열화상카메라로 창문과 벽면, 출입구 등을 찍는다. 각 지점의 온도를 측정해 단열이 되지 못하고 열이 빠져나가는 지점을 찾는 것이다. 열손실 지점은 결과표로 만들어 알려주고 수리상담도 해준다. 바람이 새는 문틈을 찾아 문틈지로 메우고, 외풍이 심한 창문은 에어캡을 씌운다. 열이 새는 정도가 심하면 창문 자체를 교체하기도 한다. 수리가 끝나면 다시 카메라로 온도를 측정해 전후 효과도 비교한다.

2012년 겨울, 사업을 시작한 노원구는 지난 동절기에만 371가구에 대한 상담을 진행해 40%의 열손실을 막았다고 설명했다. 지난해 열화상카메라로 찍어 열손실 상담을 받은 상계동 한 주택은 평소 4도 정도였던 거실 벽 모서리 틈새를 막아 바람을 차단하자 9.8도까지 올라갔다. 구는 기초생활수급자와 차상위계층 가구의 경우 수리비를 100만원까지 지원하고, 소년소녀가장에게는 자원봉사자들이 문풍지와 단열시트를 부착해주고 있다. 김성환 노원구청장은 "열이 빠져나가는 곳을 미리 보완하면 새는 난방비를 줄일 수 있도록 구청에서 지원할 것"이라고 말했다.

김보미 기자 bomi83@kyunghyang.com

🌱 녹색 커튼

거리를 지나다 보면 전체가 유리로 되어 있는 건물을 보게 됩니다. 저는 그때마다 저 건물은 '여름에 얼마나 더울까? 그 더위를 막기 위해 에어컨은 또 얼마나 사용할까?'라는 생각을 했습니다. 노원구도 구청사나 학교 등에 그런 건물이 꽤 있습니다. 문득 이런 건물의 유리창에 한여름 햇빛이 직접 닿지 않게 하면 좋겠다는 생각을 했습니다. 이른바 '녹색 커튼'이죠. 아래 그림처럼 원리는 간단합니다.

노원구는 2015년에 사업을 구상하고, 2016년 봄 주민센터 4곳과 도서관 2곳, 그리고 학교 3곳 등 9개소를 선정하여 녹색 커튼 시범사업을 시행했습니다.

다음 페이지의 사진은 모두 중계2·3동 주민센터 앞에 설치한 녹색 커튼을 실내외에서 찍은 사진들입니다. 보기만 해도 시원하지요. 녹색 커튼에 동원된 식물은 나팔꽃과 풍선초입니다. 비용도 크게 들지 않습니다. 설치할 장소에 큰 화분과 넝쿨이 타고 오를 로프, 그리고 자동수관장치만 설치하면 됩니다. 자동수관장치가 다소 비용을 차지하는데, 물을 줄 사람이 있다면 이 비용을 절약할 수 있으므로 설치비도 저렴한 편입니다. 더구나 한 번 설치하면 거의 추가비용이 들지 않으니 더

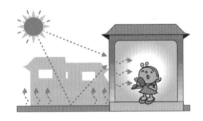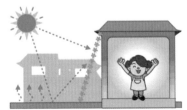

(http://vuonthangdung.vn/)

중계2·3동 주민센터 앞 녹색 커튼, 정면과 실내 전경

녹색 커튼에 사용된 풍선초(좌)와 나팔꽃(우)의 모습

경제적이라 할 수 있지요.

이렇게 한 해 동안 실험해보았더니 결과는 예상했던 것보다 훨씬 좋았습니다. 직접석으로는 식물이 태양광을 차단해 실내온도 상승을 막아주니 에너지 절감에 효과적이었습니다. 아래 사진처럼 건물 외부에 햇빛이 닿는 곳과 녹색 커튼으로 가려진 곳은 대략 15~20℃의 온도 차를 보였고, 실내에서는 같은 조건에서 7~8℃의 온도 차를 보인 것입니다.

또한 녹색 식물은 심리적 안정감을 갖는 데 도움을 주고, 도로변의 소음과 먼지를 차단하는 효과까지 있었습니다.

이 녹색 커튼은 늦봄부터 부쩍 자랐다가 가을과 함께 시듭니다. 겨울에는 반대로 유리창이 햇빛을 받아야 실내 온도가 올라가니 이 사업이야말로 자연과 공존하는 대표적 사업이라 할 수 있겠지요. 노원의

실외에서 햇빛이 닿는 곳과 녹색 커튼이 가린 곳에 대한 온도 측정 결과

실내에서 녹색 커튼이 있는 곳과 없는 곳에 대한 온도 측정 결과

녹색 커튼 사업은 이제 전국의 효자 수출상품이 되었습니다. 이제는
어느 곳에서든 이와 같은 녹색 커튼을 볼 수 있게 되겠지요.

건물 외벽에 '녹색커튼' 치자 마음까지 시원

건물 외벽에 덩굴식물, 실내온도 2~3도 낮추고 공기도 쾌적

건물 전면에 드리워진 녹색커튼은 삶과 의미를 쾌적하게 한다. 지난 11일 오후 중계2·3동 주민센터 내부.　　장수선 인턴기자 grimlike@hani.co.kr

요즈음 서울 노원구의 중계2·3동 주민센터를 찾는 이들은 색다른 풍경과 마주친다. 6층짜리 건물 전면에 폭 19m, 높이 12m 크기로 나팔꽃과 풍선초 같은 덩굴식물이 대형 커튼처럼 드리워져 있기 때문이다. 보이는 그대로 '녹색커튼'이다.

"누구 아이디어인지 몰라도 너무 좋아요. 따가운 직사광선도 막아 주고, 눈까지 시원해지는 청량감마저 주네요." 중계3동 주민 서원심(63) 씨는 녹색커튼 하나로 주민센터 분위기가 확 달라졌다고 말한다. 녹색커튼이 만들어낸 그늘에서 사람들이 차를 마시고, 이야기도 나눈다고 했다. 햇빛을 가리는 사무실 안 불라인드도 사라졌다.

8월 전력소비량, 설치 전 대비 21% 줄어

중계2·3동 주민센터에 녹색커튼을 설치한 것은 지난 4월이다. 서울시농업기술센터(농업기술센터)에서 올해 시작한 '2016 녹색커튼 시범사업'에 선정되면서 작업을 시작했다. 1층 바닥에 대형 화분들을 놓고 나팔꽃과 풍선초 등 가지를 심었다. 나팔꽃이 올라갈 수 있도록 본분에서 3층 발코니까지 연결되는 끈을 묶었다.

"서울에는 주민들이 '이게 뭐지?' 하고 궁금해했어요. 꽃을 보고 있으면 '무슨 식물이냐?' '왜 설치한 거냐?' 하고 많이들 물어보더라고요. 지금은 사무실이 시원해서 직원들도 만족스러워합니다." 녹색커튼을 관리하는 주민센터 이태진 주무관은 녹색커튼이 주민뿐 아니라 직원들에게도 반응이 좋다고 한다.

농업기술센터가 녹색커튼 보급에 나선 것은 일본의 경험이 크게 작용했다. 2011년 후쿠시마 원전 사고로 전력공급량이 크게 줄자, 일본은 여름철 전력소비를 줄이기 위해 '녹색커튼' 운동을 펼쳤다. 건물 외벽이나 창가, 베란다, 발코니에 나팔꽃, 수세미 같은 덩굴식물을 심어 외부 열기와 햇빛을 차단하고 수증기를 뿜어내 공기를 만들었다.

농업기술센터 정재욱 주무관은 "녹색커튼은 실내온도를 2~3도 낮출 뿐 아니라 산소를 뿜어내 실내를 쾌적하게 하는 효과가 있다. 2009년 일본 시민단체인 '녹색커튼 모포그룹'의 조사를 보면, 녹색커튼을 설치한 공간은 8월에 전력소비량이 전년 같은 기간보다 평균 21% 감소한 것으로 나타났다"고 밝혔다.

농업기술센터는 2014년 다양한 식물을 재배해 보고, 서울에 맞는 녹색커튼 식물로 나팔꽃, 풍선초, 가는잎유홍초를 선정했다. 그리고 지난 5월 농업기술센터, 광진구청 본관, 중계2·3동 주민센터, 상계5·4동 주민센터, 상계10동 주민센터, 문래행복5호 노인복지관 등 6곳의 총 1233㎡(373억 평) 공간에 녹색커튼을 설치했다. 2017년에도 공공기관 5곳에 녹색커튼을 칠 예정이다.

서울의 구청 중에서는 '인간과 자연이 공존하는 녹색도시 건설'을 주요 과제로 내건 노원구가 가장 적극적이다. 농업기술센터의 시범사업 대상이 된 구내 주민센터 3곳 외에도 상계8동 주민센터, 노원정보도서관, 노원어린이도서관에 구비로 녹색커튼을 설치했다. 월계초, 상원초, 태랑중 등 3곳의 학교에 녹색커튼 보조금도 지원했다.

김성환 노원구청장은 "기초지자체에서부터 실천하는 친환경 운동이 지구온난화 문제를 해결할 수 있는 작은 씨앗이 되기를 기대한다. 장기적으로 녹색커튼을 동 주민센터 뿐만 아니라 경찰서, 우체국, 사회복지시설 등 다양한 이용하는 시설로 확대 보급해 나갈 계획"이라고 한다. 농업기술센터 정 주무관은 "힘께초나 태랑중 설치가 완료된 녹색커튼 사진을 보내왔다. 온도를 낮

> 노원구 중계2·3 주민센터 설치
> 경찰서·우체국 등 확대 계획
> 서울시 농업기술센터 보급나서
> 일, 2011년 원전사고 이후 채택

추는 것은 물론이고 기분까지 시원해져서 아이들이 좋아한다"고 전했다.

자투리 공간을 녹색 쉼터로 만드는 효과도

폭 50m, 높이 7m 규모의 녹색커튼을 설치하려면 물을 뿌려 주는 관수 시스템을 포함해 초기 비용이 800만원 정도 필요하다. 이듬해부터는 모종과 비료, 인건비까지 50여만 원이면 충분하다. 공공기관의 자투리 공간을 활용하면 적은 비용으로 다양한 형태의 '녹색 쉼터'를 만들 수 있다. 모종 비용이 드는 까닭은 녹색커튼으로 이용되는 나팔꽃 등이 한해살이풀이기 때문이다. 10월에 철거하고, 이듬해 5월에 다시 심어야 한다. 녹색커튼에 대한 자세한 정보는 농업기술센터 누리집(agro.seoul.go.kr)에서 확인할 수 있다.
박동해 기자 ganjo@hani.co.kr

중계2·3동 주민센터에 설치한 폭 19m, 높이 12m 규모의 녹색커튼은 건물 전체를 뒤덮어 주민들에게 청량감을 주고 있다.

(한겨레 2016. 08. 19)

✿ 태양의 도시 노원

2014년 2월 노원구는 '태양의 도시 노원 프로젝트'를 추진하기로 합니다. 목표는 2020년까지 8,871kW를 생산하는 것입니다. 현재까지 태양광 보급 내용을 점검해보니 공공시설, 학교, 아파트 베란다, 단독주택, 발전사업 등에 총 2,809kW를 보급하여 전체 목표에 약 32%를 달성했더군요. 목표치에 비하면 많이 부족한 수준이지요. 만약 꿈을 적게 가졌더라면 이마저도 못했을지 모릅니다. 그래도 다른 자치단체와 비교하면 다소 위안이 됩니다.

노원구 태양광 발전시설 보급실적

공공시설	학교	베란다형	단독주택	발전사업
40개소 782kW	8개소 305kW	4,617개소 1,244kW	9개소 27kW	11개소 451kW

제레미 리프킨이 그의 책《3차 산업혁명》에서 '모든 건물을 재생에너지 발전소로 만들자'라고 제안한 것처럼 노원구도 이를 위해 남향인 아파트 베란다에 태양광 보급사업을 적극적으로 펼쳤습니다. 그 결과 서울 자치구 중에는 가장 많은 4,617가구가 베란다에 태양광을 달았죠.

목표는 아파트 가구 수 전체의 10%인 1만 5,800가구에 태양광을 다는 것인데, 최근 정부가 본격적으로 지원하기 시작하고 주민들의 관심도 높아져서 충분히 가능할 것으로 보입니다.

2015년에 노원구는 전국에서 처음으로 상계동 노원고등학교 담장

노원구 월계동 청백1단지 아파트 베란다에 미니 태양광이 설치된 모습 | 상계8동 노원고등학교 태양광 방음벽 설치 전경

노원구 '태양광 방음벽' 전국 첫 설치

█ 서울 노원구가 전국 지방자치단체 중 처음으로 방음벽에 태양광 발전설비 기능을 적용한 '태양광 방음벽(합성 사진)'을 상계동에 설치한다.

구는 구청 청사 태양광 발전, 아파트 베란다 미니 태양광 보급 사업 등 신재생 에너지 사용 분야에서 특장점을 보이고 있는데 태양광 방음벽 설치 역시 신재생 에너지 사용 증시 정책의 연장 선상에서 추진되는 것이다.

구는 오는 11월까지 상계동 노원고등학교 주변 노후 방음벽을 태양광 방음벽으로 전면 교체·설치할 계획이라고 1일 밝혔다.

구는 소음차단 효과를 높이기 위해 높이 3.5m, 길이 120m의 흡음형 방음벽을 투명형으로 바꾼다. 또 방음벽 상단에 태양광 발전설비를 단다. 260W 태양광 모듈 120장을 2단으로 설치키로 했다. 이를 통해 연간 4만996kWh의 전기를 생산하게 된다. 이는 연중 10여 가구가 사용할 수 있는 전기량이다. 또 신재생 에너지에 대

한 콘텐츠를 개발해 노원고 안에 홍보 교육용 모니터링 설비를 설치할 계획이다. 이곳에서 학생들과 주민을 대상으로 교육 프로그램을 운영하게 된다.

구는 아파트 베란다 미니 태양광 보급 사업에서도 다른 서울시 자치구에 비해 압도적인 성과를 내고 있다. 시 보조금에 구 보조금을 얹어서 지원하기 때문이다. 김성환 구청장은 "신재생 에너지를 보급하기 위해 공공부문부터 실천해 나가겠다"며 "태양광 방음벽이 학생들의 면학 분위기 조성과 함께 환경 교육장의 역할도 할 것으로 기대한다"고 말했다.

유회경 기자 yoology@

건물 주차장과 외벽에 태양광이 설치되어 있는 노원구청 전경

에 방음벽 태양광을 설치하여 소음도 잡고, 에너지도 생산하는 1석 2조의 새로운 사례를 만들었습니다. 사진에서 확인할 수 있는 것처럼, 태양광 방음벽은 디자인이나 실용성 면에서도 절대 뒤지지 않습니다. 물론 교사, 학부모, 학생 모두 만족도가 아주 높았지요.

위 사진에 보이는 건물은 노원구청입니다. 멀리 건물의 층과 층 사이에 태양광 패널이 설치되어 있는 것이 보입니다. 그리고 주차장에는 노원 햇빛과 바람 발전 협동조합에서 2013년에 설립한 30kW 규모의 태양광 1호기가 주차된 차량에 그늘을 제공하며 서 있습니다. 지금은 2호기를 설치하고 있는데, 같은 값으로 75kW를 설치하게 되었으니 4년 사이에 태양광의 기술혁신이 2.5배 높아졌다는 의미겠지요.

노원구는 설비용량이 100kW 이하의 태양광 발전사업자에게 1kW당 50원의 보조금을 지원하는 '마을 발전차액지원제도(노원형 FIT)'도 자치구 중에는 처음으로 도입했습니다.(서울시는 이미 1kW당 100원씩을 지원하고 있었지요.)

2017년 11월, 서울시는 '태양의 도시 서울'이라는 슬로건으로 정책을 발표했습니다. 2014년 2월에 시작한 '태양의 도시 노원' 사업이 이제는 서울시 전체로 확산되는 것이니 환영할 일입니다. 서울과 같은 대도시는 에너지 전체를 재생에너지로 전환하기에는 여러 여건상 어려움이 많습니다. 그렇지만 탄소 제로 에너지 자립을 목표로 계획을 세우고 시민들과 지혜를 나누면 불가능은 없을 것입니다.

✿ 목예원-목재 자원 재활용 단지

나무에 대한 모든 것, **목예원**(木禮苑). 2015년 노원구는 공릉동 서울여대 앞에 전국에서 처음으로 나무와 관련된 모든 것이 재활용되는 복합단지를 만들었습니다. 이곳에는 낙엽퇴비장, 팰릿센터, 목공소, 나무상상놀이터, 목공예 체험장과 목공방이 있습니다.

나무는 사람들과 참 가까운 곳에 있습니다. 나무와 숲은 우리에게 신선한 산소를 제공하고, 다양한 방식으로 사람들의 삶을 풍요롭게 해 줍니다. 그런데 이런 나무의 쓰임새를 종합적으로 활용하고 교육할 수 있는 공간은 없었습니다. 그래서 노원구가 만들었습니다.

아래 왼쪽 사진은 **낙엽 퇴비장**입니다. 이 퇴비장은 가을철 공원, 가로수 등에서 떨어진 낙엽을 모아 퇴비를 만드는 곳입니다. 낙엽에 EM(유용 미생물) 용액을 섞어 퇴비화 과정을 거치면 훌륭한 유기질 비료가 되는데, 이를 부엽토라고 합니다. 이 부엽토가 되려면 한 해를 온

낙엽 퇴비장

목재 팰릿 센터

전히 삭혀야 되니 큰 퇴비장이 누 개 있어야 매년 생산할 수 있습니다. 이렇게 생산된 부엽토는 텃밭을 가꾸는 주민들에게 봄철 유익한 거름이 됩니다.

앞 페이지의 오른쪽 사진은 **목재 팰릿센터**의 모습입니다. 목재 팰릿이란 산림에서 수거한 태풍 피해목이나 아파트에서 가지치기한 나무를 톱밥 형태로 분쇄한 다음, 높은 온도와 압력으로 압축하여 만든 청정 목질계 바이오 연료를 말합니다.

이곳에서 생산된 목재 팰릿은 서민주택, 경로당 혹은 공공기관의 난방 연료로 저렴하게 공급됩니다. 이와 같은 목재 팰릿은 기후변화의 원인이 되고 있는 화석연료를 대체하는 재생에너지로서 이미 유럽 등에서는 널리 활용되고 있지요.

다음은 **목공소**. 목공소는 수락산, 불암산, 초안산 등에서 쓰러진 나무를 모아서 재활용하는 곳입니다. 이곳에서 만들어진 의자, 탁자, 화분, 안내판 등 다양한 형태의 목제품은 노원구민의 생활을 더 행복하게 만드하는 데 사용됩니다.

목공소

나무 상상 놀이터

목공예 체험장

나무 상상 놀이터. 이곳은 나무로 만든 장난감과 교구를 활용하여 다양한 놀이체험을 하는 공간입니다. 이 놀이터는 아이들이 자연친화적 나무의 특성을 배우고, 창의적 놀이 활동을 통해 상상력이 넘치는 어린이로 성장할 수 있도록 도와줍니다.

목공예 체험장. 이곳은 다양한 생활용품을 나무로 직접 제작해보는 공간입니다. 이 체험장에서는 가족이나 이웃과 함께 의자, 필통, 독서대 등 다양한 목공체험을 하면서 나무의 재활용 과정을 이해하고, 자원절약까지 실천할 수 있습니다. 이곳 체험장에서 사용하는 재료는 옆에 있는 목공소에서 자체 제공합니다.

저도 이곳에서 독서대를 만들어 둘째 딸에게 선물한 적이 있는데,

오랜만에 아빠 노릇을 제대로 한 기분이 들었습니다.

　이 시설 외에 별도의 목공방 시설도 있습니다. 목공방은 나무로 여러 가지를 만들어보고 싶은 주민들이 다양한 동아리 활동을 하는 공간입니다. 목예원을 처음 개원할 때는 없었는데, 주민들의 요청이 있어 추가로 만들었지요. 목공방은 필요한 기본 도구는 구청이 제공하고 평소 운영은 주민 자율로 합니다. 물론 이용하는 주민들의 만족도는 매우 높습니다. 나무 재료를 구하기 쉽고, 큰 나무를 절단하는 것은 목공소에서 하면 되고, 무엇보다 같은 취미의 동호인들이 부담 없이 모일 수 있기 때문입니다. 주민자치의 본질과 같은 것이지요.

서울신문　　　　　　2015년 10월 23일 14면 (서울)

김성환(오른쪽) 노원구청장이 22일 공릉동에 문을 연 '목공예 체험장'을 찾아 체험하는 주민들과 웃으며 이야기를 나누고 있다.　　이언탁 기자 utl@seoul.co.kr

2000원 내고 '나만의 의자' 만들어 보세요

노원구 '목공예 체험장' 준공
내년부터 소정의 이용료 내면
DIY가구·목공예품 제작 가능
'나무상상 놀이터'도 조성 완료

　"제 평생 처음으로 만든 나무쟁반이에요. 2시간 만에 만들었어요. 어때요 제 솜씨."
　노원구가 공릉동 29-2 일대에 새로 만든 '목공예 체험장'(80㎡)에서 체험을 하던 최성숙(64·여) 씨는 22일 "빨간머리 앤을 쟁반에 그리고 색연필로 색칠하며 물을 묻히니 수채화 느낌으로 변하는 것이 가장 신기했다"면서 "다음에는 가족과 함께 참여하고 싶다"고 밝혔다. 구는 이날 200여명의 주민이 참석한 가운데 체험장 준공식을 했다.
　이날 목공예 체험장에서는 주민 12명이 작업대와 전동실톱, 전동드릴, 수작업 공구 등 장비를 이용해 나무쟁반을 만들었다. 강사 김광국(51) 씨는 "올해는 무료로 운영하며 쟁반, 나무 달력, 연필꽂이처럼 간단한 목공예품을 만들 예정"이라면서 "연두 등을 다루기 때문에 안전 문제상 초등학생 이상만 참여할 수 있다"고 말했다.
　내년부터는 유료로 목공예품과 DIY 가구를 만들 수 있다. DIY 가구는 4인 가족과 개인을 기준으로 각각 5000원과 2000원의 이용료를, 목공예품은 1000원의 체험 이용 요금을 내면 된다.
　목공예 체험장 옆에는 아이들이 나무를 가지고 노는 '나무 상상 놀이터'가 있다. 2시간 기준으로 단체는 1인당 3000원, 개인은 4000원을 내면 된다. 중계동에 있던 구 목공소도 이곳으로 이전했다. 도장 도색실, 연마실 등을 갖췄으며 폐목을 활용해 벤치와 각종 공예품 등을 지속적으로 만들 계획이다.
　김성환 구청장은 "나무를 만지면 마음이 푸근해지고 창조적인 활동을 하게 된다"면서 "주민들에게 유익한 체험의 기회를 제공하고 청소년에게는 좋은 교육의 장이 될 것으로 본다"고 말했다.
　　이경주 기자 kdlrudwn@seoul.co.kr

✿ 도시농업-벌과 버섯을 키우는 노원

서울은 세계의 수도 중 가장 아름다운 산들로 둘러싸인 대표 도시입니다. 서울 도심권은 숲이 적은 대신 한양도성이 있고, 그 외의 지역은 대부분 가까운 곳에 건강과 휴식을 제공하는 산을 끼고 있지요. 노원도 예외는 아닙니다. 노원은 전국에서 시민들이 네 번째로 많이 찾는 수락산과 불암산, 그리고 초안산, 영축산과 함께 호흡하고 있습니다.

이런 특성을 활용해 양봉 도시농업을 실시하고 있습니다. 매년 구청 주관으로 양봉교실을 열고 활동을 시작한 지 3년 차가 되었습니다. 첫해 졸업생들이 노원양봉협동조합을 만들어 활동하더니 2년 차인 2017년에는 양봉 수익금 1,500만 원 중 100만 원을 이웃돕기 성금으로 기부하기도 했습니다. 2018년부터는 억대의 매출을 올릴 것 같다고 자신하고 있고요.

저도 양봉교실에 견학을 가봤습니다. 아래 왼쪽 사진처럼 저와 학생들은 모두 완전무장을 하고 있는데 선생님은 달랑 밀짚모자 하나만 쓰고 채밀하는 모습을 보고 놀라기도 했습니다. 벌이 생각보다 온순하더군요. 그 후로는 저도 벌을 무서워하지 않게 되었습니다.

양봉 교실에서 채밀을 실습하는 학생들

양봉협동조합 이웃돕기 성금 전달식

 연합뉴스   2015년 06월 16일 (화)

실습 교육 받는 양봉학교 참가자들

(서울=연합뉴스) 홍기원 기자 = 16일 오전 서울 노원구 상계동 불암허
브공원에서 열린 '2015년 제2기 도시양봉학교'에서 참석자들이 벌통
내부를 확인하며 실습 교육을 받고 있다. 2015.6.16

아인슈타인은 '벌이 사라지면 4년 안에 인간도 사라질 것이다'라
고 했지요. 그만큼 지구 생태계에서 벌이 차지하는 비중이 큽니다. 그
런데 그 벌이 차츰 사라지고 있다지요. 사라지는 벌의 생태계를 복원
하여 벌을 살리고, 그 벌과 함께 양봉을 통해 수익도 올리는 도시농업.
은퇴를 앞둔 50~60대 남성들에게는 특히 어울리는 사업이라고 생각
합니다.

느타리버섯을 수확하는 하계동 주민들　　　　　녹각 영지버섯을 키우는 상계동 주민들

　노원도시농업 중 또 하나의 실험이 버섯 재배입니다. 노원구는 전체 주택의 82%가 아파트입니다. 그중 1990년 이전에 지어진 아파트는 법적으로 지하에 방공호를 두게 되어 있는데, 평소에는 별 쓸모없는 공간으로 방치되어 있는 곳이 많습니다.

　노원은 이 지하 공간에 버섯 재배 실험을 했습니다. 버섯은 햇빛을 차단하고 적당한 온도와 습도를 맞춰주면 순식간에 자라는 특성이 있습니다. 기왕에 지하 공간이 있으니 재배실을 만드는 것도 그리 어렵지 않습니다. 주민들이 신청하면 기본 시설 비용을 지원하는데, 대략 500만 원 정도면 족합니다.

　위의 왼쪽 사진은 하계2동 극동, 건영, 벽산아파트이고 오른쪽은 상계5동 한신2차아파트 지하 버섯 재배실입니다. 버섯 재배를 3년째 해보니 이 분야도 노하우가 많이 쌓여갑니다. 버섯을 재배하기 위해서는 일정한 온도가 유지되어야 하므로, 겨울에는 하기 어렵고 봄부터 가을까지 아파트에서 재배할 수 있습니다. 한여름에는 녹각영지 버섯이 잘 자라고, 나머지 시기에는 느타리버섯과 노루궁뎅이버섯이 잘 자랍니다. 도심 내에 있는 지하공간이라 혹시 품질에 문제가 있을까 싶어서 주기적으로 검사를 하는데, 먹는 데 아무런 문제가 없었습니다. 이 사업은 마을공동체 사업의 일환으로 마을기업이나 협동조합 방식으로 운영하면 좋을 듯합니다.

많은 자치단체에서 하고 있는 일이지만, 노원은 1가구당 $3.3m^2$(1평)의 도시 텃밭을 가지고 식물을 키울 수 있도록 적극적으로 장려하고 있습니다. 노원의 가구 수가 20만 호니까 약 $66만m^2$가 필요한데 현재 자투리땅, 옥상, 상자, 베란다, 학교, 도심 비닐하우스 등 여러 방법을 통해 대략 $56만m^2$를 확보했습니다. 목표치에 거의 근접했지요.

아래 사진(위)은 상계동 임광아파트 경로당을 비롯해 32개 경로당

에 제공한 도심형 비닐하우스 모습입니다. 제작비가 저렴하고 경로당 근처에 자투리땅만 있으면 설치가 가능하지요. 이곳 어르신들은 소일삼아 키운 식물로 밑반찬을 해 드시는 재미가 쏠쏠하답니다.

도심 속 건물 옥상도 비워놓을 수 없는 공간입니다. 아래 사진(아래)은 구청 본청 옥상입니다. 아파트 단지 옥상에도 이렇게 식물을 키우는 곳이 꽤 있습니다. 옥상을 잘 활용하면 열섬현상도 막아주고, 녹색공간도 늘

릴 수 있어 참 좋은 사업이 되겠지요.

그 밖에, 구청의 지원으로 학교 텃밭도 많이 늘어났는데, 학생들의 현장학습이나 정서적 안정에 많은 도움이 된다는 것이 선생님들의 대체적 평가입니다.

경춘선 숲길 텃밭에서 농사짓는 주민들과 김성환 구청장

⬡ 유용미생물(EM)센터

유용미생물(Effective Microorganisms: EM)이란 일본 류큐대학 농학부 교수 히가 데루오(比嘉照夫) 박사가 1983년에 토양개량 자연·유기농업에 이용하려는 목적으로 개발한 미생물군의 명칭입니다.

EM에는 일반적으로 효모, 유산균, 누룩균, 광합성 세균, 방선균 등 인류가 오래 전부터 식품의 발효 등에 이용해왔던 미생물들이 포함되어 있습니다. 이러한 미생물들은 항산화 작용 등을 통해 악취를 없애고, 물을 깨끗이 하며, 토양유기물의 발효를 촉진하는 등 마치 자연계의 만병통치약처럼 활용되고 있습니다.

노원에는 가습기 살균제 피해가 한참 심각하게 사회문제화될 무렵인 2016년 6월 EM센터와 각 동 주민센터를 비롯하여 22곳에 보급기를 설치하여 무료로 운영하고 있습니다.

아래 표를 보면 2017년 1월부터 11월까지 연인원 5만 2,216명이 이용한 것으로 나타납니다. 일반 주민들은 가까운 주민센터에서 EM

2017년 EM 이용 현황 (1월부터 11월까지)

계	성별		지역별	
	남	여	관내주민	타구주민
52,216명	10,984명	41,232명	51,982명	234명

을 받아 화장실 청소나 설거지, 비누 만들기, 신발 등 악취 제거, 텃밭의 퇴비 등 다양한 용도로 쓰고 있지요.

EM센터 내 공급기

그러나 통계상 많은 주민들이 이용하는 것처럼 보이지만 아직 EM의 유용성에 대해 모르는 사람들이 더 많습니다. 그래서 EM 강좌도 지속적으로 열고 있습니다.

사람들은 이런 유용한 미생물이 가까이 있음에도 불구하고, 슈퍼에서 여전히 화학성분의 제품을 많이 사다 쓰고 있습니다. 이 제품들은

EM 취수 전경

대부분 석유를 분해하여 만듭니다. EM의 효능과는 비교할 수 없겠지요.

EM과 같은 균류는 인류의 출현에 비하면 그 생명의 역사가 상당히 오래되었습니다. 극단적으로 말하면, 인류가 사라지더라도 지구는 유지되겠지만, EM을 포함한 균류가 사라지면 지구의 생태계도 붕괴되고 말 것입니다. 노원은 노원의 생태계 복원을 위해서도 EM을 더 적극적으로 활용해나갈 것입니다.

천문우주 전문 과학관 – 노원우주학교

2017년 6월, 국립 못지않은 구립 '노원우주학교'가 개관했습니다. 원래 이 시설은 서울영어과학교육센터로 리모델링해서 운영해왔던 곳입니다. 그런데 인근에 서울시립과학관이 지어지면서 센터를 더 전문화할 필요가 생겼습니다. 마침 이곳에는 시립과학관에는 없는 망원경과 돔 형식의 천체 투영실도 있어서 천문우주 전문 과학관으로 바꾸기에 좋은 여건을 갖추고 있었습니다.

저는 최근 칼 세이건의 '코스모스' 리메이크 동영상 13편을 세 번 봤습니다. 볼 때마다 크게 감동했지요. 저는 노원에서 자라는 학생들이 모두 우주적 시각을 갖게 되길 바라는 마음으로 '코스모스' 동영상 13편의 내용을 압축하여 이 시설에 담았습니다. 이곳에 오면 2층 과학교실, 3층 빅히스토리관, 4층 코스모스관과 천체투영실, 5~6층의 우주관측실을 둘러볼 수 있습니다.

저는 이 우주학교가 138억 년 전 빅뱅에서부터 현재까지의 우주 역사를 배우면서 우리가 살고 있는 지구가 얼마나 소중한 행성인지, 그리고 우리 인류와 나 자신이 얼마나 기적 같고 위대한 존재인지 느끼

기를 희망합니다. 이것이 바로 공존의 시대를 살아갈 준비이겠지요. 노원에서는 다음 세대를 위해 이렇게 노력하고 있습니다.

3층 빅히스토리관

4층 코스모스관

5층 천체 관측실

6층 망원경

지구의 길

지구 역사 46억 년. 그런데 보통 우리가 아는 역사나 세계사는 농업 혁명 이후 최근 1만여 년의 역사입니다. 지구 전체로 보면 거의 찰나에 불과한 시간이지요. 하여 노원구는 마들근린공원 내 노원에코센터 주변 460m를 걸으면서 46억 년 지구 역사의 상징적 사건들을 쉽게 이해할 수 있는 공간을 만들었습니다. 1m가 1,000년, 10m가 1억 년인 이 길은 2016년 5월 만들어집니다. 물론 국내에서는 최초이지요.

이 길을 걷다 보면 지구에 최초의 생명체가 언제 생겼는지, 단세포

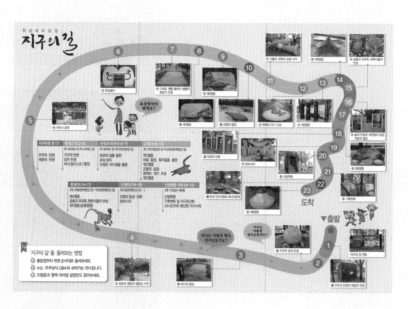

'지구의 길' 주요 시설 개념도

'지구의 길' 해설사와 함께 하고 있는 학생들

에서 다세포로 진화하는 세포의 공생이 얼마나 오래 걸렸는지, 성은 언제쯤 나누어졌는지를 알 수 있습니다. 그리고 독수리보다 큰 잠자리가 날던 세상을 거쳐 공룡의 시대와 인류의 진화과정 그리고 산업혁명 이후의 지구의 운명에 대해 고민할 수 있습니다.

미리 단체로 신청하면 지구해설사의 흥미진진한 해설을 들으면서 이 길을 걸을 수 있습니다. 또 부모님이 자녀들과 함께 걸으면서 교육하는 장소로도 괜찮습니다. 노원우주학교에 들렀다가 지구의 길을 걸어보면 우리 아이들의 안목이 부쩍 커져 있음을 금방 알 수 있게 될 것입니다.

불암산 생태학습관과 나비정원

노원의 최대 자랑은 명산 수락산과 불암산이 지척에 있어 환경이 좋다는 점입니다. 그런데 중계동 노원자동차학원 뒤의 불암산 자락은 5년 전까지만 하더라도 쓰레기 더미가 가득하고 무허가 건물들이 있어 가까이하기에는 너무 먼 곳이었습니다. 숲은 가까이 있었지만 숲의 생태를 교육할 공간도 물론 없었지요.

이에 노원구는 환경부 예산을 지원받아 인근 환경을 정비하고, 2015년에 불암산생태학습관을 조성했습니다. 그리고 학습관을 관통하여 불암산 둘레길까지 연결되는 무장애 자락길을 만들었습니다. 이제 이곳은 불암산과 호흡하며 숲 생태를 관찰하고 교육하는 명소가

불암산 생태학습관 전경

생태학습관에서 생태교육을 받는 학생들

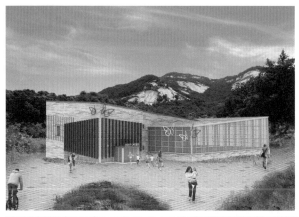

불암산 나비정원 조감도(위). 나비정원 내부 조감도(아래)

되었지요.

이 생태학습관 바로 옆에 예전에는 목공소가 있었습니다. 지금은 공릉동 목예원으로 통합 이전했지요. 그 빈자리에 365일 나비를 비롯한 곤충을 관찰할 수 있는 '불암산 나비정원'이 만들어지고 있습니다.

나비를 자연상태에서 관찰할 수 있는 시기는 늦봄부터 초가을까지입니다. 그래서 국내에는 나비를 사계절 관찰할 수 있는 곳이 거의 없습니다. 노원구는 '하계동 에너지 제로 하우스'처럼 에너지 소비는 최소화하면서 사계절 나비와 곤충을 관찰할 수 있는 생태교육장에 도전하고 있습니다. 앞 페이지의 사진은 조감도이지만 2018년 봄에 준공 예정입니다. 이 실내공간을 비롯하여 이곳 일대가 나비 생태계가 살아 있는 공간으로 변신할 예정인데, 상상만 해도 기분이 좋습니다.

연합뉴스

2017년 07월 06일 (목)
정보없음

서울 노원구, 불암산 나비정원 착공

(서울=연합뉴스) 김성환 노원구청장이 6일 오전 서울 노원구 중계동에서 열린 '불암산 나비정원' 착공식에서 참석자들과 시삽하고 있다.
365일 나비를 관찰할 수 있는 '불암산 나비정원'의 지상 1층에는 배양실, 채란실, 시청각교육실, 나비온실 등이 만들어지고 지상 2층에는 학습전시실, 시청각교육실, 창고가 들어선다. 나비정원은 올해 말 준공될 예정이다.
2017.7.6 [서울 노원구 제공=연합뉴스]
photo@yna.co.kr

14.5 X 10.3 cm

중랑천환경센터

중랑천은 경기도 양주에서 발원하여 의정부를 거쳐 노원구 등 서울 7개 구를 가로질러 한강으로 연결되는 길이 약 42km의 하천입니다. 수도권 동북부의 이 대표 하천에 그동안 하천 생태계를 체계적으로 교육할 수 있는 공간이 하나도 없었습니다.

노원에는 마들근린공원 옆 둔치에 예전 넝마 일을 하셨던 분들이 큼지막한 고물상을 운영하고 있었습니다. 애초 이 고물상을 정리하면 평범한 공원과 공원관리소를 만들기로 예정되어 있었지요. 그런데 제가 단체장이 되어 야외수영장과 하천교육장으로 계획을 변경합니다. 그리고 2016년 5월, 하마터면 공원관리소가 될 뻔한 이 자리에 중랑천환경센터가 개관합니다.

서울신문

2016년 05월 27일 (금)
16면 서울

중랑천   생태천

에코체험 1번지로

노원, 환경센터 열어… 다양한 교육 공간 운영

경기 양주시에서 시작해 한강으로 흘러드는 20㎞ 길이의 중랑천은 각종 물고기와 수생식물이 자라는 서울의 생태하천 중 하나다. 서울과 경기도의 9개 지방자치단체를 지나는 하천이지만 지금껏 중랑천의 생태 환경을 알려 주는 시설이나 프로그램은 없었다. 그래서 서울 노원구가 중랑천 곁에 자연의 소중함을 체험·교육하는 시설을 처음 만들었다.

●물 절약 등 관찰시설 운영

구는 26일 상계동 중랑천변에 마련된 중랑천환경센터 개관식을 열었다. 지상 2층(전체 면적 379㎡)으로 올린 이 건물에는 아이들이 도심하천의 생태를 직접 관찰·체험하며 배울 수 있는 여러 시설이 들어섰다. 1층은 '하천유역 체험존'으로 꾸몄다. 입구에 들어서면 하천 전 구간을 한눈에 볼 수 있는 중랑천 유역지도가 보이고 중랑천에 사는 주요 동식물을 그림으로 만날 수 있다. 또 자전거에 올라타 제자리를 돌리며 특수촬영한 중랑천의 실제 모습을 현장감 있게 감상할 수 있는 '중랑천 바이크' 시설도 이색적이다.

'물절약 체험존'으로 꾸며진 2층에는 여러 방법으로 손을 직접 씻어 보며 방법에 따라 물 쓰는 양이 달라질 수 있음을 느끼는 공간도 있다. 또 빗물이 떨어져 지하수와 생활용수가 되는 과정을 재밌게 표현한 시설도 볼 수 있다.

●무료 개방… 인터넷으로 선착순

센터는 다양한 체험형 교육 프로그램도 운영한다. 하천의 구성 요소인 모래를 만지며 하천을 이해하는 '중랑천 샌드 아트' 프로그램이나 중랑천의 철새를 알아보는 '철새야 놀자!' 프로그램이 대표적이다. 환경센터는 무료 개방되며 운영 프로그램에 참여하고 싶다면 홈페이지(jr1000ecocenter.nowon.kr)를 통해 선착순 접수하면 된다. 월요일과 법정공휴일을 제외하고 매일 문을 열며 오전 10시부터 오후 5시까지 운영된다. 김성환 노원구청장은 "우리 자녀들이 중랑천에서 물놀이를 할 수 있도록 하천의 생태 환경을 잘 복원하고 건강한 지구와 환경을 미래 세대에 물려줄 수 있도록 노력하겠다"고 말했다.

유대근 기자 dynamic@seoul.co.kr

김성환(왼쪽 네 번째) 서울 노원구청장이 26일 개관한 노원구 상계동의 중랑천환경센터 앞에서 지역민들과 함께 활짝 웃고 있다.
이언탁 기자 utl@seoul.co.kr

이 센터 1층에서 중랑천 생태에 대한 여러 가지 교육을 받고 2층에 올라가면 중랑천 변이 훤하게 보입니다. 그리고 곧바로 하천으로 내려가 발을 담가볼 수 있게 되어 있지요. 장화를 신거나 특히 맨발로 들어가서 느끼는 감촉, 그리고 그 사이로 지나가는 물고기 떼들. 상상만 해도 즐거운 일이지요.

노원에 오래 사셨던 분들은 중랑천에서 멱을 감았던 추억을 자주 말씀하십니다. 이제 노원의 학생과 주민들이 그에 버금가는 추억을 중랑천에서 만들게 되었지요.

수락산, 영축산, 불암산 유아 숲 체험장

숲에서 가만히 명상을 하고 있으면 나무들이 대화하는 소리가 들립니다. 참 신비롭지요. 숲을 이루는 수많은 나무들. 3억 년 전에는 나무를 썩게 하는 생물이 없었답니다. 그래서 당시의 나무들은 고스란히 땅에 묻혀 석탄이 되었지요. 이제 나무들은 석탄이 되지 못합니다.

숲과 사람은 불가분의 관계입니다. 우리는 산소를 먹고 이산화탄소를 내뱉는 대신 숲은 정반대로 광합성 작용을 합니다. 이 또한 참 신비로운 조화이지요.

인류의 먼 조상들은 이런 숲속 나무 위에서, 좀 더 가까운 조상들은 나무 아래에서 생존과 놀이를 했겠지요. 그렇다면 우리 아이들을 숲속에서 마음껏 뛰어놀 수 있도록 해주는 일은 어른들의 당연한 의무라 하겠습니다.

노원구는 이를 위해 2013년 수락산, 2015년 영축산, 2016년 불암산에 유아 숲 체험장을 차례로 만들었고 2018년에는 공릉산(불암산)에 체험장을 개장할 예정입니다. 이들 체험장은 대부분 자연 훼손이 심했던 지역을 복원하면서 만든 공간들입니다. 자연의 생태계를 복원하면서 아이들에게는 놀이터를 제공하는 1석 2조의 사업이라 하겠지요.

(위)상계3·4동 수락산 유아 숲 체험장
(중간)월계1동 영축산 유아 숲 체험장
(아래)중계4동, 중계본동 사이 불암산 유아 숲 체험장

노원의 아이들은 이곳뿐 아니라 50만 평에 달하는 태강릉 왕의 숲에서 봄과 가을에 숲 체험 프로그램을 다양하게 즐기고 있습니다. 그밖에 수락산, 불암산의 계곡도 여름이면 아이들의 놀이터로 변신하지요. 노원의 숲은 어린이들의 자연 놀이터입니다.

KBS · 2014년 04월 16일 (수) 정보없음

KBS 굿모닝 대한민국! - 노원구 유아숲 체험장

자연이 만들어준 천연 놀이터

봄 기운 가득한 도심 인근의 산!
이른 아침부터 등산객들로 분주한 모습인데요. 오늘 이곳에 특별한 손님이 찾아온다고 합니다.
바로 7살 유치원생! 친구들 오늘 여기 왜 왔어요?
(아이들) 숲 유치원!
(리포터) 1주일에 한 번 찾아온다는 숲유치원, 이 곳은 유치원의 신청을 통해서 진행됩니다.
자연을 배우고 관찰하는 것에서부터 수업이 시작되는데요.
(숲 해설가1) 이것이 바로 우리나라 소나무! 솔방울이 있어 없어?
(아이들) 있어요
(리포터) 숲 체험장은 자연 그대로가 모두 아이들의 놀이터가 되는데요. 통나무다리 건너기! 아이들은 스스로의 방법을 터득합니다. 체험장에서 아이들은 숲 전문가와 함께 합니다. 이 분들이 바로 숲해설 전문가인데요.
(숲 해설가2) 등산하듯이 그렇게 숲에 오는게 아니라, 숲 안에 풍덩 빠져서 숲을 즐기는데 같이 안내자가 되어주고 체험하는데 도움을 줄 수 있는 그런 역할을 하죠.
(리포터) 유아숲 체험은 다양한 프로그램들로 진행을 하는데요. 오늘을 위해서 철저히 준비해왔다는 아이들! 전문가 못지 않은 진지함으로 관찰에 돌입!
숲이 익숙한 아이들은 작은 것 하나에도 호기심이 발동합니다.
(숲 해설가3) 숲을 많이 찾는 아이들은 곤충하고도 굉장히 많이 친해지더라구요. 산을 오르고 내리것만해도 아이들의 스트레스 해소도 되고…
(리포터) 값비싼 교재나 도구는 없어도 자연에서 배울 수 있는 것은 무궁무진합니다.
(숲 해설가1) 올챙이는 뒷다리가 먼저 나올까 앞다리가 먼저 나올까?
(아이들) 뒷다리요~
(리포터) 격렬한 올챙이와의 첫 만남! 어느새 아이들은 올챙이를 친구처럼 느끼는 모양입니다. 숲에서 아이들은 오감을 열고 살아있는 지식을 배웁니다.
요즘 같은 봄철에 빼놓을 수 없는 것이 꽃구경인데요~ 꽃놀이는 어른들만 하는 게 아닙니다. 지천에 널린 진달래를 따는 아이들! 친구들 어디가요?
(아이들) 화전만들려구요.
(리포터) 그렇죠. 꽃놀이와서 화전을 안먹으면 그야말로 속빈 강정! 평범함을 거부한 개성만점의 화전! 드디어 시식시간~ 맛은 어떨까요?
(아이들) 꽃에서 숲 향기가 나요
(숲 해설가2) 나무하고, 다람쥐하고, 꽃하고 예쁘게 그려봐요~
(리포터) 1주일에 한 번 길지 않은 시간이지만, 아이들의 변화는 남다르다고 합니다.
(유치원 교사) 서로 나눠가지는 마음도 생기고, 창의성과 이해심이 많이 생겨서 저희들도 매주 오면서 만족하고 있습니다.
(리포터) 그렇게 아이들은 보고, 듣고, 느끼며 나무들과 스스럼없이 교감을 하고 있습니다. 늘 풍족하게 자라는 아이들이지만, 이 곳에 오면 작은 것의 소중함을 배워갑니다. 도시에서 자연을 느끼고 사랑하며 아이들은 오늘도 한 뼘 더 자랐습니다.

도심 속 공존의 공간 - 초안산 캠핑장

지하철 1호선 녹천역에서 5분 거리, 녹천자동차학원 뒤편에 위치한 초안산 캠핑장. 2011년부터 연차적으로 토지를 매입하고, 2016년 착공하여, 2017년 6월에 개장했습니다. 예상했지만 개장 초기부터 예약하기가 쉽지 않습니다. 서울 시내에 여러 유형의 캠핑장이 있는데, 그중 자연과 가장 잘 어우러진 캠핑장이기 때문입니다.

이곳은 토지 매입 당시에는 캠핑장으로 계획된 곳이 아니었습니다. 주변에 주택가가 없어서 토지 매입 후 공원을 조성하더라도 이용할 주민이 별로 없을 것으로 보였기 때문입니다. 그런데 다른 지역 서울시의원님의 적극적 노력으로 두 해 연속 토지 매입 예산이 반영되면서 제 생각이 달라졌습니다. 곰곰이 살펴보니 이곳은 지하철역과 가까우면서도 주택가가 다소 멀고, 또 사방이 숲으로 둘러싸여 있었습니다. 그야말로 캠핑장으로 딱 제격인 장소였지요.

이 캠핑장은 기존에 잔디밭이었거나 텃밭 혹은 낡은 건물을 철거한 자리에 자연 훼손을 최소화하면서 자연 친화적으로 만들었기에 더 의미 있는 장소가 되었다고 생각합니다. 저도 개장 후 몇 차례 캠핑장을 이용했습니다. 그때마다 서울 시내에 이런 곳이 있었는지 몰랐다고 감탄하는 분들을 많이 만났습니다. 지난 가을에는 밤하늘에 별도 꽤 많이 보이더군요. 이렇듯 서울시민과 구민들이 자연과 호흡하며 우정과 미래를 말할 수 있는 곳이 가까운 곳에 있다는 것. 생각을 조금 바꿔서 이런 의미 있는 공간을 만들었다는 것. 그 자체로 큰 기쁨입니다.

사방이 숲으로 둘러싸인 초안산 캠핑장 주변 전경

서울신문

2017년 05월 24일 (수)
14면 전국

"차 없어도 캠핑 즐겨요" 서울 초안산 캠핑장 개장

새달 첫선… 최대 216명 수용

녹천역서 150m… 장비 지참해야

서울 지하철 1호선 녹천역에서 도보 3분 거리에 있는 초안산 숲속 캠핑장(위치도)이 새롭게 문을 연다.

서울시는 다음달 1일 2만 4938㎡ 규모의 초안산 캠핑장을 개장하며, 오는 29일 오전 9시부터 사전 예약을 받는다고 23일 밝혔다. 캠핑장은 캠핑존 54면과 주차장 78면을 갖췄고 하루 최대 216명까지 수용할 수 있다. 화장실, 샤워장, 세척장, 매점, 야외 스파, 트리하우스 놀이터 등을 갖춰 아이부터 어른까지 온 가족이 이용할 수 있다.

시는 "1호선 녹천역에서 150m 떨어져 있어 차량 없이도 캠핑 장비를 들고 쉽게 방문할 수 있다"며 "초안산 자연과 산세를 배경 삼아 캠핑을 즐길 수 있다"고 소개했다. 캠핑장은 ▲테라스형 데크 캠핑존 '테라스 캠핑 빌리지' ▲파크 캠핑 빌

리지 ▲케빈하우스 ▲힐링 캠핑 빌리지 등 4개 구역으로 이뤄졌다. 사용요금은 1만 5000원~3만원이다. 케빈하우스는 실내 공간에 2층 침대·냉난방 시스템을 갖춰 텐트를 설치할 필요가 없는 게 특징이다. 영유아 동반 이용객만 이용할 수 있다.

사전 예약은 29일 오전 9시부터 '서울의 산과 공원' 홈페이지(parks.seoul.go.kr)와 현장 접수를 통해 할 수 있다. 시 관계자는 "텐트 등 캠핑 장비는 별도로 빌려주지 않기 때문에 이용객은 텐트나 캠핑 장비를 갖고 와야 한다"며 "별도 요금 5000원을 내면 전기도 사용할 수 있다"고 전했다. 문의 02-2289-6865.

이재연 기자 oscal@seoul.co.kr

17.0 X 9.3 cm

노원환경재단

노원은 특히 자연과 사람과의 공존을 위해 많은 준비를 해왔습니다. 노원 에너지 제로 주택, 에코센터, 노원우주학교, 지구의 길, 불암산 생태학습관, 불암산 나비정원, 목예원, 중랑천환경센터, EM센터 등 환경 관련 많은 시설들이 새로 생겨났습니다. 그중 오랫동안 중랑천 지키기 활동을 해왔던 사단법인 '중랑천사람들'에게 '중랑천환경센터'를 위탁한 것을 제외하면 대부분 환경 관련 시설들을 전문적으로

노원환경재단의 비전 목표 역할 개념도

Vision	주민과 함께 만드는 행복한 노원의 환경 허브			
추진목표	노원구의 지속가능 역량 강화	지역주민의 환경권 보장	환경공동체 및 거버넌스 구축	노원환경정책 구심체
역할 및 기능	지속가능한 발전을 위한 연구/정책 개발		에너지효율화 및 환경개선활동	
	– 노원환경정책 개발 – 노원 환경지표 평가 – 정책자문위 구성 및 활동		– 지역 내 기업 대상 환경 개선활동 독려 및 지원 – 기업 및 가정의 오염물질 감축 지원/인센티브 제공	
	환경/에너지/생태 등 교육		민간단체 환경사업 지원 및 거버넌스 구축	
	– 환경교육 프로그램 다양화 및 강화 – 환경지킴이 및 자연환경해설사 양성과 위촉		–정책 거버넌스구축 –민간협력 포럼 운영 –민간환경단체 지원 및 연계 기반 구축	
	환경개선 및 보전사업과 그 관련활동		지역 환경 관련 인프라의 운영 및 관리	
	– 우리 마을 환경 살피기 그리고 지키기 – 생물 다양성 탐사와 탐구 – 환경이랑 아이들이랑 친해지기		– 노원에코센터, 지구의 길 등 운영/관리 – 추후 네트워크화 및 전문성 활용으로 효율적 운영이 가능한 시설의 운영	

위탁할 곳이 없었습니다. 그러다 보니 구가 직영하거나 노원서비스공단에 위탁하는 상황이었죠.

또한 노원의 생태해설사, 에너지 컨설턴트, 지구의 길 해설사, EM 강사 등 많은 환경 관련 자원활동가들이 있음에도 이를 효과적으로 지원할 네트워크 중심이 취약했습니다. 하여 2017년 2월, 여러 가지 검토 끝에 서울 자치구 중에는 처음으로 환경재단을 설립하기로 마음먹었습니다.

마음만 먹으면 쉽게 될 줄 알았습니다. 그런데 지방자치단체가 출연하는 재단의 경우 설립 절차가 매우 까다롭더군요. 위탁 예정 시설 중 국내 최초의 노원 에너지 제로 주택의 준공과 입주가 예정되어 있어 서둘러 법인 설립을 추진했지만, 2017년 10월에야 서울여대 이은희 교수님을 이사장으로 하는 재단을 출범시킬 수 있었습니다.

서울경제 2017년 11월 28일 (화)

"민간전문가 운영이 효율적" '환경재단' 출범한 노원구

서울에서 자치구 단위의 '환경재단'이 출범했다. 27일 노원구가 출범시킨 '노원환경재단'이 그 주인공. 김성환 노원구청장은 이날 "구청이 직접 환경 관련 시설을 운영하는 것보다 민간 전문가가 운영하는 것이 효율적이라는 생각에서 재단 설립을 추진했다"며 "재단이 다양한 사업을 통해 노원구가 에너지자립도시, 생태환경도시로 성장하는데 국가의 모범사례 역할을 하길 바란다"고 말했다.

노원환경재단은 노원에너지제로주택, 노원에코센터 등 환경 관련 시설들을 효율적으로 운영하고 지속가능한 발전을 위한 연구와 정책개발 등을 담당한다. 설립타당성 검토 연구용역과 서울시와 협의 등을 거쳐 지난 9월 창립총회를 개최하고 이어 10월 시에서 설립허가를 받고 법인등기를 마쳤다.

이와 관련해 재단은 △환경정책 개발과 정책거버넌스 구축 △환경교육프로그램 개발 △마을환경공동체 지원 △노원에너지제로주택, 노원에코센터 등 관내 환경시설의 수탁 운영 등 지속가능한 발전과 환경보전을 위한 다양한 사업을 추진할 계획이다. 재단 구성은 이은희 이사장(서울여대 교수)을 중심으로 이사 9명, 감사 1명이다. 당연직 이사인 구 교통환경국장을 제외하면 나머지는 공모를 통해 선임했다. 운영재원은 구 출연금, 사업수익금, 공모사업비 등으로 충당한다.

이은희 노원환경재단 이사장은 "서울시 최초로 설립한 노원환경재단은 최고의 생태도시와 지속가능한 태양의 도시를 표방하는 노원구의 브랜드 가치를 높일 것"이라며 "구민들이 보다 쾌적하고 수준 높은 생활환경을 제공받을 수 있도록 노력하겠다"고 말했다.

/최수문기자 chsm@sedaily.com

국내에 정부를 파트너로 하는 환경·에너지 관련 단체는 많습니다. 그러나 마을에 튼튼히 뿌리 내리는 환경단체는 매우 부족한 상황입니다. 그만큼 대중적 활동이 어렵다는 뜻이겠지요. 그렇지만 공존의 시대를 열어가려면 풀뿌리부터 튼튼한 환경단체를 많이 만들어야 합니다.

노원에는 교육복지재단이 있습니다. 이 재단은 1만 4,000여 주민들이 현금과 물품으로 연간 약 15억 원의 기부금을 바탕으로 활동하고 있지요. 노원환경재단도 이제 막 출범한 만큼 장차 노원교육복지재단 이상으로 마을에 뿌리 내리는 단체가 될 수 있으면 좋겠습니다. 이 재단의 성패 여부가 공존의 시대를 여는 하나의 바로미터가 될 수도 있겠지요.

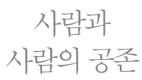

3부

사람과
사람의 공존

공존의 시대 필수 조건:
경제 불평등 완화

　신자유주의 시대를 넘어 공존의 시대로 가기 위해서는 앞서 2부에
서 말한 것처럼 자연과 사람이 공존할 수 있는 토대를 만들어야 합니
다. 사람이 자연을 지배하는 것이 아니라, 사람도 우주 속 대자연의 일
원으로 돌아가야 하는 것이지요. 그렇다고 현재의 인류문명을 원시상
태로 돌리자는 의미는 아닙니다. 인류가 창조한 문명을 바라보는 관점
과 방식을 새롭게 하여 공룡 다음으로 여섯 번째 멸종의 주인공이 되
지 말고, 마치 기적과도 같은 우리 문명을 더 찬란하게 발전시켜보자
는 것입니다.

　이를 위해서는 자연과 사람의 공존뿐만 아니라 사람과 사람의 공존
이 필요합니다. 사람이 당장 배가 고프면 먼 미래를 내다보기 어렵죠.
전쟁과 테러가 횡횡하여 눈앞에서 가족과 이웃에게 참사가 생긴다면
또한 마찬가지겠지요.

　실증적으로 자연과 사람의 공존에서 핵심과제라 할 수 있는 기후변
화 대응을 나라별로 살펴보면 좀더 잘 이해할 수 있습니다.

　2015년 파리총회를 비롯하여 기후변화 관련 회의장에서 가장 절박

해수면 상승으로 생존위협을 받고 있는 남태평양의 섬나라 투발루

(speakzeasy.wordpress.com)

하게 대응을 호소하는 나라는 두 부류입니다. 한 부류는 오스트레일리아 동쪽 남태평양의 조그만 섬나라 투발루(Tuvalu)처럼 당장 기후변화로 인한 피해를 당하고 있는 나라들입니다.

투발루는 아홉 개의 작은 섬으로 이루어진 세계에서 네 번째로 작은 나라입니다. 총인구는 약 1만 명이고, 평균 해발고도는 $2m$ 미만입니다. 당연히 해수면에 민감할 수밖에 없겠지요. 그런데 그 섬 중에 두 곳은 이미 해수면 아래로 가라앉았습니다. 남극의 빙하가 쪼개져 갈라지는 장면이나 생존환경이 좁아져 굶주리게 된 북극곰의 모습을 볼 때 투발루 주민들이 느끼는 심정이 어떨까요?

남극의 빙하가 녹는 것이 곧 해수면 상승으로 이어지고, 투발루는 국토를 포기해야 하는 상황에 내몰리고 있습니다. 우리나라 신혼부부들의 여행지로 인기 있는 몰디브도 상황은 비슷합니다. 세계에서 여행객이 가장 많이 찾는 이탈리아 물의 도시 베네치아도 이제는 해수면 상승의 피해를 직접 겪기 시작했지요.

미국이주감시센터에 따르면 2050년까지 기후변화로 인해 보금자리를 잃는 이들의 수가 1억 5,000만~3억 명에 이를 것이라고 합니다. 다소 보수적인 예측임을 고려하더라도 당장 기후변화로 인해 피해를 입는 나라들은 자신의 생존과 직결된 일이므로 당연히 기후변화 대응에 적극적으로 나설 수밖에 없겠지요.

기후변화 대응에 적극적인 또 한 부류는 유럽연합(EU) 국가들입니다. 이들 국가는 파리총회에서 이산화탄소 배출 목표를 국가별로 자율 규제하는 것에 반대했습니다. 자율에 맡길 경우 사실상 실효성이 없기 때문에 의무규제가 필요하다고 주장한 것이죠. 뿐만 아니라 이들 국가는 화석연료를 재생에너지로 바꾸는 에너지 전환에도 가장 적극적으로 행동하고 있습니다.

저는 EU 국가들이 기후변화 대응에 적극적일 수 있는 힘의 원천은 사람과 사람의 공존을 통해 얻은 사회 통합력이라고 생각합니다. 잘 알려진 바와 같이 EU 국가들은 전반적으로 소득수준이 다른 대륙 국가들보다 높습니다. 뿐만 아니라 국가 내부의 경제격차도 적은 편입니다.

한 국가의 소득 불평등 수준을 나타내는 대표적인 지표가 지니계수입니다. 참고로 0(완전 평등)에 가까울수록 소득 분배가 평등하고 1(완전 불평등)에 근접할수록 불평등하다는 뜻입니다.

2015년 기준 OECD 국가의 지니계수를 살펴볼까요? 다음 표의 왼쪽이 세금을 내기 전 소득을 기준으로 한 지니계수이고, 오른쪽이 세금을 낸 후 가처분 소득을 기준으로 한 지니계수입니다. 표를 보면 유럽 대부분의 나라들은 세전 소득을 기준으로는 한국(0.396)보다 위에 위치하여 경제 소득격차가 큽니다. 그런데 세후 소득을 기준으로 보면 멕시코, 칠레, 터키, 미국, 영국을 제외하고는 한국(0.354)보다 낮아짐

지니계수(세전 소득)		지니계수(세후 소득)	
그리스	0.566	멕시코	0.459
아일랜드	0.549	칠레	0.454
포르투갈	0.536	터키	0.404
스페인	0.525	미국	0.390
영국	0.520	영국	0.360
프랑스	0.516	한국	0.354
이탈리아	0.512	뉴질랜드	0.349
핀란드	0.507	라트비아	0.346
미국	0.506	이스라엘	0.346
벨기에	0.500	스페인	0.345
독일	0.500	그리스	0.340
오스트리아	0.495	호주	0.337
일본	0.488	포르투갈	0.336
칠레	0.486	에스토니아	0.330
호주	0.483	일본	0.33
룩셈부르크	0.479	이탈리아	0.326
라트비아	0.478	캐나다	0.318
멕시코	0.478	네덜란드	0.303
에스토니아	0.471	아일랜드	0.298
뉴질랜드	0.462	스위스	0.297
체코	0.460	프랑스	0.295
네덜란드	0.457	폴란드	0.292
슬로베니아	0.457	독일	0.289
헝가리	0.455	헝가리	0.288
폴란드	0.455	룩셈부르크	0.284
덴마크	0.444	스에덴	0.278
이스라엘	0.440	오스트리아	0.276
캐나다	0.435	노르웨이	0.272
노르웨이	0.432	벨기에	0.268
스웨덴	0.432	핀란드	0.260
터키	0.429	체코	0.258
슬로바키아	0.402	덴마크	0.256
한국	0.396	슬로바키아	0.251
아이슬란드	0.393	슬로베니아	0.250
스위스	0.382	아이슬란드	0.246
OECD 평균	**0.472**	**OECD 평균**	**0.317**

호주, 덴마크, 독일, 헝가리, 아이슬란드, 아일랜드, 이탈리아, 룩셈부르크, 멕시코, 뉴질랜드, 스위스는 2014년 조사 기준. 일본은 2012년, 이스라엘은 2016년, 나머지 국가는 2015년 조사 기준.

자료=경제협력개발기구(OECD)

(이데일리 2017. 12. 22)

니다. 조세 정책을 통해 국민들의 경제 불평등을 완화했다는 의미입니다.

예를 들면, 덴마크의 경우 세전 소득 지니계수는 0.444인데 세후 소득 지니계수는 0.256으로 세금정책을 통해 지니계수를 무려 0.188이나 낮추었습니다. 덴마크가 세계에서 가장 행복한 나라로 불리는 이유가 무엇인지 지니계수를 통해서도 짐작이 되지요. 반면, 한국의 경우는 세전에는 0.396에서 세후에는 0.354로 조세를 통한 불평등 완화 효과가 0.042에 머물고 있습니다. 상대적이지만 한국의 빈부격차가 크게 느껴지는 이유를 이 통계에서도 확인할 수 있지요.

조세정책은 그 나라의 정치적, 정책적 합의를 반영합니다. 따라서 세전 소득과 세후 소득의 지니계수 격차가 크다는 것은 그 나라의 고소득자와 큰 경제적 이익을 얻은 회사로부터 약자층에게 소득을 이전하는 것이 사회적으로 합의되었다는 것을 뜻합니다. 이 소득 이전 비용은 주로 노령연금, 아동수당, 의료보험, 대학까지의 교육비, 실업수당과 직업 재훈련 비용 등에 쓰입니다. 우리는 이를 통칭하여 '(유럽형)복지국가'라고 부르고 있지요. 그 나라의 부자들이 기꺼이 세금을 내서 사회 구성원 모두의 복지를 함께 책임지는 것. 저는 바로 이런 것이 사람과 사람의 공존이라고 생각합니다.

20세기 사람들은 '아메리칸 드림'을 원했습니다. 그 무렵 미국은 기회의 땅이었습니다. 이 기회를 얻기 위해 세계 각국의 이민자들이 몰려들었고, 유럽도 예외는 아니었습니다. 많은 사람들이 미국에 이민을 갔습니다. 그러나 아메리카 대륙의 일부 나라를 제외하고 이제 세계는 '아메리칸 드림'을 크게 선호하지 않게 되었습니다. 미국의 인종간 격차와 경제적 격차가 과거보다 커졌고 그 결과 계층 이동의 기회는 줄어들었기 때문입니다.

오히려 요즘은 '유러피언 드림' 혹은 북유럽을 상징하는 '노르딕 드림'을 말하는 사람들이 늘어나고 있습니다. 그곳에서는 성공할 경우 세금은 다소 많이 내더라도 신뢰할 만한 정부가 있고, 사회 경제적으로 실패하더라도 패자부활전이 가능하고, 부모의 경제력과 관계없이 출발선을 일치시키는 교육제도와 병에 걸리더라도 가산을 탕진할 일이 없는 의료제도가 있기 때문입니다. 결과적으로 사람들에게 더 많은 기회를 제공하는 것이죠. 이렇듯 사람과 사람의 공존이 가능한 사회는 사회 통합력을 바탕으로 좀 더 이성적이고 미래지향적인 대응방안을 모색하게 된다고 생각합니다.

관련하여 스웨덴의 '녹색 국민의 집'이란 개념은 시사하는 바가 큽니다. 스웨덴은 20세기 초 사민당 한손 총리가 '국가는 국민의 집'이라는 슬로건을 중심으로 장기 집권하면서 오늘날 세계 최고의 복지국가가 되었습니다. 이어서 1996년 사민당 정부는 '녹색 국민의 집'이란 개념을 제안합니다. '자연생태계가 안전하게 보전될 때 사람들의 행복한 생활도 가능하며, 자원은 현재와 미래세대 모두를 위한 것'이라는 인식을 '녹색 국민의 집'이라고 표현한 것입니다. 기존의 '국민의 집'이 국가의 구성원인 '사람'들에 대한 입장이었다면 새로운 '녹색 국민의 집'은 국가의 구성에 '사람과 자연'을 함께 고려했다는 점에서 변화를 시도한 것이지요.

1996년에 '녹색 국민의 집'을 제안한 이후에도 스웨덴 사민당은 일관되게 이 정책을 추진하고 있습니다. 세계 최고의 복지국가를 만들었던 자신감으로 이제는 세계 최고의 지속가능한 국가를 만들겠답니다.

유럽은 대부분 내각제 형태의 다당제 국가입니다. 나라별로 선거제도와 정치형태가 조금씩 다르지요. 그렇지만 스웨덴뿐 아니라 많은 나라가 나름의 복지국가 모델에 기초하여 지속가능한 국가로 나아가기 위해 앞 다투어 노력하고 있습니다. 그리고 그 힘을 모아 세계 기후변화 대응에 선도적 역할을 하고 있습니다. 부러운 일이지요.

그런데 시야를 세계로 넓혀보면 상황이 그리 낙관적이지 못합니다. 유럽의 상황과는 달리 세계적으로 경제적 불평등은 오히려 확대되고 있기 때문입니다. 프랑스의 토마 피케티 교수를 비롯한 소득분배를 연구하는 각국 학자 100여 명이 만든 '세계 부와 소득데이터 베이스(wid. world)'에서는 2017년 12월 '세계의 불평등 보고서'를 펴냈습니다.

이 보고서에 따르면 세계는 갈수록 빈부격차가 커지고 있으며 일부 국가는 극단적 수준에 이르고 있다고 진단합니다. 그리고 세계 상위 1%(7,600만 명)밖에 안 되는 부자가 1980~2016년 사이 늘어난 부 가운데 27%를 차지했다고 합니다. 또한 갈수록 세계적 슈퍼 부자에게 부가 쏠리는 현상이 심해져가고 있음을 우려했습니다. 오른쪽 위 도표는 세계 1% 부자(빨강), 40% 이상의 중산층(파랑), 0.1% 부자(보라), 그리고 0.01%의 부자(녹색)의 소득 추이입니다.

도표를 보면 세계의 중산층이라 할 상위 40%의 소득은 정체되거나 하락하는 반면 세계 0.01%와 0.1% 슈퍼 부자에게 부가 집중되고 있음을 알 수 있습니다. 극소수 부자들의 몫이 커지면서 소득 50% 이하는 말할 것도 없고 중산층의 몫도 줄어들고 있다는 것입니다.

이 보고서에 따르면 소득의 빈부격차 수준이 이른바 후진국 또는

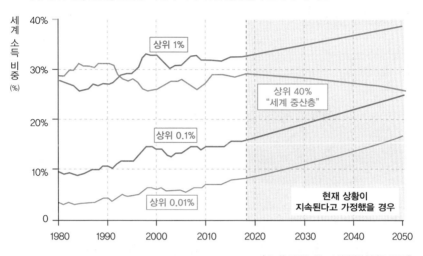

세계 상위 1%, 0.1%, 0.01% 이내 부자와 40% 중산층의 소득 추이 비교

세계 소득 비중 (%)

상위 1%

상위 40%
"세계 중산층"

상위 0.1%

상위 0.01%

현재 상황이
지속된다고 가정했을 경우

1980 1990 2000 2010 2020 2030 2040 2050

(http://wir2018.wid.world '세계의 불평등 보고서')

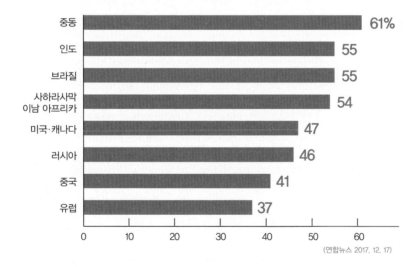

2016년 기준. 상위 10% 부자들이 국가 전체 소득에서 가져간 몫

중동 **61%**
인도 55
브라질 55
사하라사막
이남 아프리카 54
미국·캐나다 47
러시아 46
중국 41
유럽 37

0 10 20 30 40 50 60

(연합뉴스 2017. 12. 17)

그리스로 향하던 중 사망한 시리아 난민 아이의 안타까운 모습

개도국에서 가장 심하게 나타난다고 합니다. 하단의 도표처럼 중동은 전체 소득의 61%를 상위 10%가 가져갔고, 인도와 브라질은 55%, 사하라사막 이남의 아프리카는 54%를 상위 10%가 가져갔답니다. 또한 미국·캐나다의 경우 47% 수준인데, 더 큰 문제는 격차의 확대 속도가 더 빠르다는 점입니다. 예를 들면, 미국의 경우 상위 1% 부자의 몫이 1980년대에는 22%였으나 2014년에는 39%로 급증했다고 합니다.

아울러 이 보고서의 저자들은 세계적 불평등을 이대로 방치하면 정치, 경제, 사회적으로 파국이 올 수 있다고 경고합니다.

위 사진은 2015년 터키 해안에서 발견된, 파도에 떠밀려온 시리아 난민 아이의 시신입니다. 얼핏 보면 인형 같은 세 살 꼬마 아일란 쿠르디의 시신은 전 세계 사람들을 가슴 아프게 했습니다. 이 사건으로 독일은 모든 난민을 수용하겠다고 발표하기도 했지요. 시리아는 2011년부터 내전 상태로 인해 많은 난민이 발생했고, 이들은 죽음을 각오하

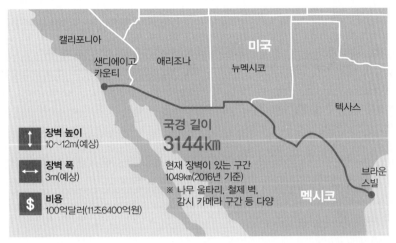

미국-멕시코 국경 '트럼프 장성'

캘리포니아

샌디에이고
카운티

애리조나

미국

뉴멕시코

텍사스

장벽 높이
10~12m(예상)

장벽 폭
3m(예상)

$ 비용
100억달러(11조6400억원)

국경 길이
3144km

현재 장벽이 있는 구간
1049km(2016년 기준)
※ 나무 울타리, 철제 벽,
감시 카메라 구간 등 다양

브라운
스빌

멕시코

자료: CNN·두산 백과 등
(조선일보 2017. 01. 26)

고 보트에 몸을 실어 유럽으로 향합니다. 이러한 난민의 행렬은 비단 시리아만의 문제가 아닙니다. 아프리카의 많은 사람들이 정치, 경제적 이유로 지중해를 건너다 오늘 이 순간에도 한 번에 수십에서 수백 명 씩 거센 파도와 함께 유명을 달리합니다.

현대판 만리장성. 멕시코 주민들의 불법 이민을 막기 위해 트럼프 대통령이 3,144km의 국경에 세우겠다는 장벽입니다. 목숨을 걸고 이 장벽을 넘어 미국으로 가려는 중남미 사람들과 지중해를 넘어 유럽으로 가려는 아프리카와 중동 사람들은 피부색은 다르지만 이동하는 본 질적 사연은 같습니다.

세계적, 국가적 경제 불평등 문제 때문입니다. 앞서 살펴본 것처럼 후진국일수록 부가 극소수의 부자에게 편중되고, 경제 불평등이 확대되면서 많은 국민들은 기아와 빈곤에 허덕이게 됩니다. 또한 범죄율은 늘어나고, 곳곳에서 국지적 전쟁과 테러가 발생합니다. 이런 문제들 때문에 주로 지구 남반구에서 해당 대륙의 북반구로 민족의 대이동이 생깁니다. 즉, 아프리카는 유럽으로, 동남아시아는 한국이나 일본으로, 중남미대륙은 미국과 캐나다로 이동하는 과정에서 불법 체류와 난민 문제가 발생하게 되는 것이죠. 또한 불법 체류자와 난민들이 해당 국가의 실업자와 일자리를 다투게 되면서 이민자를 혐오하거나 추방하는 등의 극우 민족주의와 결합해 전체 사회문제로 번지기도 합니다. 불평등의 악순환이죠.

'세계 불평등 보고서'에서는 이와 같은 경제 불평등을 해소하려면 누진적으로 소득세를 높이고, 불로소득인 자본이득 과세를 강화하고, 조세회피 지역의 은닉자금을 차단하는 한편, 임금을 인상하고, 공교육을 확대하는 다양하고 적극적인 분배 및 재분배 정책을 펴야 한다고 제안합니다.

또한 후진국이나 개도국일수록 나라별로 특성을 살려 지역적 발전을 꾀하면서, 주민들의 소득이 안정화되고 평화가 정착될 수 있도록 해야 합니다. 즉, 나라마다 사람과 사람이 공존할 수 있는 경제, 사회적 기반을 조성해야만 한다는 것이죠. 그리고 경제적 발전을 꾀할 때, 가능한 한 석유 기반 경제를 거치기보다는 곧바로 재생에너지에 기반한 지속가능한 경제로 전환하면 더 좋겠지요.

사람과 사람의 공존과 자연과 사람의 공존은 꼭 순차적인 문제는 아닐 수 있습니다. 국토가 넓고 전기 인프라가 부족한 곳에서는 굳이 대형발전소와 송전탑을 세울 필요 없이 곧바로 재생에너지를 주된 에너지원으로 만드는 지혜도 필요하지요. 전화선 없이 무선인터넷을 사용하는 것과 같은 원리입니다.

그러나 통계를 보면 우리의 희망과는 반대로 부가 극소수의 슈퍼 부자에게 더 많이 쏠리고 있습니다. 이 빈부격차가 사회 경제적 격차를 낳고, 이 격차는 각종 사회적 문제를 확산시킵니다. 그런 가운데 기후변화에 대한 대응은 요원해지겠지요. 따라서 전 지구적 과제인 기후변화에 대응하기 위해서도 세계적, 국가적 차원의 경제 양극화 해소는 꼭 필요한 과제라 하겠습니다.

4차 산업혁명과
일자리

　근래 세계 경제에 가장 큰 충격을 준 사건은 2008년에 일어난 세계 금융위기입니다. 제가 〈글머리〉에서 언급했지만 서브 프라임 모기지 업체의 파산으로 시작된 미국발 금융위기는 세계적 금융 기관의 연쇄적 도산을 가져왔습니다. 이 현상에 대해 많은 사람들은 고삐 풀린 신자유주의가 만든 필연적 결과라고 했습니다. 일부 학자는 공식적으로 '신자유주의의 종언'을 고하기도 했지요.

　그럼에도 세계의 주요 국가들은 1929년 세계 대공황과 같은 상황이 재현되는 것을 우려했습니다. 그래서 대규모 구제 금융을 투입해 부실해진 금융을 살리기에 급급했습니다. 금융위기 이후 10여 년이 흘렀습니다. 이후 금융은 다시 안정화되었지만 앞서 살펴본 바와 같이 세계 경제의 불평등이 오히려 심화되고 있음을 확인할 수 있습니다. 여전히 해결해야 할 숙제가 많이 남아 있는 것이죠.

　이런 와중에 2016년 다보스포럼에서 4차 산업혁명이 주된 의제로 떠오릅니다. 그러자 세계 경제의 다른 이슈는 수면 아래로 잠복해버렸습니다. 특히 한국에서는 4차 산업혁명이 광풍과도 같습니다. 마치 이 바람에 편승하지 않으면 낙오자가 될 것 같은 분위기가 조성됩니다. 그렇다면 공존의 시대와 4차 산업혁명은 어떤 관계일까요? 지면상 제약이 있지만 잠시 살펴보겠습니다.

4차 산업혁명이라는 용어는 독일이 2010년 발표한 '하이테크 전략 2020'의 10대 프로젝트 중 하나인 '인더스트리 4.0(Industry 4.0)'에서 '제조업과 정보통신의 융합'을 뜻하는 의미로 사용했습니다. 이후 2016년 1월 스위스 다보스에서 열린 '세계경제포럼(WEF)'이 '4차 산업혁명의 이해(Mastering the Fourth Industrial Revolution)'를 주요 의제로 설정하면서 전 세계적 화두로 등장하게 되었지요.

4차 산업혁명의 주창자이자 세계경제포럼의 회장인 클라우스 슈밥은 자신의 책 《4차 산업혁명》에서 '3차 산업혁명을 기반으로 한 디지털과 바이오산업, 물리학 등 3개 분야의 융합된 기술들이 경제체제와

4차 산업혁명이란 무엇인가?

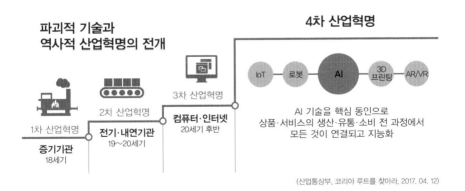

(산업통상부, 코리아 루트를 찾아라, 2017. 04. 12)

사회구조를 급격히 변화시키는 기술혁명'을 4차 산업혁명이라고 정의 했습니다.

그는 또한 '우리는 지금까지 우리가 살아왔고 일하고 있던 삶의 방식을 근본적으로 바꿀 기술 혁명의 직전에 와 있다. 이 변화의 규모와 범위, 복잡성 등은 이전에 인류가 경험했던 것과는 전혀 다를 것이다' 라고 말했습니다. 즉, 3차 산업혁명을 기반으로 도래할 4차 산업혁명 은 '초연결성', '초지능화(Hyper-Intelligent)'의 특성을 가지고 있으며, 사물인터넷(IoT), 클라우드 등 정보통신기술(ICT)을 통해 인간과 인간, 사물과 사물, 인간과 사물이 상호 연결되고 빅 데이터와 인공지능 등 으로 더욱 지능화된 사회로 변화될 것으로 예측했습니다.

슈밥은 4차 산업혁명을 이끄는 10개의 선도 기술도 제시했습니다. 물리학 기술로는 드론과 같은 무인운송수단, 3D프린팅, 첨단 로봇공 학, 신소재를 제시했습니다. 디지털 기술로는 사물인터넷, 블록체인, 공유경제를 제시했고, 생물학 기술로는 유전공학, 합성생물학, 바이오 프린팅 등과 같은 기술을 제시했습니다. 그는 이러한 기술을 기반으로 클라우드 컴퓨팅, 스마트 단말기, 빅 데이터, 딥 러닝, 드론, 자율주행 차 등의 산업이 발전하고 있다고 봤습니다.

또한 2016년 세계경제포럼은 4차 산업혁명과 관련하여 향후 5년간 세계 고용의 65%를 차지하는 선진국 및 신흥시장 15개국에서 일자리 710만 개가 사라지고, 4차 산업혁명으로 210만 개의 일자리가 창출되 어 500만 개의 일자리가 감소할 것으로 전망했습니다.

구체적으로 가장 큰 타격을 받을 직군은 사무관리직으로, 빅 데이 터 분석과 인공지능 기술을 갖춘 자동화 프로그램으로 일자리를 대체

이세돌과 구글의 인공지능 알파고 간의 바둑 대국

해 앞으로 5년간 475만 9,000개의 일자리가 줄어들 것으로 전망했습니다. 또한 로봇과 3D프린팅의 위협을 받는 제조·광물업 분야 일자리도 160만 9,000개 감소할 것으로 예상했습니다. 반면, 전문지식이 필요한 경영·금융 서비스(49만 2,000개), 컴퓨터·수학(40만 5,000개), 건축·공학(33만 9,000개) 등의 직군에선 일자리가 늘어날 것으로 예측했지요.

4차 산업혁명이 국내에 처음 소개될 무렵만 해도 이는 경제 전문가나 과학자들에게만 관심 있는 주제였습니다. 그런데 다보스포럼에서 4차 산업혁명이 다뤄진 직후인 2016년 3월, 한국의 바둑 최강자 이세돌 9단과 딥 러닝(Deep Learning) 방식으로 학습한 인공지능 '알파고' 간에 세기의 바둑 대결이 펼쳐집니다. 이 대결에서 이세돌은 알파고에게 1승 4패로 완패하고 맙니다. 서양장기인 체스게임에서 인간이 컴퓨터에게 패할 때만 해도 체스는 비교적 단순한 게임이기에 사람들은 인간의 패배를 대수롭지 않게 생각했습니다. 그러면서 무궁무진한 수를 가진 바둑에서만큼은 컴퓨터가 인간을 이길 수 없을 것이라고 생각했었지요.

그런데 바둑을 배운 지 얼마 되지 않은 알파고에게 바둑 최고수가 지는 모습을 생방송으로 지켜보면서 일반 국민들도 '4차 산업혁명'을 현실로 인정하지 않을 수 없게 되었습니다. 마침 그 무렵에 출판된 이스라엘 출신 역사학자 유발 하라리가 쓴 책《사피엔스》에서 현생 인류가 2100년이면 사라질 것이라는 예언까지 나오면서 4차 산업혁명에 대한 대중적 관심이 폭발적으로 늘어나게 되었습니다.

4차 산업혁명으로 일자리는 대폭 줄어들고, 현생 인류가 사라질지도 모른다는 예언을 접하면서 많은 사람들이 불안해합니다. 특히 앞으로 새로운 일자리를 찾아야 할 자식을 둔 부모들과 그 당사자들은 그러한 미래가 결코 반갑지만은 않습니다. 그렇다면 인류의 미래는 어떻게 될까요?

저는 낙관도, 비관도 할 필요가 없다고 생각합니다. 몇 가지 사례를 들어볼까요. 1900년대 초 미국 맨해튼 거리는 지금의 자동차 이상으로 말과 마차로 넘쳐났다고 합니다. 당연히 말의 배설물도 넘쳐났겠지요. 그런데 지금처럼 환경미화원이 있는 것도 아니어서 사방 천지에 배설물이 쌓여 있었다고 합니다. 그래서 그 무렵 학자들은 말의 배설물로 도시가 더러워지고 전염병이 창궐하여 맨해튼은 지구상에서 사라질 것이라고 예측했답니다. 그런데 지금 맨해튼에서 100년 전 걱정의 흔적은 찾아보기도 어렵게 되었지요.

1900년대 중반의 일입니다. 아인슈타인의 'E=MC^2'라는 유명한 물

1945년 8월 6일 미군 원자폭탄 공격으로 파괴된 히로시마 평화공원 내 원폭 돔

리학 법칙을(1905년) 현실로 만들어낸 상품이 바로 1945년에 일본 히로시마와 나가사키에 터진 원자폭탄입니다. 이후 미국과 소련이 경쟁적으로 핵무기를 개발하여 인류는 곧 핵무기로 멸망할 것이라고 예측한 사람들이 많았습니다. 그러나 지금은 북한 등 소수 국가의 핵 위협이 있기는 하지만 이로 인해 전체 인류가 멸망할 것이라고 걱정하는 사람은 많지 않습니다.

우리 현생 인류가 2100년이면 사라질 것이라는 우려는, 인류가 축적한 놀라울 정도로 발전한 과학적 성취물 덕분입니다. 20만 년 전 사피엔스가 출현할 무렵 혹은 1만 년 전 농업혁명을 통해 인류가 정착을 시작할 때만 해도 상상하지 못했던 현실이 눈앞에 펼쳐지고 있으니 걱정할 만하지요. 특히, 최근 100여 년간의 과학적 성취는 실로 놀랍습니다. 우리가 주목할 것은 이 과학적 성취를 어느 방향으로 활용할 것인지에 대한 판단입니다. 관련하여 최근 4차 산업혁명의 주요 분야인 인공지능과 결합된 자동화 무기, 즉 '킬러 로봇' 논쟁을 살펴보면 시사점을 찾을 수 있습니다.

2015년 7월, 세계적 천체 물리학자 스티븐 호킹과 전기자동차 제조업체 테슬라의 설립자 일론 머스크, 언어학자 노암 촘스키, 애플의 공동 창업자 스티브 워즈니악 등 1,000여 명의 전문가들은 '인공지능(AI) 기술을 활용한 자동화 무기, 일명 킬러 로봇 개발을 규제해야 한다'고 주장했습니다. 이들은 킬러 로봇의 발전은 화약과 핵무기를 잇는 '제3의 전쟁 혁명'이 될 수 있고, 자동화 무기가 개발되면 그것이 암시장을 통해 테러리스트·독재자·군벌의 손에 들어가는 것은 시간문제이기 때문에 국제협약으로 개발을 엄격히 규제해야 한다고 촉구했습니다.

하지만 킬러 로봇을 옹호하는 사람도 많습니다. 인간은 전장의 포연 속에 쉽게 무너지는 허약한 존재이기 때문에 전쟁터에서 어리석은 실수를 저지르는 반면, 인공지능은 정신을 잃거나 겁에 질리는 일이 없으며, 짧은 시간에 막대한 양의 정보를 처리하고 적절한 결정을 신속하게 내리기 때문에 전투상황에서 우리 인간보다 결함이 훨씬 적다는 것입니다. 또한 킬러 로봇을 옹호하는 사람들은 인명 피해 측면에서 볼 때, 로봇이 전쟁에 참여하는 것이 더 인도적이라고 주장합니다.

영화 터미네이터 시리즈의 한 장면

이 논쟁을 보면 영화 '터미네이터'가 생각납니다. 영화에서는 주인공을 지키려는 착한 킬러 로봇과 그를 해치려는 나쁜 킬러 로봇의 대결이 흥미진진하게 펼쳐집니다. 하지만 영화로 볼 때는 재미있을지 모르지만 현실은 다릅니다. 인간이 만든 기계에게 인간의 살고 죽는 문제를 맡긴다는 것은 있을 수 없는 일이라고 저는 생각합니다. 당연히 규제하는 것이 타당하겠지요.

화재 현장에서 인명을 구조하는 일처럼 인공지능과 결합된 로봇이 할 일은 많습니다. 결국, 인공지능 로봇이 사람을 구할 것인가, 살상할 것인가의 선택도 사람의 몫입니다. 이 선택이 4차 산업혁명의 미래이기도 하지요. 즉, 공존의 시대로 가는 것이 우리 인류가 기적과도 같은 지구 행성에서 살아갈 수 있는 유일한 방법이라면, 4차 산업혁명도 이와 같은 방향으로 복무할 수 있도록 하는 것이 우리의 선택이라 할 것입니다.

다시 말하면, 인류가 행복을 추구하면서도 인류 생존의 마지노선이자 목표인 지구의 이산화탄소의 농도를 350ppm 이하로 낮추고 지구의 온도 상승을 산업혁명 기준 1.5℃ 이내로 억제하는 데 4차 산업혁명의 도구가 쓰일 수 있도록 하는 것이 우리의 숙제라 할 것입니다.

과학의 발전은 필연적으로 관련된 일자리의 변화를 가져옵니다. 그런데 앞서 언급한 바와 같이 4차 산업혁명의 결과 5년간 15개국에서 500만 개의 일자리가 줄어들 것이라는 예측은 킬러 로봇보다 더 충격적입니다. 과연 그럴까요?

우리는 농담 삼아 '예전에는 전화번호를 모두 외웠는데 요즘 휴대폰 기능이 좋아져서 외울 필요가 없다 보니 기억력이 후퇴했다'고 말하곤 합니다. 노래방에 가서도 비슷한 말을 하지요. 예전에는 노래가 사를 다 외웠는데 노래방이 생겨서 머리가 멍청해졌다고. 그러나 이 두 가지 사례는 과학적으로 증명되지 않았습니다. 오히려 사람의 기억 창고에 전화번호 대신 휴대폰 작동방식을 저장하게 되었고, 노래 가사 대신 노래방 기기 작동방식을 저장했기 때문에 기억력이 퇴보했다는 것은 사실과 다르다는 것이 더 설득력 있는 논리입니다.

예전에는 버스에 운전사뿐만 아니라 토큰을 받고 '오라이! 발차!' 를 외치던 버스 안내양도 함께 있었습니다. 이후 기술이 혁신되면서 버스에는 노동강도가 높아진 운전사만 남게 되었지요. 버스 안내양들 은 다 어디로 갔을까요? 그들의 일자리는 사라졌지만, 이후 당시에는 없던 텔레마케터 등과 같은 직업이 새로 생겨나면서 그 분야로 옮겨 갔겠지요.

저는 일자리 문제도 그리 비관적이지 않다고 생각합니다. 4차 산업 혁명과 직접 관련된 새로운 일자리를 만들어가는 한편 공존의 시대로 가기 위한 다양한 일자리를 만들어가면 됩니다. 그리고 그 과정에서 경쟁력이 낮은 일자리는 사라지겠지요. 이들 직종에 종사했던 사람들 은 전직할 수 있도록 해주어야 합니다.

그런데 사람은 특성상 컴퓨터나 스마트폰처럼 프로그램만 깔면 금 방 새로운 과제를 해낼 수 있는 존재가 아니라는 것이 문제입니다. 버 스 안내양에서 텔레마케터로 전직하려면 나름 상당한 교육과 훈련이 필요하다는 말입니다.

유럽에서 경제 자유도가 높은 대표적 나라가 네덜란드와 덴마크입 니다. 이들 나라에서도 다양한 일자리가 새로 생기고, 또 없어집니다.

그런데 국민들의 행복도가 높게 유지되는 이유는, 새로운 직종으로 옮겨가는 데 사회가 상당 부분을 책임지기 때문입니다. 즉, 적극적 노동시장 정책을 펴고 있기 때문입니다.

유감스럽게도 한국은 특히 이 영역이 너무도 취약합니다. 적극적 노동시장 정책이라는 구호는 있지만, 실업급여 기간이 매우 짧고 금액도 적을 뿐 아니라, 전직을 위한 인프라와 지원도 유럽 선진국에 비하면 언 발에 오줌 누기 수준입니다.

따라서 지금 우리에게 필요한 것은 4차 산업혁명의 트렌드를 발 빠르게 읽고 어떻게 대응할지 준비하는 한편, 그로 인해 사라질 일자리를 고려해 적극적 노동시장 정책을 실질적으로 준비하는 일입니다.

사람의 가치를
소중히 하는 사회

《축적의 시간》. 한국의 산업계가 당면한 현실을 제대로 진단하고 이 관문을 돌파할 수 있는 방법을 찾기 위해 서울대학교 공과대학 교수 26명이 머리를 모아서 쓴 책입니다. 이들이 진단한 한국 산업계의 문제점은 '창조적 개념설계 역량'이 부족하다는 것입니다.

창조적 개념설계 역량이란 제품이나 비즈니스 모델을 개발할 때 당면 문제의 속성 자체를 새롭게 정의하고, 창의적으로 해법을 제시하는 역량을 말합니다. 그런데 지금까지 한국은 선진국이 제시한 개념설계를 기초로 빠르게 모방·개량하면서 생산하는 모방적 실행 전략에 기초해 있었는데, 이제 그 모델이 성장의 한계에 도달했다는 것입니다.

그렇다면 어떻게 해야 창조적 개념설계 역량을 구축할 수 있을까요? 저자들은 오랜 기간 지속적으로 시행착오를 '축적'해야만 한다고 말합니다. 선진국은 오랜 산업의 역사를 통해 다양한 실패를 경험하고 그 실패를 넘어서기 위한 다양한 해법을 제시하는 '축적의 시간'을 가져왔는데 한국은 실패할 기회도, 실패를 축적한 시간도, 새로운 해법을 모색할 시간도 갖지 못했다는 것입니다.

그럼, 개념설계 능력은 어디에 쌓일까요? 저자들은 오랜 기간 성공과 실패를 경험한 조직과 사람들에게 개념설계 능력이 쌓인다고 말합니다. 그런데 한국은 당장의 번득이는 아이디어와 눈앞의 성공에 과도하게 집착하면서 결과적으로 사람의 가치를 너무 가볍게 봤다고 저자들은 지적합니다.

저는 저자들의 지적이 매우 타당하다고 생각합니다. 사람의 가치를 가볍게 보는 사회는 단기적 성과를 낼 수 있을지 모르지만 장기적 성공을 보장하기는 어렵겠지요. 사실 많은 사람들이 '사람의 가치'를 칼로 두부 자르듯 똑같이 평가해달라고 요구하지는 않습니다. 한여름에 땀 흘려 열심히 일한 사람이 조금 덜 일한 사람보다 보상을 더 받는 것은 당연할 수 있습니다.

그런데 그 사람의 역할과 능력의 차이를 어느 정도까지 인정해야 할까요? 이와 관련하여, 2013년 직접 민주주의가 가장 활발한 나라 스위스에서는 색다른 주제의 국민투표가 진행되었습니다. 참고로 스위스에서는 1년 6개월간 10만 명 이상의 서명을 받으면 누구나 법안을 발의해 연방정부 및 연방의회 검토를 거쳐 국민투표에 부칠 수 있게 되어 있습니다.

당시 스위스 국민투표 안은 '기업의 최고경영자(CEO)의 임금을 기업 내 최저 임금의 12배로 제한하자'는 이른바 '1:12 이니셔티브 제도'였습니다. 기업 최고 경영자의 한 달 소득이 적어도 그 기업 최저임

스위스 1:12 국민투표 법안 캠페인, '12배면 충분합니다.'

금 노동자의 1년 소득보다는 적게 하자는 취지인 것이죠.

발의 초기 찬성여론이 많았던 이 법안은 스위스 내 다국적 기업의 해외이전을 우려한 정부의 적극적 반대 홍보 끝에 찬성 34.7%, 반대 65.3%로 부결되었습니다. 비록 법안은 부결되었지만 기업 내 심각한 임금 불평등에 대해 문제제기를 했다는 점에서 세계적으로 의미 있는 국민투표였다는 견해가 많았습니다.

위 사진은 스위스 국민투표 당시 1:12 법안을 홍보하는 포스터입니다. 1개만 먹어도 충분한 햄버거를 한 사람이 12개를 먹으면 어떻게 될까요? 참 재미있는 포스터이지요. 저는 1:12의 의미의 적정성 여부는 차치하고라도 이런 법안을 국민이 직접 발의하고, 직접 선택하여 결정하는 스위스의 제도 자체가 부러웠습니다.

실제로 사람의 가치를 위 포스터처럼 저울로 잴 수는 없습니다. 사람은 그 자체로 우주와 같이 소중한 존재이기 때문입니다. 하지만 자본주의의 속성은 다릅니다. 자본주의는 그가 벌어들이는 소득을 기준으로 그 사람의 능력과 가치를 포장해버립니다. 시장 자본주의는 결과

적으로 사람의 가치보다는 자본의 논리로 인해 빈익빈 부익부가 확대
될 수밖에 없는 구조이지요.

이를 바로잡기 위해 스위스에서는 1차 분배 과정에서 아예 소득의
최대 격차를 1대 12로 제한하려고 시도했고, 일반적인 나라들은 소득이
발생한 이후 2차 분배에 해당하는 조세를 통해 이 격차를 보정합니다.

앞서 176페이지에서 살펴봤던 것처럼 세전 소득의 지니계수 격차
가 크지만 조세정책을 통해 경제 불평등을 바로잡는 유럽의 복지국가
들은 그만큼 사람의 가치를 소중히 여긴다고 생각됩니다.

> "훌륭한 집에는 독식하는 사람도 없고 천대받는 아이도 없다. 다른 형
> 제를 얕보지 않으며 그를 밟고 이득을 취하지 않는다. 약한 형제를 무
> 시하거나 억압하지도 않는다. 국가도 마찬가지다."

1928년 스웨덴 사민당의 한센 총리. 위 문구는 '국가는 국민의 집'
이어야 한다고 주장한 그의 연설 요지입니다. 한센 총리의 주장처럼
'국민의 집'에 사는 사람들은 잘나든 못나든 모두 같은 집에 사는 형제
입니다. 모두 형제로서 서로 우정을 나누고, 특히 부모는 약한 형제를
더 보살펴주게 되지요. 스웨덴의 '국민의 집'이야말로 사람을 소중히
여기는 사회의 상징적 표현이라 할 수 있습니다.

반면, 한국 사회는 1995년 김영삼 대통령의 세계화 선언과 1997년
외환위기를 거치면서 '사람의 가치'보다는 '돈의 가치'를 중심으로 급
속하게 재편되었습니다.

연공서열식 급여체계는 성과급식 연봉제로 바뀌고, 인건비 절감을

위해 꼭 필요한 인력임에도 외주를 주거나 비정규직으로 전환했습니다. 심지어 같은 생산라인에서 같은 지휘 아래, 같은 노동을 함에도 불구하고 사내하청 노동자와 본청 노동자의 임금이 거의 두 배 차이가 나는 곳도 생겨났습니다. 또한 핸드폰을 만드는 전자회사의 등기이사 연봉이 50억 원을 넘을 때, 다수의 청년 아르바이트생은 최저임금을 최고임금처럼 받으면서 살아야 했습니다. 또한 인체에 유해한 가습기 살균제 사건으로 수천 명의 환자가 발생하고 200명이 넘는 어린 생명이 사망했음에도 그 부모들은 진상규명에 미온적인 기업과 정부를 그저 바라만 봐야 했습니다. 그리고 세계 최고의 자살률과 세계 최저 출산율이 수년째 계속되고 있음에도 뾰쪽한 대책을 세우지 못하는 정부의 무능에 대해 한숨지을 수밖에 없었습니다.

그런 상황에서도 우리는 법인세와 소득세를 낮춰주면 기업의 경쟁력이 높아져 기업과 기업주의 소득이 늘어나고, 그들이 이를 다시 투자하면 일자리가 늘어나서 국민경제에 기여할 것이라는 말을 귀에 못이 박히도록 들어야 했습니다. 이른바 낙수효과 이론이죠. 낙수효과 이론에 따라 기업의 세금은 줄어들었지만 그로 인해 연쇄적으로 일어나야 할 낙수효과는 아쉽게도 일어나지 않았습니다. 대기업의 사내 유보금만 대폭 늘어났지요.

그 사이 '돈의 가치'에 따라 빈부격차는 더 커졌고, 심지어 공익의 가치를 지켜야 할 주요 공직자들이 '공익을 사유화'하는 일이 공공연하게 자행되었습니다. 또 이런 상황을 호도하기 위해 언론을 통제하고, 국가 안위를 지켜야 할 기관이 사이버 댓글 부대를 동원하여 국내 정치에 개입하는 등 현대 사회에서 있을 수 없는 일들이 국민들 눈앞에서 벌어지기도 했습니다. 국민들은 낙담했고, 청년들은 3포, 5포, 7포를 너머 대한민국을 '헬조선'이라고 부르게 되었습니다.

이를 상징하는 통계 중 하나가 앞서 살펴보았던 한국의 지니계수입니다. 우리나라는 2015년 기준으로 지니계수가 세전 0.396에서 세후 0.354로 나타납니다. 조세를 통한 불평등 완화 효과가 0.042에 불과한 것이지요. 다시 말해, 정부가 조세정책을 통해 사람의 가치를 높이는 재분배 정책을 거의 추진하지 못한다는 사실을 통계로도 확인할 수 있습니다.

고통의 시간이 계속될 무렵 박근혜 정부의 국정농단 사건이 터졌고, 시민들은 '이게 나라냐'라며 촛불을 들었습니다. 이 촛불은 탄핵에 이어 문재인 대통령을 새로운 정부의 대표로 만들었습니다. 문재인 대통령은 늘 '사람이 먼저다'라고 했습니다. 이제 대한민국도 '돈의 가치'보다는 '사람의 가치'를 우선하는 나라로 가는 전환점에 서게 되었습니다. 할 일이 많습니다. 그렇다고 너무 빨리 뛰면 넘어지고, 너무 천천히 걸으면 사람들이 고통의 터널에 오래 머물러야 합니다. 방향을 정확히 설정하되 체력을 키우면서 힘차게 달려야겠지요.

이런 상황에서 2017년 말 국회에서 조세제도와 관련해 의미 있는 변화가 있었습니다. 오랜 기간 쟁점이 되었던 소득세와 법인세, 그리고 주식의 양도소득세 관련 세법이 통과된 것입니다. 예전 같으면 기득권층의 반발로 통과하기 쉽지 않았을 텐데 격세지감이지요.

세부 내용을 보면, 소득세 최고 세율에서 3억~5억 구간을 신설하고 신설구간은 2%가 상향된 40%로, 5억 이상 구간도 2%가 인상된 42%로 조정했습니다.

부담 여력이 있는 고소득층·대기업 세율 조정

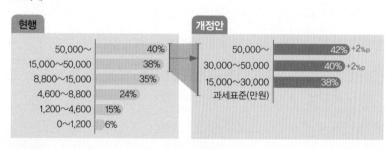

• 소득세

현행		개정안	
50,000~	40%	50,000~	42% +2%p
15,000~50,000	38%	30,000~50,000	40% +2%p
8,800~15,000	35%	15,000~30,000	38%
4,600~8,800	24%	과세표준(만원)	
1,200~4,600	15%		
0~1,200	6%		

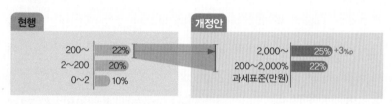

• 법인세

현행		개정안	
200~	22%	2,000~	25% +3%p
2~200	20%	200~2,000%	22%
0~2	10%	과세표준(만원)	

대주주 주식 양도소득 세율 조정

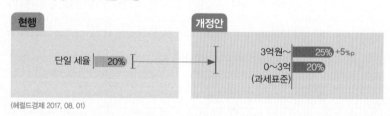

현행		개정안	
단일 세율	20%	3억원~	25% +5%p
		0~3억	20%
		(과세표준)	

(헤럴드경제 2017. 08. 01)

또한, 법인세도 삼성, 현대 등이 해당되는 2,000억 원 이상 구간을 신설하여 3%가 인상된 25%로 변경했고, 대주주의 주식 양도세율도 과거 단일 세율이었던 것을 3억 이상은 5%가 인상된 25%를 부담하도록 변경했습니다.

조세제도에 대해서는 관점에 따라 의견이 다를 수 있습니다. 저는 소득세의 경우 최고 세율구간은 좀 더 높여야 한다고 생각합니다. 유럽 복지국가의 경우 지방소득세까지를 포함하면 최고 세율은 대부분 50~60%가 넘는데, 우리는 별도의 지방소득세가 없으므로 이를 고려할 필요가 있습니다. 구멍이 숭숭 뚫린 상속세도 손봐야 하고, 부동산 보유에 대한 누진적 조세제도도 보완해야 합니다.

그럼에도 불구하고 이번 조세제도 개혁은 한국 사회가 그동안 '돈 중심'에서 '사람 중심'으로 바뀌는 중요한 전환점이 될 것이라는 점에서 의미가 큽니다. 이제는 '확보한 재원을 어떻게 효과적으로 쓸 것인가'라는 과제가 남아 있습니다. 정부는 확보된 예산을 아동수당 신설, 기초노령연금 확대, 의료의 보장성 확대, 누리예산의 국가책임 강화 등 사람의 가치를 높이는 곳에 활용할 예정이고 합니다.

그중 아동수당은 출산율을 높이고 아동을 보호하기 위해 OECD 많은 국가들이 이미 보편적으로 시행하고 있는 제도입니다. 우리는 제도 도입이 다소 늦었지요. 수당 지급 기간도 짧습니다. 복지 선진국 중에는 고등학교 졸업 시까지 지급하는 나라도 많지요. 우리는 처음 제도를 도입하는 상황이라 만 5세까지 월 10만 원을 지원하기로 했습니다. 그런데 국회 심의 중 야당과 절충하는 과정에서 상위 10%는 제외하고 지급하는 것으로 결정되고 말았습니다. 소위 보편적, 선별적 복지 논쟁이 재현된 것이지요.

복지 관련 제도에 정답은 없습니다. 사안에 따라 보편적일 수도 있고 선별적일 수도 있습니다. 아동수당이 저소득 빈곤 아동 보호에 목적이 있다면 선별적일 수도 있습니다. 그러나 출산율 제고 등을 고려한다면 보편적으로 지원하는 것이 타당합니다. 선별적 복지를 주장하는 분들은 '재벌의 손자까지 지원해야 하는가?'라고 반문합니다. 그런데 실제 이런 대상은 0.1%도 되지 않습니다. 이 0.1%의 대상도 상대적으로 많은 세금을 내고 있는 만큼 일정하게 돌려받는 것도 좋은 일입니다. 현실적으로 상위 10%를 구분하기 위해 들어가는 행정비용과 10% 전후 가정의 차별 등을 고려하면 이 제도만큼은 보편적으로 가야 하겠지요.

현 정부가 아동수당을 도입하는 이유이기도 합니다만, 우리 사회에서 시급히 해결해야 할 과제가 저출산 문제입니다. 지구가 버틸 수 있는 인구 규모를 감안한다면 인구가 적정규모 이하로 줄어드는 것이 반드시 나쁘지는 않습니다. 그러나 우리나라처럼 한 세대 내에서 산아제한 정책을 펼 만큼 인구가 급증하다가 정반대로 출산율이 급전직하한 나라는 세계적으로 드문 사례입니다. 출산 인구가 다소 줄더라도 사회 경제적 충격이 최소화될 수 있도록 완만한 변화가 필요합니다.

1997년부터 2016년 사이 연도별 출생아 수 추이

출생아 수(천 명)

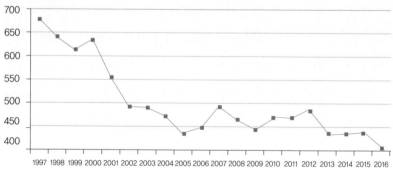

1970년 한 해 출생아 수는 100만 명이 넘었습니다. 1997년 외환위기 당시 67만 명 수준이었던 출생아 수는 2017년에 급기야 30만 명대로 떨어졌습니다.

20년 사이 절반으로 줄어든 것이죠. 현재 한국 사회의 서민 경제가 어려운 이유의 절반은 경제 양극화 때문이고, 그 나머지는 저출산의 영향입니다. 출산율의 급감은 동네 약국, 시장의 옷가게, 아이스크림 가게 등 모든 면에서 소비의 절반을 감소시킵니다. 한국의 글로벌 대기업은 국내 소비가 줄더라도 해외 판매를 늘리면 되지만 대부분의 서민들은 출산율 급감에 따른 피해를 고스란히 떠안게 되었지요.

그렇다면 아동수당 제도의 도입이 출산율 제고에 도움이 될까요? 선진국의 사례로 볼 때 저는 충분히 도움이 될 것이라 생각합니다. 다만, 다른 몇 가지 문제도 함께 해결해야 합니다. 우리는 흔히 저출산 대책으로 믿을 만한 보육시설과 직장과 가정의 양립 환경을 많이 꼽았습니다. 그런데 이런 시설과 환경이 좋아져도 출산율은 꿈쩍하지 않고 있습니다. 이와 관련하여 참고할 만한 통계가 있습니다. 다음 페이지의 표는 노원구 19개 동의 최근 연도별 출생아 수와 출산율 현황입니다.

통계를 보면 동별로 생각보다 편차가 심합니다. 출산율이 낮은 중계1동의 경우 2016년 48명이 태어나 출산율이 0.223명에 불과한 반면, 상계8동은 같은 해 476명이 태어나 출산율이 2.613명으로 거의 10배 차이가 납니다. 같은 노원구인데 왜 이런 차이가 생겼을까요?

과학적으로 연구 조사한 것은 아니지만 상계8동에는 대규모 공무원 임대 아파트 단지가 있습니다. 집값이 저렴한 임대아파트에 거주

노원구 동별 출생아 수와 출산율

연번	행정동	출생아 관련 현황 (단위: 명)					
		2012년	2013년	2014년	2015년	2016년	2016년 출산율
1	월계1동	208	179	163	137	166	1,184
2	월계2동	244	235	223	207	163	1,053
3	월계3동	435	405	378	378	357	1,725
4	공릉1동	373	318	326	305	287	1,114
5	공릉2동	449	364	361	365	353	1,191
6	하계1동	136	122	120	109	106	0,542
7	하계2동	160	137	106	146	143	0,854
8	중계본	72	83	55	73	65	0,331
9	중계1동	62	56	66	60	48	0,223
10	중계2·3	356	310	299	143	107	0,432
11	중계4동	153	120	127	293	291	2,106
12	상계1동	344	276	300	282	275	1,036
13	상계2동동	132	132	111	112	99	0,686
14	상계3·4동	275	228	206	163	140	0,866
15	상계5동	198	171	149	181	133	0,790
16	상계6·7동	398	323	369	357	326	1,270
17	상계8동	525	470	551	502	476	2,613
18	상계9동	238	217	230	227	190	1,229
19	상계10	228	214	226	200	210	1,547

하고 직업이 안정된 공무원이 다수 살고 있으니 출산율이 높을 수밖에 없겠지요. 게다가 그 주변의 아파트 값도 상대적으로 저렴한 편이고요. 반면, 중계1동은 신혼부부가 살기에는 상대적으로 집값이 비싼 동네입니다. 물론 상계8동 같은 공무원 임대아파트도 없지요. 중계

1동은 교육환경이 좋아 자녀가 초·중등학교 때 다른 동네에서 이사를 오는 경우는 많지만 처음부터 정착하여 출산까지 하기는 엄두를 내기 어렵다는 뜻이기도 합니다.

이 두 동네의 사례를 보면 직업의 안정과 신혼부부가 살 수 있는 저렴한 임대주택이 출산율에 미치는 영향을 미루어 짐작할 수 있습니다.

마침 문재인 정부는 비정규직의 정규직화를 적극적으로 추진하고 있습니다. 이와 함께 신혼부부들이 저렴하게 거주할 임대주택을 다량 보급한다면 수년 내 출산율이 1.4~1.5 수준까지는 회복될 것입니다. 결론적으로, 저출산 대책의 핵심 열쇠는 복지부가 쥐고 있는 것이 아니라, 노동부와 국토부가 쥐고 있다는 것이 제 생각입니다.

스웨덴이 '국민의 집'이란 슬로건으로 사람을 소중히 여기는 세계 최고의 복지국가를 만들었다면, 우리도 지금부터 사람의 가치를 소중히 여기는 멋진 '대한민국의 집'을 지어야 하겠지요. 그렇게 하려면 저출산 대책 이외에도 그동안 '돈의 가치'을 우선하며 본말을 전도시켰던 여러 과제들을 해결해야 합니다.

대표적 과제가 비정규직 문제입니다. 그동안 노동조합의 무력화와 임금 절감을 위해 정규직 고용이 필요했음에도 불구하고 비정규직으로 고용했던 많은 직군의 사람들을 정규직으로 전환해야 합니다.

비정규직은 수영장이나 스키장처럼 계절적 수요가 있거나, 시간대별로 일시적 수요가 있을 때 고용해야 합니다. 유럽의 경우 이런 비정규직은 오히려 정규직보다 시간당 임금이 120% 비싼 경우가 많습니다. 임금 때문에 비정규직을 고용하지 말라는 의미이겠지요.

정규직의 경우 고용이 확정되면 고용 탄력성이 떨어지는 것이 사실입니다. 따라서 비정규직은 정규직을 염두에 둔 고용일 때 의미가 있습니다. 이 사람이 우리 회사와 그 직무에 적합한지를 정규직 고용 전에 확인하는 절차를 거친다는 의미죠. 이 경우 길어야 1~2년이면 충분히 정규직 전환의 적정성 여부를 알 수 있지요.

과도한 다단계 하청이나 위장 도급 등도 해결해야 할 숙제입니다. 특히, 제조업 분야에서 불필요한 다단계 하청은 기술 혁신보다는 저임금 외국인 노동자의 불안정한 고용을 강요받는 방식이 됩니다. 이는 일시적으로 본청의 경쟁력을 높여줄지 모르지만 앞서 '축적의 시간'에 대해 설명할 때 언급한 것처럼 장기적으로는 좋은 일자리를 줄이고 산업 전체의 경쟁력을 약화시키게 됩니다.

최저임금 1만 원 시대를 여는 것도 어려운 과제 중의 하나입니다. 우리 사회는 외환위기를 거치면서 소수의 고소득자와 최저임금 노동자 간에 격차가 너무 커졌습니다. 이 문제를 해결하기 위해서는 최저임금을 가급적 빠른 시일 내에 끌어올리는 한편, 고소득자의 임금은 당분간 동결시키거나 조세를 통해 사회에 환원하도록 해야 합니다. 최저 임금이 인상되면 서민들 주머니 사정이 좋아져서 세계적으로 경제 양극화 해소에 도움이 된다는 것이 실증적인 분석입니다.

문제는 한계선상에 있는 영세 자영업자나 10인 미만 사업장입니다. 이들 자영업자나 영세 기업에 대해서는 일시적으로 충격을 완화할 수 있는 지원이 필요합니다. 그러나 이와 같은 지원을 항구적으로 할 수는 없습니다. 따라서 스웨덴이 연대임금 정책을 추진하면서 적극적인 노동시장 정책을 통해 전직을 지원했던 것처럼 우리도 한계기업에서 일하는 노동자들이 좀 더 부가가치가 높은 일자리로 옮겨갈 수 있는 사회적 시스템을 빨리 구축할 필요가 있습니다.

지난 정부에서 확대하려고 했던 공무원 성과연봉제도 전면 재검토가 필요합니다. 이 제도는 신자유주의가 한창일 무렵 행정학 영역에서 임금과 성과를 연동하여 효율을 높이자는 취지로 미국에서부터 연구 실행되었습니다. 그런데 정작 이 제도의 원조인 미국에서도 실효성이 없다며 사실상 폐기했지요. 이 제도를 실제 적용해보니 직장 내 협력을 해치고, 객관적인 평가를 하기 어렵다는 점이 확인된 것이지요.

이 제도에 대해 공무원 노조는 강력히 반대했습니다. 저는 노조의 반대 때문이 아니라 이 제도를 시행했던 해외 사례를 조금만 확인해보았다면 정부와 공공노조 간에 불필요한 갈등을 만들 필요가 없었을 텐데 하는 아쉬움을 가지게 됩니다.

그 밖에도 교육이나 복지 등 여러 영역의 숙제가 많습니다. 이 과제들에 대해서는 다음 장에서 제 생각을 말씀드리겠습니다.

교육 문제는
교육만으로 풀 수 없다

교육이란 사전적으로는 "사회생활에 필요한 지식이나 기술 및 바람직한 인성과 체력을 갖도록 가르치는 조직적이고 체계적인 활동"을 말합니다. 한마디로 지덕체(智德體)를 키우는 활동이죠.

요즘은 평생학습 시대라 광의의 교육은 전 세대가 받는 교육을 포함합니다. 그러나 일반적으로 교육이라 하면 '학령기 교육'을 뜻합니다. 대한민국의 학부모는 모두 교육 전문가라고 합니다. 자녀 교육에 대해 그만큼 관심과 열정이 많다는 의미입니다. 그러다 보니 교육제도의 변경이 예고되면 모두들 자신이 처한 입장과 견해에 따라 매우 예민하게 반응하곤 합니다.

한편, 교육 전문가들은 관련 선진국이라 할 수 있는 핀란드, 독일, 덴마크, 미국 등에서 실시하고 있는 교육제도에 대해 나름의 논거를 가지고 한국에 이식하기 위한 여러 의견들을 제시하곤 합니다. 모두들 교육 전문가라고 하지만 해외의 학제나 대학입시 제도까지 얘기하기 시작하면 그때부터는 정답이 없는 논쟁으로 그치는 경우도 많습니다. 각 나라별로 교육 관련 전통과 역사가 다르고 또한 교육이 독립된 학문 분야가 아니라 그 나라의 경제, 사회제도와 맞물려 있기 때문에 전체를 꿰뚫으면서 논쟁하기란 쉽지 않기 때문입니다.

또 대통령선거가 있으면 어김없이 '교육 대통령이 되겠다', '교육 대개혁 위원회를 만들겠다', '학제를 바꾸겠다' 등의 공약이 쏟아집니다. 그렇지만 무언가 속 시원하게 국민의 공감대가 형성되는 대안은 잘 나오지 않고 있습니다. 왜 그럴까요?

저는 교육 내에서만 교육 문제를 풀려고 하기 때문이라고 생각합니다. 교육을 한국전쟁 막바지에 치러진 '백마고지 전투'에 비유해 설명해보겠습니다. 백마고지를 최종 점령하는 것은 육군 보병입니다. 그렇지만 이를 위해서는 공군의 지원도, 포병부대의 엄호도 있어야 합니다. 무엇보다 총사령관이 전쟁 상황판 전체를 보면서 각 부대의 역할을 효율적으로 분담·조정해줘야만 희생을 최소화하면서 고지를 점령할 수 있습니다. 고지를 점령하지 못하는 이유를 육군 보병에게서만 찾아서는 안 된다는 의미입니다.

그렇다면 백마고지 전투의 최종 승리를 위해 총사령관은 어떻게 해야 할까요? 우선 전쟁 상황 전체를 봐야 합니다. 이와 관련하여 참고할 만한 사례를 몇 년 전 '오마이뉴스' 오연호 대표가 쓴 책《우리도

행복할 수 있을까》에서 찾을 수 있습니다.

오 대표는 이 책에서 '세계에서 가장 행복한 나라' 덴마크 시민들의 생활과 학생들의 교육에 대해 소개합니다. 취지는 우리도 이렇게 행복하게 살아보자는 것이지요.

이 책에는 덴마크의 행복한 일터에 대한 취재

기가 많이 나옵니다. 자신의 일을 좋아하는 나이 든 웨이터, 철학자스러운 택시기사, 중소기업에 근무하는 노동자, 세계적 기업이 된 레고에서 일하는 직원 등 오 대표가 인터뷰한 여러 분야에서 일하고 있는 사람들은 '나는 일터에서 행복하다'고 말합니다.

그리고 이 책은 삶의 주인으로 자라는 덴마크 학생들에 대해서도 소개합니다. 덴마크 학제에는 한국의 초·중등과정을 합한 것과 같은 9년제 공립학교나 프리스쿨이 있습니다. 이후 고등학교를 가기 전에 10학년에 해당하는 '애프터 스쿨'에 1년간 기숙하며 자신에게 맞는 진로를 고민합니다. 이후 자신의 적성을 고려하여 다양한 고등학교에 진학하고 그 이후에도 '평민대학' 과정을 통해 자신이 진짜 하고 싶은 일이 무엇인지 탐색할 수 있습니다. 이와 같은 덴마크 교육제도를 통칭하여 '자유교육'이라 합니다.

덴마크는 이 자유교육을 통해 학생들이 어떤 인생을 살 것인가를 학생 스스로 찾도록 가르친다고 합니다. 학생들은 충분한 시간을 가지고 인생을 자유롭고 즐겁게 사는 법을 학교에서 배웁니다. 덴마크 교육의 기본 전제는 학생들은 매우 다양하며 그들을 다 포용해야 한다는 것입니다. 학생들이 교사의 애정을 골고루 나눠 받을 수 있게 하고, 학생 개개인이 자부심을 갖도록 하며, 여유를 가지고 진로를 선택하게 도와주고, 주인의식과 평등의식을 갖게 만드는 학교가 바로 덴마크 행복의 출발점이라는 것이죠.

오연호 대표의 말에 따르면 덴마크가 행복한 이유는 학교를 비롯한 일터와 사회 전반에 자유, 안정, 평등, 신뢰, 이웃, 환경이라는 6가지 가치가 일관되게 흐르기 때문이라고 합니다.

다시 말하면, 덴마크에서는 교육과 일자리, 사회문화가 한 덩어리로 움직이기 때문에 사교육이 없어도, 시험이 많지 않아도, 우리처럼 머리 싸매고 입시경쟁을 치르지 않아도 자기가 배우고 싶은 것, 자기가 하고 싶은 것을 하면서 '인생을 어떻게 살 것인가'를 스스로 설계할 수 있다는 것입니다. 참 부러운 이야기이지요.

한 번 더 생각해볼까요. 이번에는 독일입니다. 최근 독일의 교육제도도 주목받기 시작했습니다. 독일이 세계 최고의 산업 경쟁력을 갖는 이유를 교육제도에서 찾아보려는 것이지요. 독일은 주마다 교육제도가 다릅니다. 베를린이 속해 있는 주는 초등학교가 6학년까지로 되어 있는데 일반적으로는 아래 도표와 유사합니다.

독일은 초등학교인 구룬트슐레(Grundschule) 과정을 마치면 교사의 의견을 반영하여 대학에 갈 학생들은 인문계 중등학교인 김나지움(Gymnasium)으로 진학하고, 직업을 갖고자 하는 학생은 레알슐레(Realschule) 등으로 진학하며, 공부와 직업교육을 종합적으로 받고자 하는 학생은 게삼트슐레(Gesamtschule)로 진학합니다.

우리나라로 치면 초등학교 4학년을 마친 시점에 독일 학생들은 자

독일의 일반적인 고등학교까지의 학제

인문계 중등학교 Gymnasium (5–13학년)	종합학교 Gesamtschule (5–13학년)	직업전문학교 Fachoberschule(11–12학년)	
		직업학교 Hauptschule (5–9학년)	실업학교 Realschule (5–10학년)
초등학교 Grundschule(1–4학년)			
유치원 Kindergarten(3–6세)			

신의 진로를 선택합니다. 인문계 중등학교인 김나지움으로 진학하는 인원은 약 1/3이고, 2/3는 다른 학교를 선택하는데 학부모와 학생들의 불만이 거의 없답니다. 왜 그럴까요?

이러한 선택이 가능한 것은 굳이 대학을 가지 않고 직업학교를 졸업하더라도 사회 경제적으로 차별이 거의 없기 때문입니다. 또, 직업학교를 선택하더라도 나중에라도 언제든지 경로를 달리할 수 있고, 대학에 갈 수 있는 길이 열려 있기 때문이기도 합니다.

한국 상황으로 돌아오겠습니다. 만약 우리나라 학생들에게 독일 학제와 같은 상황에서 선택하라고 하면 어떻게 할까요? 대부분 인문계 중등학교로 진학한다고 하겠지요.

저는 1983년에 대학에 입학했습니다. 그 무렵 대학 진학률은 대략 30%대였습니다. 당시에는 상고를 나오거나 공고를 나와도 정규직으로 취직이 잘되었고, 사회적 차별도 크지 않았습니다. 굳이 대학에 갈 이유가 많지 않았지요.

그런데 1996년에 그간 대학 설립을 엄격하게 제한했던 정책과 달리 일정한 요건만 갖추면 대학 허가를 내주는 소위 '대학 설립 준칙주의'가 시행되면서 대학의 수가 대폭 늘어납니다. 동시에 외환위기가 닥치면서 다수의 일자리가 비정규직으로 바뀌는 등 고용불안 시대로 접어듭니다. 이런 상황에서 국민들의 선택은 당연합니다. 자기 자식만큼은 좋은 대학에 보내서 고용불안에 시달리지 않게 해야겠다고 생각했겠지요. 직업이 안정되고 보수가 높은 자리는 한정되어 있고, 이런 일자리로 가려는 공급이 많다 보니 압력과 경쟁이 심해졌습니다. 당연히 자신의 적성과 하고 싶은 일은 뒷전으로 밀립니다. 수능점수가 자신의 진로를 결정하는 불행한 선택이 계속되었지요. 이런 상황을 겪고 있는 한국의 학부모와 학생들은 오히려 독일의 상황이 더 이해되지 않을 수도 있습니다.

그렇다면 어디서부터 문제를 풀어야 할까요? 백마고지를 점령하려면 육군 보병의 체력을 키우는 가운데, 공군과 포병의 협업 전략을 잘 짜야 합니다. 만약 우리가 덴마크처럼 행복한 교육을 실현하고자 한다면 우리의 경제와 일자리도 행복하게 만들어주어야 합니다.

우리 격언에 '직업에 귀천이 없다'는 말이 있습니다. 그러나 현실에서는 엄연히 귀천이 있는 것처럼 보입니다. 우리가 학생들을 정말로 행복하게 키우고자 한다면 직업에 귀천이 없다는 격언이 현실이 되도록 세상을 변화시켜야 합니다.

저의 직업관은 '만인은 만인의 서비스업'이어야 한다는 것입니다. 가이아 이론에 따라 지구 전체가 하나의 유기체이듯, 사람들의 생활도 하나의 유기체입니다. 사람의 병을 고치는 의사도 필요하지만, 길거리의 낙엽이나 쓰레기를 치우는 청소부도 꼭 필요합니다. 누군가의 죄를 판별하는 판사도 필요하지만, 우리가 사는 집을 짓는 건설업 노동자도 무척 소중한 존재이지요. 이 관점에서 보면 아파트의 경비원도, 택배 배달부도, 중소기업의 노동자도, 골목길 슈퍼마켓의 사장님도 직업이 안정된 공무원 이상으로 중요한 직업입니다. 우리는 모두 서로에게 없어서는 안 되는 만인의 서비스업 종사자이자 소중한 존재이기 때문입니다. 또 이처럼 모두가 다 꼭 필요한 서비스업이라면 당연히 임금의 격차도 크지 않아야 하고, 노후연금도 마찬가지여야 하겠지요.

최근 경제영역에서는 소득 주도 성장이라는 이름으로 비정규직의 정규직화와 최저임금 1만 원 시대를 여는 등의 여러 과제가 진행 중입니다. 이 과제는 얼핏 교육과는 관련이 없어 보이고 제도 시행에 따른 사회적 반발도 만만치 않습니다.

그렇지만 학생들이 학령기 교육을 마치고 어떤 일에 종사하든 최소한의 인간적 대우를 받고 자신이 좋아하는 일이자 '만인의 서비스업'을 보람 있게 하기 위해서는 사회 경제적 격차를 줄이는 일이 반드시 필요합니다. 따라서 저는 비정규직을 줄이고 최저임금을 높이는 일이야말로 한국 교육 변화의 토대를 닦는 중요한 과제라고 생각합니다.

이렇게 사회 경제적 격차를 줄이는 것을 전제하여 교육 내부의 문제로 돌아오면, 해결해야 할 문제가 산적합니다. 문제가 복잡할수록 교육의 본령으로 돌아갈 필요가 있습니다.

교육이란 무엇인가? 교육은 오늘날 인류가 찬란한 문명을 가지게 된 핵심적 도구입니다. 인류는 다른 생물과는 달리 언어와 문자를 가지고 수많은 지적·물리적 자산을 축적할 수 있게 되었습니다. 다음 세대는 그 이전에 전 인류가 수많은 성공과 실패를 거듭하면서 연구하고 실험하고 적용하면서 쌓은 누적된 문명의 자산을 물려받게 됩니다. 그 물려받는 총체적 행위가 바로 교육이라 할 수 있습니다.

학생들은 학령기 교육을 통해서 내가 사는 마을, 내 민족과 나라, 지구촌, 태양계와 우주로 인식을 확장하는 한편으로 우주의 탄생부터 현생 인류에 이르기까지의 과정과 인류의 문명사를 학습하면서 내가 얼마나 기적과 같은 존재인지를 배우게 됩니다. 그야말로 나의 존재의 이유를 학습하게 되는 것입니다. 이런 가운데 나는 장차 사회에 나가서 어느 방면에서 또 인류 문명사에 기여할지에 대해서 고민하고 그

별과 우주(천문학)

지구(지질학)

물, 생명이
진화한 곳
(화학/생물학)

도시, 교회, 문명
(인류학/역사학)

전등불빛=근대성
(과학/테크놀러지)

우주 속에서 우리의 위치를 이해하려고
노력하는 여러분과 나

스크린샷(YouTube)

반 고흐의 그림으로 이해하는 빅 히스토리. '론강 위의 별이 빛나는 밤에', 반 고흐.

와 관련된 전문지식과 행동양식을 준비하게 되는 것이죠.

그런데 문제는 우리의 학문이 분업화가 되다 보니 이런 전 과정을 종합적으로 가르치거나 이해하기가 쉽지 않다는 점입니다.

위의 그림은 반 고흐가 그린 작품 '론강의 별이 빛나는 밤'으로, 프랑스 파리 오르세 미술관에 걸려 있지요. 이 그림 속에는 네모로 표시한 것처럼 천문학, 인류학, 과학기술, 화학, 생물학, 지질학, 그리고 인류학과 같은 다양한 학문 분야가 다 표현되어 있습니다. 이 그림에서 다양한 요소를 찾아내어 표현한 사람은 '빅 히스토리'를 창안한 데이비스 크리스천 교수입니다.

빅 히스토리. 이는 제가 〈글머리〉에서 말한 것처럼 우주의 시작인 빅뱅부터 현재의 나에 이르기까지 전 과정을 이해하는 학문 분야입니다. 그 안에서는 반 고흐의 그림처럼 천문우주학, 물리학, 화학, 지구과학, 수학, 생물학, 의학, 고고학, 지리학, 철학, 역사학, 문화 인류학 등 모든 학문이 서로 어떻게 만들어지고 융합되는지를 알 수 있습니다.

저는 우리 학생들이 빅 히스토리를 학령기 동안 다양한 방법으로 배울 필요가 있다고 생각합니다. 그것이 영어 문장이나 수학 공식을 외우는 것보다 훨씬 중요하니까요.

그리고 학생들이 아래 그림처럼 빅 히스토리를 배우면서 개인적인 것부터 우주적인 것까지 다양한 크기의 사고 훈련을 하면 좋겠습니다. 현재 세계적으로 빅 히스토리를 가장 열심히 학생들에게 가르치고 있는 사람이 다름 아닌 마이크로 소프트의 설립자 빌 게이츠입니다.

그는 여러 학문을 부분적으로 알고 있었지만, 빅 히스토리처럼 모든 학문을 시계열적, 종합적으로 이해할 수는 없었다면서 자신이 학령기에 배우지 못한 빅 히스토리를 현재의 미국 학생들은 배울 수 있도록 적극적으로 지원하고 있습니다. 우리 학생들이 학령기 과정에서 통섭적·융합적 사고력을 키우도록 하는 것, 우리도 못할 바 없겠지요.

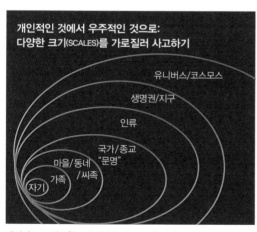

데이비드 크리스천 교수의 '빅 히스토리' 강연 중에서

교육의 본령에 해당하는 분야 이외에도 교수방식과 승진제도 등 해결해야 할 숙제가 많습니다.

만약 우리 교육이 앞서 언급한 바와 같이 어떤 직종에 종사하든 사회적 격차가 크지 않도록 교육의 본령에 가까운 교육을 하게 된다면, 지금처럼 수능 점수 1점에 목맬 필요가 없어집니다. 특히 중학교부터 시행되는 '학년별 평가제도'를 유지할 필요가 없습니다. 과목별로 중간고사와 기말고사에 똑같은 시험문제로 1등부터 꼴찌까지를 한 줄로 세우는 방식. 이 방식은 소수의 성공자와 다수의 실패자를 낳습니다. 또 지금처럼 한 과목에 여러 선생님이 있다면 굳이 잘 가르칠 이유가 없어집니다. 그저 교사용 참고서에 기초하여 소위 '진도만 빼면' 되기 때문입니다. 무엇보다 학생들의 자유의지와 창의력이 점수 경쟁으로 전환되면서 학령기에 쌓아야 할 협동심을 무력화시키게 됩니다.

최근 교육부는 2022년부터 고교학점제도를 시행하겠다고 발표했습니다. 고교 전 과정에서 대학교처럼 학생들의 수요에 따라 수강과목을 선택하고 학년의 구분 없이 자유롭게 과목을 수강할 수 있도록 하겠다는 것입니다. 이렇게 되면 당연히 교사별 평가가 적용되겠지요.

학교의 내신은 절대평가로 바뀌게 되고, 졸업도 출석일수 기준이 아니라 학점이수에 따라 결정된다고 합니다. 아직 우리에게 익숙하지 않은 방법이지만 시범실시 기간 동안 시행착오를 최소화하면서 잘 정착되면 좋을 것 같습니다. 그러나 고교학점제도 시행도 결국 사회 경제적 격차가 줄어들지 않으면 성공하지 못할 가능성이 있습니다. 따라서 교육 문제를 풀고 싶은 사람일수록 사회 경제적 격차 해소에 목소리를 높일 필요가 있습니다.

교사의 승진제도도 변화가 필요합니다. 최근 교육부는 평교사가 교장 공모 방식을 통해 교장이 되는 교장 공모제를 확대하려고 하자 교총에서 크게 반발하고 있습니다. 저도 단체장으로서 구청 공무원의 인

학점제형 학사제도 운영 체계(최종 완성 모형)

※동 모형은 학점제 최종 완성 시의 체계로, 성취평가제 적용 등은 연구·검토를 거쳐 시기·방안 등 결정, 미이수(F)·재이수제 등은 제도 안착 후 적용하는 방향으로 검토

(나무타임즈)

사가 조직의 발전과 사기에 미치는 영향을 면밀히 살펴봤습니다. 어떤 조직이든 인사가 만사입니다. 특히 인사는 예측 가능해야 하고 공평무사해야 합니다. 그러면서도 능력과 연공서열 등을 적절하게 안배할 필요가 있습니다. 그런 측면에서 평교사가 일정한 규모로 교장 공모에 참여할 수 있게 하는 것은 교육리더십 형성의 다양성을 위해서도 필요하다고 판단됩니다.

더 근본적으로 보면 지방분권의 취지를 고려하여 고교 이하의 학사 방식과 인사 방식은 제도의 설계부터 운영까지 전적으로 지방에 맡길 필요가 있습니다. 현재 유럽과 미국 등 많은 선진국들은 각 주 단위에서 자율권을 갖고 교육제도를 운영하고 있습니다. 한국의 경우에도 교육 분야에서 좀 더 과감한 지방분권이 필요한 때입니다.

사람의 가치를 존중하는
노원의 사례

저는 잠자리에 들었다가 가끔 잠이 오지 않으면
시간 여행을 하는 습관이 있습니다.
머릿속으로 상상의 여행을 떠나 보는 것이죠.
우주의 시작부터 말입니다.
138억 년 전 빅뱅이 있고,
3억 년 후 별이 탄생하고 원소가 만들어집니다.
10억 년 후에는 은하들이 만들어지기 시작하죠.
우리 은하도 그중 하나입니다.
46억 전 태양계와 지구가 만들어집니다.
38억 년 전에는 처음으로 생명이 탄생하지요.
15억 년 전에는 암수가 나누어집니다.
5억 년 전 생명이 폭발적으로 늘어나기 시작하고
6,500만 년 전 공룡이 멸종하고
700만 년 전 유인원에서 인류가 나누어지고
20만 년 전 현생 인류가 탄생합니다.

긴 시간 여행을 하다 보면

하나의 생명은

하나의 우주 같다는 생각을 지울 수 없습니다.

한 사람 한 사람이 모두 기적과 같은 생명체이지요.

저는 구청장직을 맡는 동안

기적 같은 사람의 생명을 소중히 하고

사람의 가치를 높이는 일을 해왔습니다.

여기에 그 기록의 일부를 남깁니다.

🌱 생명은 우주와 같습니다 – 생명존중 자살예방 사업

생명존중은 인류 사회의 가장 보편적이고 기본적인 가치입니다. 그 럼에도 불구하고 우리 사회는 외환위기 이후 신자유주의 물결에 휩쓸리면서 극단적인 경쟁과 물질 만능주의 사회로 변해버렸습니다. 그 결과 자살률이 급증하고 생명을 경시하는 풍조가 확산되었지요.

제가 구청장이 된 2010년 노원의 모습도 다르지 않았습니다. 2009년 기준 노원의 자살자는 이틀에 한 명꼴로 서울에서 가장 많았습니다. 노원구는 아파트가 전체 주택 중 82%를 차지해서 외관만 보면 저소득층이 사는 모습이 잘 보이지 않습니다. 그렇지만 1987년경 노원에 대규모 택지 개발이 진행되면서 대규모 임대아파트를 서울에서 가장 많이 짓게 되었습니다. 그 결과 국민기초수급권자와 장애인이 가장 많이 사는 동네가 되었고, 자살 취약계층이 많을 수밖에 없는 조건이 되었지요.

구 분	OECD	우리나라	서울시	노원구	비 고
자살률	11.2명	31.0명	26.1명	**29.3명**	자살률 7위
자살자 수	·	15,413명	2,662명	**180명**	자살자 수 1위 (서울시 25개구 중)

(통계청, 2009)

그 무렵 우리나라 자살률은 높아만 갔고, 자살을 개인의 선택 문제로만 접근하다 보니 정부 차원에서도 대책을 만들지 못했습니다. 노원구는 '한 생명은 한 우주와 같으니 한 생명이라도 살려보자'라는 마음으로 전국에서 처음으로 생명존중 및 자살예방사업을 추진하게 되었습니다.

목표는 거창했습니다. 2018년까지 OECD 평균인 인구 10만 명당 12명 수준까지 낮춰보고자 했습니다. 조례를 만들고, 경찰서, 소방서, 대학병원 등과 MOU를 체결하고, 통장들을 복지도우미로 전환하고, 종교계의 도움을 받아 동별 이웃사랑봉사단도 구성하여 활동하는 등 여러 사업을 추진했습니다. 특히 아래 도표처럼 자살 시도자, 자살 유가족, 우울증 치료 주민, 취약계층, 독거노인에 대한 예방적 지원에 집중했지요.

자살예방사업 주요 대상자별 주요 사업 개요

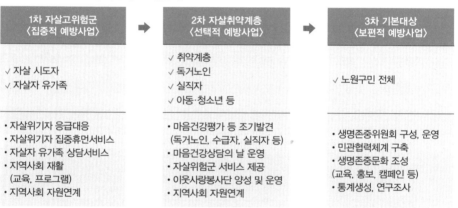

사업 초기 두 해의 성과는 좋았습니다. 700여 명의 통장들이 복지도우미로 변신하여 혼자 사는 어르신들을 주기적으로 방문했더니 곧바로 효과가 나타난 것으로 보입니다. 그 무렵 박원순 시장님이 보궐로 당선되어 노원의 자살예방사업을 서울시 전역으로 확산시켰습니

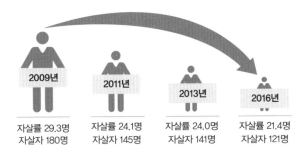

2009년	2011년	2013년	2016년
자살률 29.3명 자살자 180명	자살률 24.1명 자살자 145명	자살률 24.0명 자살자 141명	자살률 21.4명 자살자 121명

다. 그 결과 서울 전체의 자살률이 감소하기 시작했지요. 다른 자치단체에서도 노원구의 사례에 주목했고, 결과적으로 인구 10만 명당 32명까지 치솟았던 우리나라 자살률이 줄어들기 시작했습니다.

그 후로 약간의 등락이 있었고, 가장 최근 통계인 2016년 자살률은 21.4명까지 낮아졌습니다. 2009년과 비교하면 통계상 연간 약 60여 명의 생명을 구한 것이니 적지 않은 성과로 보입니다. 그렇지만 당초 목표했던 것에 비하면 아직 가야 할 길이 멀지요.

노원구의 영향이 어디까지 미쳤는지는 정확히 알 수 없습니다. 그렇지만 중앙정부도 엄두를 내지 못했던 문제에 처음 도전했고 성과를 내면서 많은 자치단체에게 할 수 있다는 용기를 주었다는 점에서 의미가 있다고 하겠습니다.

사실 자살예방사업은 지방정부의 힘만으로는 한계가 큽니다. 예컨대 송파 세 모녀 자살과 같은 경우에는 근본적으로 중앙정부의 복지제도가 강화되는 것과 궤를 같이해야 효과가 크다고 하겠지요. 최근 문재인 대통령은 수석보좌관 회의에서 노원구의 사례를 들어 정부 차원의 자살예방대책을 수립해보라고 지시했다고 합니다. 이제 중앙정부 차원의 보편적 복지제도가 강화되고, 지방정부에서는 자살 취약계층에 밀착하여 복지서비스를 제공한다면 우리 사회의 가장 부끄러운 기록인 자살률도 조만간 OECD 평균 수준까지 낮아지겠지요.

석간 내일신문

2017년 10월 25일
06면 (지역)

노원구 "한해 자살주민 60명 줄었어요"

2009년 180명 → 2016년 121명으로 줄어
주민 봉사조직 '이웃사랑봉사단' 역할 톡톡
심화교육 받고 동주민센터서 심리상담까지

서울 노원구 상계동에 사는 박 모(87) 할머니. 건강이 나빠지면서 우울증이 심해졌고 자살 시도까지 했던 할머니가 최근에는 이웃 전화와 방문을 기다리는 쪽으로 바뀌었다. 가까운 월계1동에 사는 김 모(80) 할아버지도 우울증으로 집 밖을 나서지 않았는데 요즘에는 이웃을 만나기 위해 동주민센터까지 외출을 한다.

노원구가 한해 180명이던 자살 사망자를 121명까지 줄였다. 지자체 가운데 처음으로 생명존중조례를 만들고 보건소와 정신보건센터에 생명존중팀과 자살예방팀을 구성해 선제적으로 대응, 7년만에 맺은 결실이다. 노원구는 무엇보다 봉·반장과 자원봉사자 종교인 등으로 구성된 이웃사랑봉사단이 역할을 한 것으로 평가하고 있다.

중앙정부에서도 외면하던 자살예방대책에 '무모하게' 도전장을 내민 건 2010년 민선 5기 시작과 함께였다. 그도 그럴 것이 2009년 노원구에서 스스로 목숨을 끊은 주민이 180명에 달했다. 임대주택이 몰려있고 기초생활수급자나 장애인 노인 인구 비중이 큰 지역환경 영향인지 서울시 자치구 가운데 자살자가 가장 많았다. 인구 10만명을 기준으로 하는 자살률은 29.3명으로 전국 평균 31명보다는 적지만 서울시 평균 26.1명보다는 많았다.

자살 원인을 분석, 대응책을 찾았다. 전체 자살자 가운데 28%가 노인인데 그중 82.8%가 신병비관과 생계관련을 이유로 목숨을 끊는다는 결과가 나왔다. 직접적 요인에 더해 소외감이나 삶의 목표를 상실하는 등 사회적 요인도 크게 영향을 미친다고 분석, 단순한 자살률 감소보다 '생명존중'과 삶을 위한 공동체 회복에 목표를 두었다.

생명존중조례 생명존중된 자살방법 등 법적인 근거와 함께 행정 조직을 마련했다. 지역 내 종합병원과 경찰서 종교기관 등 24개 기관과 함께 위기대응 체계를 구축했다. 특히 자살률이 높은 노년층에 주목, 우울증세와 자살위험성을 평가하는 마음건강가를 진행해 자살위험군을 찾았다. 혼자 사는 노인을 포함해 기초생활수급자나 실직자 등 14만명이 우선 대상이 됐다.

자살위기에 처한 주민을 위해 이웃이 나섰다. 봉반장과 자원봉사자 등으로 구성된 1133명의 이웃사랑봉사단은 자살시도자나 자살자 가족 등 고위험군에 대한 지원, 청소년 자살 예방을 위한 '생명사랑 치유학교', 임대아파트 경비원과 직원을 '생명지킴이'로 만드는 교육 노인층 우울감을 감소시키는데 주력하고 있다. 최근에는 중장년층 자살이 늘어난다고 판단, 혼자 사는 50대 남성에 대한 전수조사에 이어 '50+ 싱글남 지원 전담반'을 구성해 맞춤형 지원을 추진 중이다.

꾸준한 노력 덕분에 지난해 노원구 자살자 수는 121명으로 한해 전 146명보다 25명이나 줄었다. 인구 10만명당 자살률도 같은 기간 25.5명에서 21.4명으로 감소했다. 전국 평균 25.6명, 서울시 평균 23명을 밑도는 수치다. 생명존중사업을 시작하기 전인 2009년과 비교하면 자살률이 이런 결과에 힘입어 2020년까지 자살률을 OECD 평균 수준인 12.0명까지 감소시킨다는 새로운 목표를 세웠다. 김성환 구청장은 "생명은 우리 주민들 귀하게는 심장으로 자살예방 사업을 지속 추진하겠다"고 덧붙였다.

김진명 기자 jmkim@naeil.com

서울 노원구가 꾸준한 노력 끝에 주민 자살률을 대폭 줄여 눈길을 끈다. 자살위기에 처한 주민을 찾아내 정신건강상담을 연계하는 교육을 받은 임대아파트 경비원과 직원 등이 생명존중사업 참여의지를 다지고 있다. 사진 노원구 제공

🔰 아름다운 인생여행 교실–웰 다잉(Well Dying)

'자살'을 뒤집으면 '살자'입니다. 노원에서는 봄, 여름, 가을에 한 번씩 1년에 3회, '잘 죽는 연습'을 하는 아름다운 인생여행 교실을 엽니다. 죽는 연습을 잘하면 남은 삶이 훨씬 아름다워진다고 합니다. 그리하여 이름도 웰 다잉(Well Dying) 사업입니다.

진시황제가 불로초를 찾아 헤맸던 것처럼 사람들은 예로부터 오래 살고 싶은 바람이 있습니다. 그러나 만약 죽음이 없는 세상이 온다면 죽음보다 더 잔혹할지 모릅니다. 우리가 죽는다고 완전히 사라지는 것도 아닙니다.

우리는 인간답게 살 수 있도록 오랜 기간 상상할 수 없을 정도로 정교하게 다듬어진 유전자(DNA)를 부모로부터 물려받았습니다. 그리고 우리 또한 자신이 사랑하는 사람과 함께 약간의 손때를 묻혀 그 정교한 유전자를 자식들에게 물려줍니다. 만약 생전에 이 과정을 거쳤다면 그는 생물학적으로 살아 있는 것입니다.

또한 나와 함께 살았던 가족, 이웃, 마을, 국가를 위해 열심히 살았

노원구청 심폐소생술 상설교육장에서 훈련하는 주민과 아이들

다면 죽더라도 그 사회에 삶의 흔적이 켜켜이 누적되면서 살아 있게 됩니다. 그리고 우리의 정신세계는 또 어디론가 가서 살게 되겠지요.

고령사회가 되어 가면서 건강 수명에 대한 욕구와 함께 인간다운 죽음에 대한 관심도 늘어나고 있습니다. 이에 노원구는 웰 다잉 교실을 통해 노년기의 삶을 재조명하며 인생의 마지막을 품격 있게 마무리할 수 있도록 지원하는 일을 줄곧 해오고 있습니다.

벌써 29기까지 연인원 4,000명 이상이 이 인생여행 교실을 다녀갔지요. 구청 소강당에서 5주간 실시하는데 180석 좌석이 매번 만석입니다. 그만큼 관심이 많다는 증거겠지요. 교육과정은 대체로 아래의 예시처럼 운영하고 있습니다.

이 일은 삼육대학교 강경아 교수님이 늘 한결같이 맡아서 진행해주십니다. 인생여행 교실 말미에 가곡 교실도 열어주시고요. 감사합니다.

인생의 황혼기에 아름다운 노래와 함께 자신의 인생길을 되돌아보며 죽음을 준비하는 노원구. 참 품격 있지요.

인생여행 교실 교육과정(예시)

회차	주제	내용
1주	호스피스 완화 의료의 이해	말기질환과 호스피스 완화 의료
2주	임종과정과 상실	임종과정과 돌봄 / 영화상영 후 영화소감문 및 버킷리스트 작성
3주	자기결정권과 사전연명의료의향서	사전연명의료의향서 작성 및 국내 관리체계
4주	생명과 사랑	사랑받는 의사 소통법 / 아름다운 인생
5주	의미 있는 삶	삶의 의미와 행복 / '행복했던 내 삶의 연대기' 작성

🔰 생명을 살리는 교육–심폐소생술 상설 교육장

우리나라 사망순위 중 세 번째가 심장마비입니다. 참고로 첫 번째는 암이고, 두 번째는 뇌혈관 질환, 네 번째는 자살입니다. 2012년 기준으로 심정지 사망자는 모두 2만 7,823명으로, 사망자가 갈수록 늘고 있다는 점에서 우려스럽습니다.

심정지 환자가 발생하면 대개 119에 신고하는데, 문제는 구급대의 현장 도착시간입니다. 전국 평균이 10분, 서울시 평균이 6.8분으로 뇌 손상 없이 살릴 수 있는 골든타임인 4분 이내 도착하는 것이 사실상 불가능합니다. 따라서 현장에 있는 목격자와 가까운 이웃이 119에 신고하는 것과 동시에 현장에서 심폐소생술을 실시하는 것이 매우 중요합니다.

'연습은 실전처럼, 실전은 연습처럼 하라'는 말이 있지요. 심정지 환자가 발생하면 당연히 소생술을 실시해야 하는데, 평소에 연습해두지

시간대별 심정지 환자 생존율 변화 추이

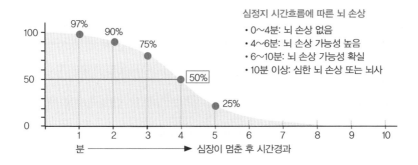

심정지 시간흐름에 따른 뇌 손상
• 0~4분: 뇌 손상 없음
• 4~6분: 뇌 손상 가능성 높음
• 6~10분: 뇌 손상 가능성 확실
• 10분 이상: 심한 뇌 손상 또는 뇌사

노원구청 심폐소생술 상설교육장에서 훈련하는 주민과 아이들

않으면 막상 환자가 발생했을 때 당황해서 잘되지 않는다고 합니다.

이런 문제를 해결하기 위해 노원구는 2012년 자치단체 중 처음으로 심폐소생술 상설 교육장을 만들어 평일에는 3회(10시, 14시, 16시), 매주 토요일 1회(10시), 2·4주 수요일 저녁(19시)에 교육을 하고 있습니다.

현재 5년째 운영하고 있는데, 매년 3만 명이 넘는 구민과 학생들이 자발적으로 참여하여 2017년 말까지 모두 18만 3,643명이 실전 대비 연습을 했답니다.

통계를 보면 교육하기 전 2012년 생존율이 5.6%였는데, 2016년 기준 11.4%로 높아져 연간 약 20여 명이 추가로 생명을 지킬 수 있었습니다.

노원에서 이런 성과가 쌓이자 세계 최고의 기술력을 가지고 있는 노르웨이 래어달메디컬리서치에서 첨단 교육장비를 무료로 설치해주기도 했고, 전국의 많은 자치단체에서 노원구 모델을 본받아 이와 같은 교육장을 만들었습니다. 그동안 소방서에서만 간헐적으로 실시했던 교육이 전국으로 확산되자 전국적인 생존율도 높아지게 되었지요. 실제로 교육장에서 연습한 후 사람을 살린 사례도 상당히 많습니다.

노원에서는 심정지 환자 발생 시 서울 소방과 CPR 등록 자원봉사자에게 동시에 문자가 발송되는 시스템을 운영하고 있습니다. 이와 같은 방법으로 생명을 살린 사례도 늘고 있습니다.

남은 숙제 중의 하나는 경찰과 소방의 벽을 허무는 일입니다. 앞서 말한 대로 심정지 환자 신고 시 119의 평균 도착시간은 서울의 경우 평균 6.8분입니다. 그런데 만약 그 근처에 112 순찰차가 있다면 생명을 구할 확률이 훨씬 높아지겠지요. 부처 간에 칸막이를 허물고 작은 혁신으로 사람을 살릴 수 있다면 그보다 큰 혁신은 또 없겠지요.

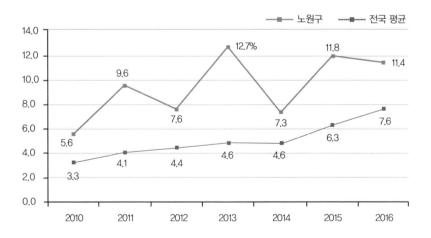

심정지 생존율(질병관리본부, %)

노원구 심폐소생술로 생명을 살린 사례

생존사례	생존내용
	노원구청 식당 내에서 80대 남성이 심정지 발생하여 심폐소생술 교육장 강사들이 살린 사례(2014.10.6)
	노원구청 직원으로 심폐소생술을 매년 이수하여 구민들을 살린 영웅들(2016.1.22)
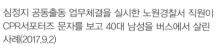	심정지 공동출동 업무체결을 실시한 노원경찰서 직원이 CPR서포터즈 문자를 보고 40대 남성을 버스에서 살린 사례(2017.9.2)
	노원구 심폐소생술 교육장에서 교육을 이수한 70대 남성이 새벽기도 중 쓰러진 50대 여성을 살린 사례 (2016.9.28)
	안전사업장 1호점인롯데백화점 노원점 안전관리자의 심폐소생술로 20대 남성을 살린 사례(2013.9)
	노원구 서비스공단이운영하는 당고개배드민턴장에서 심폐소생술과 자동심장충격기 사용으로 50대 남성을 살린 사례(2017.10.29)

⬡ 담뱃값 인상보다 효과적인 금연지원금–금연 도시 노원

한 개비에 70여 가지 발암물질이 들어 있다는 담배. 흡연이 건강에 해롭다는 사실은 누구나 잘 알고 있지만, 담배에는 준마약 성분이 들어 있어서 끊기가 쉽지 않습니다. 해가 바뀌면 이 습관과 결별을 결심하는 남성들이 많지만 작심삼일로 끝나는 경우도 많지요.

2013년 노원구는 남성 흡연율이 40.7%로 매우 높았습니다. 노원구는 자신의 건강은 물론 주위 사람에게도 악영향을 미치는 흡연 인구를 줄이기 위해 2014년부터 계획과 홍보를 시작합니다. 그리고 2015년 1월부터 동일로(의정부 시계부터 태릉역까지 8.3km) 전역을 금연 거리로 지정합니다. 확인해보지 않았지만 아마 우리나라에서 가장 긴 금연 거리일 것입니다. 참고로 이같이 금연 지역을 결정하는 것은 기초 자치단체장의 권한입니다.

노원구는 이와 동시에 금연 성공 주민에게 현금 20만 원과 10만 원 상당의 영화관람권이 포함된 문화상품권을 지원하는 사업을 시작합니다.

'금연 성공자에게 얼마를 주는 것이 효과적일까'에 대한 고민도 많

동일로 변 가로등과 보도에 설치된 금연 안내 표지판

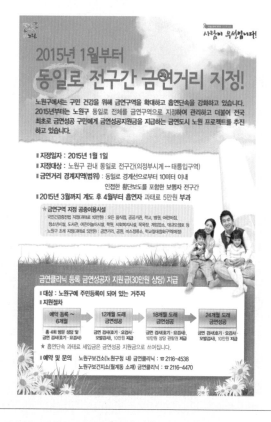

※ 금연클리닉 금연성공 지원금 지급: 2년간 1인당 30만 원 상당 지원
- 12개월 금연 성공자 : 10만 원 지급
- 18개월 금연 성공자 : 영화관람권 4매 등 10만 원 상당 관람권 지급
- 24개월 금연 성공자 : 10만 원 추가 지급

금연 성공 지원금 지급 현황

금연클리닉 등록 도래일	12개월	18개월	24개월
금연 성공 지원금 수령자 수	1,946명	1,587명	1,216명

있습니다. 너무 적으면 효과가 없고, 반대로 너무 많으면 금연자가 생계형으로 흡연을 하게 될지도 모른다는 우려가 있었기 때문입니다.

금연 성공자 1인당 30만 원 상당이 지원되는 이 사업은 일반예산이 들지 않도록 설계했습니다. 즉, 금연 거리나 공원 등에서 흡연하다가 적발되면 과태료 5만 원이 부과되는데, 이 과태료를 '노원구 금연환경 조성 특별회계'에 넣었다가 금연 성공자에게 지급한 것입니다.

왼쪽 페이지 아래 표의 2017년까지 금연 성공 지원금이 지급된 현황을 보면, 2년간 성공한 주민이 1,216명이니 적지 않은 수입니다. 이렇게 금연 성공자가 늘어나다 보니 통계상으로도 2016년 기준 남성 흡연율이 35.3%로 낮아지는 성과를 보였습니다.

노원구가 포지티브 금연정책을 펼칠 때, 당시 박근혜 정부는 네거티브 금연정책을 추진했습니다. 담뱃값을 평균 2,500원에서 4,500으로

2014년 07월 29일 (화)
정보없음

서울 노원구, 금연 성공하면 30만 원 지원금 지급

서울 노원구는 전국 최초로 금연에 성공한 구민에게 30만 원 상당의 지원금을 지급한다고 밝혔습니다.
노원구는 다음 달 1일부터 금연클리닉센터에 등록한 구민 중 1년간 금연에 성공하면 10만 원을, 1년 6개월간 성공하면 10만 원 상당의 노원문화예술회관 영화관 관람권을 줍니다.
또 2년간 금연에 성공하면 10만 원의 추가 지원금을 줍니다.
주민등록상 노원구민으로 등록돼 있는 주민이 금연클리닉센터 등록 후 금연 성공 판정을 받으면 생애 중 1번만 해당 지원금을 받습니다.
최재영 기자_stillyoung@sbs.co.kr

무려 2,000원이나 올린 것이죠. 당시 야당이나 국민들의 반발이 컸지만 담뱃값 인상이 가장 강력한 흡연율 감소 대책이라며 강행했습니다.

3년이 지난 지금 인상 당시 일시적으로 줄었던 담배 판매량이 다시 늘어났고, 애매한 서민들 호주머니만 털었다는 의견이 많습니다. 이솝 우화에 나오는 일화 중에서, 지나가는 나그네의 옷을 벗긴 것은 바람이 아니라 햇빛이었지요. 이 교훈을 되새겨볼 필요가 있을 것입니다.

아직 담배를 피우시는 분들은 지금이라도 노원구 보건소로 오세요!

2016년 10월 27일. 당시 문재인 대통령 후보는 노원구청 5층에 있는 노원구 치매지원센터를 방문하여 이곳을 이용하는 주민, 전문가, 그리고 센터 종사자들과 간담회를 개최합니다. 그리고 이곳에서 문재인 정부의 대표적 복지정책인 치매국가책임제를 약속합니다.

가는 날이 장날이라고 하필 저는 이날 같은 시간 대구에서 열린 전국 도서관대회에서 노원구 도서관 정책을 발표하기로 예정되어 있어서 간담회에 함께하지 못해 아쉬웠지요. 그래도 노원구의 시설이 전국에서 가장 모범적이라고 판단해 직접 찾아주신 것에 대해 자부심을 가지게 되었습니다.

문재인 대통령님이 치매에 남다른 관심을 가지고 있는 이유는 알려

문재인 대통령이 후보시절 노원구 치매지원센터를 방문하여 간담회 개최

진 바와 같이 장모님께서 치매를 앓고 계셨기 때문입니다. 현재 우리 나라 치매 어르신은 약 72여 만 명이고, 2024년에는 100만 명을 돌파할 것으로 예상됩니다. 그런데 대통령님 가족을 포함하여 가까운 가족 중에 치매를 앓고 있는 분들이 많이 있지만, 공공영역에서 치매를 조기에 검진하고 이를 지원하는 기관은 많지 않았습니다.

대통령님이 노원센터를 방문할 당시에 전국 보건소 중에는 47곳에만 치매지원센터가 있었지요. 2017년 6월, 문재인 정부가 출범하고 첫 추경에 치매지원센터를 205곳 증설하는 예산이 편성됩니다. 이제

경증 치매 어르신을 위한 기억키움학교 개소식과 열린 카페

는 전국 어디서든 공공영역에서 치매를 조기에 검진하고 치료를 지원하는 체계가 갖추어지게 되었습니다. 노원구가 치매국가책임제를 만드는 데 작으나마 보탬이 된 것이지요.

노원구 치매지원센터는 전국에서 가장 모범적인 시설답게 일반적 검진과 지원 이외에도 다양한 사업을 펼쳤습니다. 예를 들면, 2015년에 치매 어르신과 가족이 함께 통합 돌봄을 하는 두드림(Do-dream) 사업을 통해 치매 관리의 새로운 모델을 만들었습니다. 2016년에는 치매 기억나눔터인 '노새노세 치매 카페'를 개설해 치매 어르신과 가족의 새로운 쉼터를 제공하기도 했습니다. 또한 2017년에는 경증 치매 노인을 위한 기억키움 학교를 개소하여 진단뿐만 아니라 전문적 치료 기능도 보강하였습니다.

알려진 바와 같이 치매는 조기에 발견할 경우 완치도 가능하고, 그렇지 않더라도 지속적으로 관리와 지원을 하면 그 증상을 지연시킬 수 있는 질병입니다. 하지만 이 단계를 넘어서면 환자 본인이나 가족

서울신문 2013년 05월 23일 14면 (서울)

치매 예방하는 노원 새달까지 기억력 검진 서비스

"매월 한 번씩 건강을 체크해 주는 보건소는 내게 주치의나 다름없죠. 치매에 대해 검진을 아직 받아 보지는 못했지만. 치매로 어려움을 겪는 노인들을 볼 때마다 남의 일 같지 않고 가족들에게 피해를 주고 싶지 않아 오늘 처음으로 기억력 검진을 받았어요."

이덕출(79·노원구 월계동)씨는 22일 이렇게 말하며 활짝 웃었다. 노원구가 치매 예방 사업의 하나로 다음 달 말까지 상계동 보건소 광장에서 매일 오전 9시~오후 4시 기억력 검진 서비스를 실시한다. 인구 59만명 가운데 65세 이상 비율이 10.3%(6만 1000여명)로 25개 자치구 가운데 가장 높은 곳이다. 노원구는 2009년 치매지원센터를 개소. 기억력 검진 서비스를 시행해 2만 8000여명을 검진했다. 4.5%인 1250명이 이를 통해 치매환자라는 점을 밝혀냈다. 치매환자 가운데 10~15%는 조기 검진을 통해 완치될 수 있는 것으로 알려졌다.

기억력 검진 서비스는 19개 문항으로 이뤄져 있다. 검진 시간은 15~20분이다. '정상관리 대상자'로 선정된 경우 구로부터 연 1회 정기 선별검진은 물론 치매 예방을 위한 각종 정보를 제공받을 수 있다. '고위험관리 대상자'로 선정되면 연 2회 신경·심리검사 등 정기 정밀검진 및 인지건강 프로그램을 체험할 수 있다.

김성환 구청장은 "치매 환자가 가장 적은 자치구로 만들어 노년을 편하고 행복하게 보낼 수 있는 여건을 조성하는 데 최선을 다하겠다"고 말했다. 김정은 기자 kimje@seoul.co.kr

들에게 상당한 아픔을 동반하게 됩니다.

　따라서 국가 차원에서 이를 지원한다면 치매 환자 본인이나 가족들에게 큰 희망이 될 수 있겠지요. 더불어 이 분야에 일자리도 많이 생길 수 있으니 좋은 일이 되겠지요. 꼭 필요한 복지 서비스도 늘리고, 좋은 일자리도 늘리고……. 일석이조입니다.

⬡ 협동을 배우는 공간 - 불암산 더불어 숲

2017년 6월, 하계동 서울시립과학관 뒤편과 중계본동 104마을 사이 불암산 자락에 오래 공들인 '협동형 놀이시설'이 개장했습니다. 이름하여 '불암산 더불어 숲'.

저는 청소년기에 누구나 가져야 할 핵심적 가치가 협동심과 창의력이라고 생각합니다. 특히 유럽의 교육 선진국은 학령기에 협동심을 키우는 데 많은 정성을 기울입니다. 원론적인 이야기지만 세상은 절대로 혼자서 살아갈 수 없습니다. 그런데 우리는 청소년기부터 과도하게 경쟁에 노출되고 있습니다. 그러다 보니 친구와 협력하여 하나의 과제를 완성하기보다 혼자 공부하여 성적을 올리는 것에 에너지를 쏟게 됩니다. 부지불식간에 협동심은 줄어들고 경쟁심이 커지는 것이죠.

청소년기에 재미있게 놀면서 협동심을 키울 수 있는 시설은 없을까 하고 늘 고민중이었는데, 일본 연수중에 우연히 저의 고민과 유사한 시설을 본 적이 있었고, 마침 경기도 여주에도 비슷한 시설이 있었습니다. 저는 평소에 봐두었던 불암산 자락에 협동형 놀이시설을 만들기

불암산 더불어 숲 공사 전후 전경

로 마음먹었습니다. 104마을 쪽에서 바라보면 사방이 숲으로 둘러싸여 있고 한가운데는 훼손되었거나 텃밭이 있어 분지처럼 들어앉아 있는 곳. 안성맞춤이었습니다.

이곳은 원래 사유지였습니다. 그런데 어떤 용도로 쓰더라도 가치가 있겠다 싶어서 2012년부터 조금씩 매입하고 있었지요. 2014년에 구상을 마치고, 2015년부터 사업계획에 착수하여, 2017년에 드디어 완성하게 되었습니다. '더불어 숲'이란 명칭은 신영복 선생님 생전에 허락을 받았는데, 개장식 때는 유명을 달리하셔서 함께하지 못했지만 다른 많은 분들이 서울 한복판에 생긴 이 시설을 보고 감탄했습니다.

더불어 숲을 아래 사진과 같이 하늘에서 보면 더 멋집니다. 이 공간이 생기기 한 달 전, 걸어서 5분 거리에 서울시립과학관이 개관했습니다. 과학관과 더불어 숲은 노원과 인근 지역의 청소년들에게 과학적 상상력과 협동심을 키우는 데 아주 좋은 시설이 될 것이라 믿습니다.

하늘에서 본 불암산 더불어 숲

더불어 숲에는 사진에는 다 담을 수 없는 10가지 이상의 협동시설이 있습니다. 뿐만 아니라 청소년기에 담력을 키우는 모험시설도 있지요. 저는 겁이 많아서 엄두가 안 나는데, 노원의 청소년들은 재미있게 즐기고 있습니다. 이런 과정이 쌓여야 더 멋진 청년들로 자라겠지요.

협동심을 배우는 협동 존

담력을 키우는 모험시설

연합뉴스

2017년 06월 15일 (목)
정보없음

"불암산 더불어숲으로 오세요"

(서울=연합뉴스) 15일 오후 서울 노원구 하계동에서 열린 '불암산 더불어숲 개장식'에서 김성환 노원구청장(가운데)과 참석자들이 포즈를 취하고 있다.
어드벤처 파크 '불암산 더불어숲'은 총 2만4천351㎡ 규모로 청소년 안전체험장과 모험시설·휴게시설·실개천·잔디마당 등의 복합시설을 갖췄다. 2017.6.15 [서울 노원구 제공=연합뉴스]
photo@yna.co.kr

🌱 최저임금 1만 원 시대를 견인한 생활임금

　최저임금이란 근로자가 인간다운 생활을 하는 데 필요한 최소한의 임금을 말합니다. 그런데 생활임금이란 무엇일까요? 생활임금이란 노동자가 실질적인 생활을 할 수 있도록 주거, 교육, 문화 등 기본적인 생활비를 고려해 책정한 임금을 뜻합니다. 최저임금과 생활임금은 사전적으로는 거의 차이가 없습니다. 그런데 왜 생활임금이란 개념이 등장했을까요?

　생활임금이 처음 도입된 곳은 1994년 미국 볼티모어시입니다. 미국 볼티모어시의 빌드(BUILD)라는 단체가 최저임금으로는 가족을 부양

경증 치매 어르신을 위한 기억키움학교 개소식과 열린 카페

하며 생활하는 것이 불가능해졌다며 공무원 노조와 연대하여 생활임금 확보 캠페인을 벌였습니다. 이에 볼티모어시가 지방정부와 거래하는 기업은 미 연방정부가 정한 최저임금의 150%를 지급하라는 조례를 만들면서 생활임금이 시작되었습니다. 볼티모어시에서 생활임금 조례가 제정된 이후 이 흐름이 전 세계로 퍼져나갑니다.

볼티모어처럼 생활임금을 도입한 곳은 대체로 최저임금이 낮고 임금격차가 커서 근로자가 인간다운 생활을 누리가 어려운 곳이었습니다. 우리나라에 생활임금이 도입되게 된 것도 이런 이유 때문입니다.

우리나라는 참여연대의 제안으로 노원구와 성북구가 처음 이 제도를 도입하는데, 생활임금의 기준을 어떻게 정할 것인지에 대해 고민을 많이 했습니다. 여러 고민 끝에 생활임금은 최저임금을 끌어올리는 등대 역할을 할 필요가 있겠다고 판단하여 최저임금을 주요 기준으로 삼았습니다.

참고로 OECD는 최저임금을 노동자 평균임금의 50%로 정할 것을 권고하고 있는데, 당시 우리나라 최저임금은 38% 수준이었습니다. 따라서 OECD 기준에 따라 노동자 평균임금의 50%에, 서울은 상대적으로 물가가 비싼 점을 감안하여 서울 물가 8%를 더하여 58%를 첫 기준으로 삼았습니다. 2013년 당시 최저임금이 4,860원일 때 생활임금이 6,490원으로 정해진 것은 이런 원칙을 적용한 결과입니다.

노원구는 2013년부터 구청과 구청 산하 서비스 공단 직원을 대상으로 생활임금을 적용하기 시작합니다. 생활임금을 적용받는 근로자의 형편은 당연히 나아지기 시작했겠지요. 이렇게 시작된 생활임금은 현재 12개 광역단체를 포함하여 91개 자치단체로 확대되었습니다.

또한 2014년 미국 오바마 대통령이 2009년부터 7.25달러에 묶여 있던 최저임금을 10달러 10센트(일명 Ten Ten)로 올리는 행정명령을 내립니다. 우리 돈으로 약 1만 원이 조금 넘는 금액으로 최저임금을 올리자고 제안한 것입니다.

국내에서 생활임금이 도입되어 최저임금보다 대략 20%가량 높은 임금이 공공부문에서부터 지급되기 시작하고, 미국발 최저임금 인상이 시작되자 노동계는 최저임금 1만 원 시대를 열자고 주장하기 시작했습니다.

급기야 2017년 대선 때는 도달 기간은 달랐지만 대부분의 후보들이 최저임금을 1만 원으로 올리겠다고 약속합니다. 그리고 2018년에 2017년 대비 16.4%가 인상된 시간당 7,530으로 최저임금이 오르게 되었습니다.

문재인 대통령은 후보시절 2020년까지 최저임금 1만 원 시대를 열겠다고 약속했습니다. 그 약속이 예정대로 진행될지, 한두 해 늦춰질지는 아직 알 수 없습니다. 그러나 이제 최저임금과 생활임금을 구분할 필요가 점차 없어지고 있습니다. 최저임금도 결국은 생활임금의 취지와 같이 노동자가 최소한의 인간다운 생활을 영위할 수 있는 임금을 말하기 때문입니다.

노원구는 누구도 선뜻 이 문제에 대해 나서지 못할 때, 생활임금을 처음 도입하여 물꼬를 열었다는 점에서 자부심을 갖습니다.

서울 노원구·성북구 '생활임금제' 도입

국내 최초 저임금 노동자 임금 보전

서울 노원구와 성북구가 국내에서 최초로 '생활임금' 제도를 도입한다.

생활임금제는 노동자가 인간다운 삶을 영위할 수 있는 최소한의 적정 소득을 보장하는 임금체계를 말한다. 국내에선 노동계 등을 중심으로 현행 법정 최저임금만으론 생활수준 유지가 힘들다며 생활임금제 도입을 강조해왔다. 미국에선 140개 도시가 조례 등을 통해 생활임금을 지급하며, 서울시도 2014년부터 도입할 것임을 예고했다.

노원구와 성북구는 15일 참여연대와 함께 서울시청사에서 기자회견을 열고 '생활임금 우선 적용 방안'을 확정, 발표했다.

그동안 생활임금 도입을 연구해온 양 자치구는 월 생활임금을 135만7000원으로 책정하고, 내년 1월부터 이에 못 미치는 저임금을 받는 산하 시설관리공단 소속 노동자의 임금을 인상할 계획이다. 이는 법정 최저임금보다 33.6% 많은 것(주 40시간 노동기준)이다. 정부가 정한 내년 법정 최저임금은 시간당 4860원으로, 월 101만5740원이다.

김성환 노원구청장은 "우리나라 최저임금은 전체 노동자 평균임금의 38%에 불과해 기본적인 생활수준 유지가 불가능하다"며 "경제협력개발기구가 최저임금을 노동자 평균임금의 50%, 유럽연합은 60%를 권고하는 것에 비해 턱없이 낮은 수준"이라고 말했다. 양 자치구가 정한 생활임금 기준은 지난해 한국 평균임금의 50% 연 117만513원에 서울시생활물가조정분을 더해 산정됐다.

생활임금 도입에 따라 노원구는 시설관리공단의 환경미화·경비 노동자 등 68명의 임금을 월평균 20만6091원 인상한다. 성북구도 청소·경비·주차관리 노동자 등 83명의 급여를 월평균 7만8115원 올린다. 노원구는 이를 위해 1억6817만원, 성북구는 1억2198만원을 내년 예산안에 반영시켰다.

김영배 성북구청장은 "민간 영역으로의 확대도 추진하겠다"며 "법리적 검토 등을 거쳐 민간위탁이나 조달 계약을 체결할 때 생활임금 준수 업체에 인센티브를 주는 방법 등이 가능할 것"이라고 말했다.

김균 참여연대 공동대표는 "우리나라에서 중위 소득의 3분의 2에도 못 미치는 저임금 노동자 비중은 25.9%로 일본은 물론 체코, 헝가리보다도 많다"며 "노원·성북구를 시작으로 생활임금 도입 움직임이 전국지자체로 확산되길 크게 기대한다"고 밝혔다.

정유진 기자 sogun77@kyunghyang.com

⬡ 대한민국 복지 실험장 노원-동 주민센터 복지허브화

2010년 6월, 제가 구청장 당선인 시절 때 일입니다. 새롭게 구청 업무를 준비하면서 복지 관련 공무원들과 제법 큰 규모의 회의를 했습니다. 제가 회의 과정에서 현재 구청 차원의 사회보장협의체만으로 복지 공동체가 만들어질 수 있는지에 대해 문제제기를 합니다. 당시는 정식 구청장으로 취임하기 전이라 지시를 내릴 수 있는 입장이 아니었지만, 저는 동 단위까지 복지 전달체계를 확대하자는 취지의 의견을 냈습니다. 그런데 그 자리에 있던 공무원 중에 제 취지를 이해하는 사람은 많지 않았습니다. 왜냐하면 그때까지 이런 문제제기를 한 사람이 없었기 때문입니다.

구청장직을 맡은 직후 제가 가장 우선한 일은 노원의 복지 전달체계 전반을 새롭게 재편하는 일이었습니다. 우선 장애인지원과와 어르신복지과를 신설합니다. 노원은 등록 장애인이 전국에서 가장 많고, 노인복지 수요가 갈수록 증가할 것을 고려해 이에 능동적으로 대처하기 위해서였지요.

이와 동시에 전국에서 처음으로 구청의 인력을 마른 걸레 짜듯 하여 동 주민센터로 복지인력을 재배치합니다. 당시 동에 복지인력이 모두 합하여 72명 있었는데, 56명을 신규 보강하여 총 128명으로 증원합니다. 현재는 찾아가는 동 주민센터 사업으로 약 200여 명이 되었지만, 당시로는 매우 파격적인 조치였지요.

이렇게 동으로 복지인력을 재배치한 이유는 동 주민센터를 복지허브로 만들고자 했기 때문입니다. 노원구는 당시 인구가 60만 명이었

보건복지부 및 서울시 찾아가는복지센터 사업에 따른 대규모 증원

(※ 2017. 12. 31 현재 동주민센터 복지인력 : 196.5명)

년도	계	사회복지직	행정직 등	비고
2017	196.5	161.5	35	
2016	191.5	162.5	29	
2015	142	113	29	서울시 사업 시행
2014	129	90	39	보건복지부 사업 시행

습니다. 동은 19개인데, 적게는 2만 명, 많게는 4만 5,000명이 한 동에 거주하고 있었습니다. 4만 5,000명이면 지방의 작은 군의 총인구에 해당하는 적지 않은 규모이지요.

동 복지인력 재배치 후, 2011년에 또다시 전국 최초로 '동 주민복지협의회'를 구성합니다. 이 협의회는 동 단위에서 어려운 이웃을 발굴·연계·지원하는 민관합동조직입니다. 처음에는 다소 생소했지만 19개 동에서 복지를 목적으로 활동하는 첫 조직이 탄생하게 된 것입니다.

노원구가 동 단위로 복지허브화 사업을 시작하자 많은 자치단체가 동 단위의 복지 조직을 만들기 시작했습니다. 그리고 마침내 2015년 7월, 복지부가 '동 단위 지역사회보장협의체'를 법제화했습니다. 2011년 노원구에서 처음 시작한 동 단위 복지전달체계가 4년 만에 '노발대발'의 사례가 된 것입니다.

동 주민복지협의회뿐 아니라 행정의 최일선에서 발로 뛰는 680명 통장의 주요 역할도 새롭게 바뀝니다. 그동안 통장의 역할은 일반적 동 업무 지원 외에 민방위 통지서 전달이나 연말 따뜻한 겨울나기 성금 모금 등이 주된 것이었습니다. 저는 민방위 통지서를 온라인화하여

매번 통지서가 나올 때마다 찾아가는 일을 줄이고, 성금 모금도 아파트의 경우 동 대표회의 결의로 아파트 잡수입에서 일괄로 처리할 수 있도록 하여 통장의 업무를 연차적으로 줄였습니다.

대신 통장 조례에 '마을공동체 형성을 위한 보건복지도우미 역할 수행'이라는 임무를 추가하여 '통장 보건복지도우미제도'를 전국에서 처음으로 시행했습니다. 통장의 집 대문에 복지도우미 문패를 달고, 복지도우미로 활동할 수 있도록 교육도 진행했습니다. 통장들이 가장 먼저 한 일은 자살예방사업의 일환으로 통별 독거 어르신 집을 방문하는 일이었습니다. 민방위 업무를 담당하던 통장들이 복지도우미로 변신하고 나니 변화가 눈에 띕니다. 통장 복지도우미가 움직이고, 복지 담당 공무원과 동 주민복지협의회가 함께 움직이니 차가운 마을 구들장에 온기가 돕니다. 통계적으로 자살률이 낮아지는 것이 그 증거라 할 수 있지요.

복지 사업을 하기 위해서는 재원이 필요합니다. 그런데 복지 지출 예산은 규정이 정해져 있어 딱한 사정이 있더라도 지원하기 어려운

2012년 각 동 주민복지협의회와 교육복지재단 공동 김장나눔 행사

경우가 생각보다 많습니다. 이런 문제를 해결하기 위해 노원구는 2011년 '노원교육복지재단'을 만듭니다. 재단이 만들어진 지 6년. 월 1,000원 이상 후원하는 회원이 1만

4,000명, 후원물품을 포함하여 연간 약 15억 원 상당의 기부금품이 조성됩니다. 기초 자치단체가 출연하여 만든 재단 중에는 가장 후원자가 많고 탄탄한 조직으로 성장한 것입니다. 일반적으로 복지재단의 경우 후원금으로 우선 상근 직원의 인건비를 충당하고, 그 후 사업비를 쓰는 경우가 많습니다. 노원구의 경우는 복지재단에 근무하는 직원들의 급여는 예산으로 지원합니다. 주민들이 낸 정성이 가득한 후원금은 전액 주민 복지에 사용되는 것이 옳다고 생각했기 때문입니다.

지난 박근혜 정부 시절 서울시와 성남시의 청년수당 지급 건으로 복지부와 다툼이 있었습니다. 정부가 예산으로 청년수당을 주는 것에 대해 제동을 걸었기 때문입니다. 이 무렵 노원에서도 청년수당에 준하여 미취업 청년들에게 취업준비 지원금으로 50명에게 1인당 200만 원씩 1억 원을 지원했습니다. 당시 복지부는 노원구에 대해서는 제동을 걸지 못했습니다. 왜냐하면 노원구는 일반 예산이 아니라 교육복지재단의 후원금으로 지원했기 때문입니다.

사회복지 분야 종사자들이 비교적 자주 쓰는 용어 중에 사례관리(Case Management)란 단어가 있습니다. 사회복지 욕구가 있는 대상자에게 다양한 방법으로 복지서비스를 제공하는 행위를 통칭하는 개념이지요. 노원구에서는 사례관리라는 용어 대신 휴먼서비스(Human Service)라는 용어를 주로 씁니다. 사회복지서비스를 제공받는 주민이 자신이 '사례관리 대상자'라는 느낌을 받으면 기분이 어떨까 싶어서 용어를 바꾼 것이지요. 예전에 영세민이라 칭했던 주민들을 기초생활수급권자로 바꾼 기본 정신을 우리 식으로 반영한 것입니다. 그래도 용어가 어렵지요.

노원구 '청년 취업지원금' 200만원

50명 선발… 2회로 나눠 지원

서울 노원구가 민간 후원을 받아 청소년들에게 취업준비지원금을 200만원씩 지급한다. 구는 성과에 따라 지원 대상을 확대하고 매년 지속적으로 이 사업을 할 계획이다.

노원구는 노원교육복지재단이 올해 관내 거주하는 만 16~24세 미취업 청소년 50명을 선발해 1인당 200만원을 2회에 나눠 지원한다고 28일 밝혔다. 노원구출연기관인 노원교육복지재단은 최근 고려아연(회장 최창근)에서 2억원을 후원받아 이 중 1억원을 취업준비지원금으로 활용키로 했다.

지원 대상은 국민기초수급권자, 차상위계층, 일반 저소득 가구 중 취업준비 중인 청소년이다. 지원 조건은 동 주민센터, 사회복지유관기관, 학교장 등의 추천이 있어야 하며, 4인 가구 기준 월 소득 526만 9721원 이하여야 한다. 구는 다음달 8일까지 취업준비계획서와 생활실태조사서 등 서류를 접수한다.

최종 선정은 교육 전문가와 사회복지 관계자 등 심사위원 3명이 취업비전과 취업계획 구체성, 실현가능성 등을 심사해 결정한다. 취업준비지원금은 6월과 10월에 각각 100만원씩 200만원을 개인계좌로 받게 된다.

노원구는 공적자금을 청년들에게 지원하는 서울시 청년수당이나 성남시 청년배당과는 지원 대상과 재원에서 차이가 있다는 설명이다. 서울시는 중위소득(총가구 중 소득순으로 순위를 매겨 정확히 가운데를 차지하는 가구의 소득)의 60% 이하인 만 19~39세 청년 3000명에게 최장 6개월간 월 50만원의 활동비를 연내 지급할 계획이다. 성남시는 3년 이상 거주한 청년에게 분기마다 25만원씩 연 100만원을 수당으로 지급하고 있다.

구는 재단에 들어오는 개인과 기업의 후원금이 연 15억원 안팎이어서 재원 조달에는 문제가 없다는 입장이다.

김성환 구청장은 "대학 입학 이후에도 저소득층 청년들은 등록금 마련을 위해 아르바이트를 하고, 휴·복학을 반복하는 등 취업 경쟁력이 저하되고 있다"며 "더 많은 이들을 지원할 수 있도록 재단측과 협의해 나갈 것"이라고 말했다.

안광호 기자
ahn7874@kyunghyang.com

노원구는 복지 분야에서 어느 곳보다 많은 새로운 실험을 실시했습니다. 그중 하나가 동장에게 복지와 행정 관련 인사와 조직의 전권을 준 것입니다. 예전에 동 주민센터의 복지업무는 단순지원에 불과했습니다. 중앙정부나 서울시 혹은 구청에서 정해놓은 지침대로 그 기준에 맞는지를 확인하는 수준이었지요. 마침 서울시에서 찾아가는 동 주민센터 사업을 시행하면서 사회복지 공무원이 동별로 3~5명씩 늘어났습니다. 그런데 동별로 사정이 다 다르니 구청에서 획일적으로 지침을 만든다는 것 자체가 불가능했습니다. 하여 동 주민센터 내 행정직과 사회직 전체의 업무를 구분하지 않고, 각 동이 자율로 조직을 설계하고 역할을 배분하도록 했습니다.

대신 과거 통 담당제를 사실상 부활했습니다. 동 주민센터는 공무원이 잠시 들렀다가 가는 곳이 아니라 주민의 생활과 복지를 최일선에서 책임지는 곳이라는 인식과 체계를 명확히 한 것입니다. 노원에서는 그야말로 복지 교과서에 나오는 그물망 복지가 점점 현실화되어가고 있습니다.

주민센터에 '복지 자율권' 이웃 간 벽이 허물어졌다

서울 노원구 월계2동 주민센터 관계자가 지난해 11월 구역별로 주민들을 만나 이야기를 듣고 있다.

노원구 제공

노원구 '풀뿌리복지' 실험

서울 노원구 중계본동주민센터는 다음달 10권이 넘는 자서전 출간을 앞두고 분주하다. 자서전의 주인공은 중계4동 영구임대주택의 독거노인들. 어르신들의 이야기를 글과 만화, 삽화로 엮어내 작가는 인근에 사는 고등학생들이다. 학생 20여명이 지난해 10월부터 1~2명씩 짝을 지은 후 노인들을 찾아가 고단했던 삶을 듣고, 정리한 것이다. 학생들은 앞서 10주간 가정방문 시 주의점과 자서전 제작에 대한 교육도 받았

주민 방문 봉사 5배 늘어 독거노인 자서전 출간 등 생활 속 아이디어 봇물

다. 우울증위험군으로 분류된 이들 노인이 아이들과 자신의 이야기를 하며 맘껏이 되면 자살을 예방할 수 있지 않을까라는 주민들의 고민에서 시작한 작업이었다.

박옥주 중계본동 주민생활지원팀 주무관은 "중계동 안에도 본동은 일반주택과 산동네, 4동은 임대주택이 많다는 각각의 특색이 있다"며 "동네를 잘 알고 있기 때문에 이런 자원봉사도 가능했던 것 같다"고 말했다.

노원구가 보조금 지급 등 복지정책과 관련해 수동적 업무를 주로 맡아오던 동주민센터를 실질적 주체로 활용하는 '풀뿌리복지'를 실험 중이다. 지난해 말부터 이 실험을 시작한 노원구는 28일 그간의 성과들을 공개했다.

구는 구청장이 가졌던 동 조직개편 권한과 업무지시권을 동장에게 넘겼다. 동장이 동별 특징을 살려 주민센터를 꾸려야 한다는 취지 때문이다. 같은 동주민센터에서 근무하는 일반 행정직 공무원과 사회복지사의 업무경계도 없앴다. 행정직도 복지 맡고, 사회직도 행정업무를 하면서 협업이 가능해졌다.

한동안 없어졌던 통(統) 담당제도 부활시켜 자주 출장을 나가주민과 통장을 만나는 직원은 민원업무에서 배제했다. 반장은 30% 이상 줄이고, 약국이나 미용실을 운영하거나 아파트 경비원으로 일하면서 동네를 잘 아는 주민들 중 마을을 살피는 자원봉사자를 모집했다. 지

금까지 9개동에서 140명이 지원을 했다. 이들은 도움이 필요한 주민을 발굴하는 등의 역할을 맡게 된다.

3개월 남짓 노원구가 19개 동주민센터에서 풀뿌리복지를 시행한 성과는 적지 않다. 지난해 1~9월까지는 동별로 한 달에 48회 정도 도움이 필요한 주민을 방문한 데서 이젠 255회로 5배가 늘었다. 방문을 10번 나가면 2번(22%)은 새로운 복지대상자를 찾아왔다. 이들은 민간 지원이나 공적기관과 연계돼 실질적인 도움을 받고 있다. 자서전 출간처럼 새로운 복지정책 아이디어도 나오고 있다.

김성환 노원구청장은 "지자체가 복지 틈새계층을 찾아내려면 발로 뛰어야 하는 이웃을 신속하게 발굴하는 역할을 해야 한다"며 "통·반장과 동주민센터가 마을의 복지공동체를 복원하도록 계속 지원할 것"이라고 말했다.

김보미 기자 bomi83@kyunghyang.com

(경향신문 2015. 01. 29)

🔸 자치구 최초 아동보호전문기관-노원 아동복지관

2017년 12월, 중계동 목련아파트 옆 공터. 예전에 가설 건축물로 향기나무 도서관이 있던 자리에 4층 규모의 아동복지관이 개관했습니다. 이 아동복지관에는 1층에 북카페를 겸한 도서관, 2층에 마을의 아동들을 위한 다용도 놀이 및 커뮤니티 공간, 3층에 아동보호전문기관과 드림스타트센터, 4층에 교육복지기관과 회의실 등이 들어섰습니다.

2010년, 제가 구청장이 될 무렵 중계2·3동 청사를 신축하면서 임시로 사용하던 가설 건축물이 있었습니다. 이 건축물은 동 청사를 신축하면 철거하기로 예정되어 있었습니다.

그런데 2년여를 사용하고 막상 철거하려니 '본전 생각'이 나더군요. 마침 보건복지부가 지원하는 저소득 가정 아동에게 맞춤형 서비스를

중계동 목련아파트 옆 노원아동복지관 개관식

지원하는 드림스타트 센터가 노원에는 없었던 터라 이 빈 공간에 센터를 유치하여 운영했습니다. 그런데 가설 건축물이다 보니 여러 가지 문제가 생기더군요.

그 무렵 아동보호 전문기관의 필요성이 제기되었습니다. 그동안 아동학대를 예방하는 것은 광역정부의 역할이었습니다. 그런데 서울의 경우 하나의 기관이 6개 자치구를 담당하다 보니 현실적으로 아동학대 예방과 재발 방지 기능이 미흡할 수밖에 없었습니다. 실제로 2016년 노원에서는 아동학대 사례가 138건 발생했는데, 그중 59건만 사후관리 지원을 받은 것으로 나타났습니다. 하여 자치구 중에서 처음으로 노원구가 아동보호 전문기관이 포함된 아동복지관을 새로 짓게 된 것입니다.

최근 가족 공동체의 기능이 약화되고 아동학대 사례가 지속적으로 늘어나는 추세를 고려해 보면, 아동학대 보호 기능이 기초정부로 확대될 필요가 있다고 판단됩니다. 노원구의 첫 시도가 좋은 성과를 나타내면, 아동보호 전문기관이 광역 단위에서 기초 단위의 역할로 바뀔 때가 곧 오게 되겠지요.

東亞日報

2018년 01월 11일 (목)
18면 수도권

"아동학대 막자" 팔 걷은 노원구청

서울 자치구 첫 전문기관 3월 개관
민간 전문가 5명 등 11명 상주
학대 조기발견-심리치료 전담

3월 개관을 앞둔 서울 노원구 아동보호전문기관의 치료실에는 놀이와 그림 치료에 필요한 장난감과 각종 도구 수백 점이 진열돼 있다. 김단비 기자 kubee08@donga.com

서울에는 아동보호전문기관이 모두 8곳 있다. 서울시가 직영하는 서울시아동학대예방센터와 굿네이버스, 세이브더칠드런, 천주교쌘뽈수도원유지재단을 비롯한 7개 민간기관이 위탁 운영하는 7곳이다. 이들은 서울시내 25개 자치구를 나눠 1곳당 적게는 2개에서 많게는 6개 자치구를 담당한다. 한 자치구 관계자는 10일 "민간 위탁기관이 여러 구를 담당하기 때문에 학대 아동에 대한 관리가 쉽지는 않다"고 말했다.

이 같은 아동보호전문기관 시스템에 변화가 생길 것으로 전망된다. 노원구는 자치구 가운데 처음으로 아동보호전문기관을 직접 운영하기로 했다. 3월 개관이 목표다.

이전까지 노원구 아동학대 사안은 쌘뽈수도원유지재단이 운영하는 동부아동보호전문기관이 맡았다. 성동구 동대문구 광진구 중구 중랑구와 함께하고 있다. 기관 1곳이 6개 자치구를 관리하다 보니 인력 문제가 뒤따랐다. 다른 민간 위탁기관도 상황은 비슷하다. 아동학대가 발생한 가정에서 재발하지 않도록 계속 관찰하기도, 재발했을 경우 일찍 알아내기도 어려웠다. 기관이 동대문구 장안동에 있다는 것도 노원구에 사는 가해 부모들이 상담받기 어렵게 만드는 요인이었다.

실제로 2016년 노원구에서 138건의 아동학대 사례가 발견됐다. 6개 자치구 가운데 가장 많았다.

하지만 학대 재발 예방을 위해 사후 관리를 받은 사례는 59건에 그쳤다. 그마저도 심리치료나 인권교육 프로그램 이수 같은 전문 관리가 아니라 상담이 53건이나 됐다. 구 관계자는 "발생 사건을 처리하는 데 기관 인력이 집중돼 있기 때문에 사건이 종결된 가정을 다시 들여다보는 일은 거의 불가능하다"고 말했다.

노원구는 자체 아동보호전문기관에서 아동학대 조기 발견과 사후 관리를 강화할 계획이다. 이를 위해 심리치료사를 비롯한 민간 전문가 5명과 구청 직원 6명이 상근(常勤)할 방침이다. 2인 1조로 번갈아 당직근무를 서며 학대 의심신고가 들어오면 빨리 현장 조사를 할 수 있게 했다.

9일 찾은 노원구 중계동 아동복지관 3층은 아동보호전문기관 개관 준비로 분주했다. 학대 아동과 가해자를 위한 심리치료실과 상담실 구성에 특히 신경을 썼다. 치료실에는 놀이 및 그림 치료에 필요한 장난감과 각종 도구 수백 점이 있다. 상담실에는 밝고 파란 소파 등 집기를 들여놔 편안한 분위기를 조성했다.

구 측은 아동보호전문기관 직영을 통해 학대가 의심되는 부모들의 비협조적 태도가 달라질 것으로 기대했다. 그동안 학대 의심신고를 받고 현장에 가면 "내 훈육 방식에 간섭하지 말라"는 부모가 많아 집에 들어가 보지도 못한 경우가 적지 않았다. 김정한 총괄팀장은 "구청 공무원이 찾아가면 현장조사를 거부하는 일이 줄어들 것이다"라고 말했다.

구가 현재 파악하는 학대받을 확률이 높은 '위기 아동'은 약 400명. 김 팀장은 "구에서는 가정의 경제적 상태, 가족 해체 상황 등을 알 수 있기 때문에 학대가 일어나기 전에 아동을 보호할 확률이 높아진다"고 말했다. 노원구 아동보호전문기관 02-974-1391

김단비 기자 kubee08@donga.com

❂ 봉사, 기부, 자원순환의 가치를 현실로 – 노원 지역화폐(NW)

일반적으로 화폐는 국가 단위에서 물품의 교환 등을 위해 사용되는 수단입니다. 이와 달리 지역화폐는 도시나 마을에서 지역 경제의 활성화나 특정한 목적을 위해 해당 지역 내에서만 사용할 수 있는 화폐를 말합니다.

지역화폐는 위와 같은 특성 때문에 사용 방식이나 조건이 다 다릅니다. 다른 나라의 사례를 살펴보면, 지역화폐로 대학등록금을 내고, 국가 화폐와 교환할 수 있을 뿐 아니라 위조방지를 위해 정교하게 만든 곳도 있고, 복사기로 지역화폐를 인쇄해서 아주 제한적으로 사용하는 곳도 있습니다. 아주 다양하지요.

국내의 경우에도 역사가 오래된 대전 한밭레츠처럼 지역화폐 회원 간에 노동과 물품을 다자간 품앗이 방식으로 운영하는 곳도 있고, 성남시처럼 아동 수당 같은 현금을 지역화폐로 지급하고 시내 지역화폐 가맹점에서 사용할 수 있게 하여, 시의 재정적 지원이 지역사회 경제 활성화에 기여할 수 있게 하는 곳도 있습니다.

노원구도 2014년부터 지역화폐를 민간 차원에서 준비했습니다. 그리고 2016년 물품과 서비스를 상호 공유하는 레츠 방식으로 노원지역화폐 제도를 시행했습니다. 화폐의 기본 단위는 노원(No Won: NW)입니다. No Won이라는 이름은 우리 동네의 이름이기도 하고, 돈 없이도 행복하게 사는 마을을 만들자는 뜻을 담아 지었습니다. 출범 이후 노원 지역화폐는 대략 100여 명의 회원이 '노원데이' 등을 개최하면서 운영해왔습니다. 다들 수고가 많았지만 보람되게 운영해왔지요.

이렇게 자발적으로 쌓이기 시작한 시민의 역량을 바탕으로 노원구는 지역화폐의 대상과 범위를 노원구 전역으로 확장하는 계획을 추진하게 됩니다. 아무래도 노원지역화폐가 물품과 서비스 거래를 상호 제공하는 방식으로 하다 보니 그 범위가 제한적이어서 노원구 전체가 참여하기에는 어려움이 있었기 때문입니다. 이에 그동안 사회적으로 필요하고 장려하고 있지만 그 가치를 충분하게 반영하지 못했던 자원봉사와 기부, 그리고 자원 재활용 등의 가치를 지역화폐 방식으로 인정해주고자 했습니다. 물론 기존에 해왔던 품이나 물품거래 방식도 포함하고요.

자원봉사의 경우, 그동안 타임달러 방식의 지역화폐가 있었습니다. 현재 자신이 봉사한 시간을 누적해두었다가 나중에 자신이 필요할 때 봉사서비스를 받을 수 있도록 하는 제도이지요. 그런데 이 방식은 지역화폐를 교환하는 데 많게는 수십 년이 걸릴 수도 있어서 현실에서는 잘 적용되지 않았습니다.

이와 같은 문제점을 고려하여 노원에서는 아래 표와 같이 가치를 화폐로 바꾸게 됩니다. 자원봉사는 시간당 700NW, 교육복지재단 등에 기부한 금품은 총액의 1/10NW, 재활용 매장에 물건을 기부한 경

지역화폐 노원(NW) 적립방법과 한도

구 분	적립기준	적립금액	행정직 등
자원봉사	시간	1시간 × 700NW	50,000NW (유효기간 3년 단, 기한 내 누구에게나 제공가능)
기부금품	원	기부액의 10%	
물품거래	원	실거래가	
품	시간	1시간 × 700NW	

우는 판매액의 10%를 NW로 적립할 수 있도록 한 것입니다.

위의 방식으로 적립된 NW는 노원구 내 공영주차장 주차요금, 노원서비스 공단에서 운영하는 체육시설 사용료, 문화예술회관 공연료, 구청이나 동 주민센터 문화프로그램 수강료 등에 일정액을 사용할 수 있습니다. 그동안에도 100시간 이상 자원봉사를 하여 자원봉사 골드카드를 가진 분들은 일부 시설에서 할인받는 방식으로 이런 혜택을 받아왔습니다. 이제는 카드의 색깔과 관계없이 누구나 지역화폐 방식으로 여러 시설들을 이용할 수 있게 된 것이지요.

지역화폐 NW은 등록 가맹점에서도 사용할 수 있습니다. 예컨대 노원문고에서 책을 사거나, 의료사회적협동조합에서 치과진료를 받거나, 지역화폐 가맹점에서 차를 마시거나, 미용실에서 머리를 자를 때, 또 가맹 음심점에서 밥을 먹을 때도 사용할 수 있습니다. 가맹점에서 지역화폐로 결재할 수 있는 금액의 비율이나 한도는 가맹점주가 정합니다.

지역화폐 NW의 1인당 한도액은 5만NW입니다. 가맹점은 제한이 없고요. 물론 NW를 선물할 수도 있습니다. 봉사는 자신이 했지만, 사용은 가족이나 이웃이 할 수 있는 것이죠.

제도 운영이 복잡할 것 같지만 생각보다 단순합니다. 2018년 1월 10일부터 스마트폰에서 노원지역화폐 앱을 다운받아 회원으로 가입하면 됩니다. 회원이 되면 노원자원봉사센터나 교육복지재단에서 자동으로 NW을 적립해줍니다. 지역화폐 카드도 있습니다. 다만 이 사업의 취지가 자원순환이므로 스마트폰을 사용하지 못하는 경우에만 발급할 예정입니다.

2018년 2월 1일부터 시행되는 노원지역화폐 홍보 포스터

이 전체의 기술 지원은 최근 4차 산업혁명의 주된 요소이자 비트코인 등 가상화폐 기반기술로 이슈가 되고 있는 블록체인 방식입니다. 블록체인이란 거래 내역을 중앙 서버에 저장하는 일반적인 금융기관과 달리, NW와 같이 가상화폐를 사용하는 모든 사람의 컴퓨터나 스마트폰에 거래 내역을 나누어 저장하는 방식을 말합니다. 따라서 누구나 거래 내역을 확인할 수 있어 '공공 거래 장부(Public Ledger)'라 불

립니다. 거래 장부가 공개되어 있고 모든 사용자가 사본을 가지고 있으니 해킹을 통한 위조가 의미가 없게 되는 것이 이 기술의 특징입니다.

블록체인 개념도

자원봉사의 가치를 GDP에 담자고 주장하는 경제학자들도 많습니다. 자원봉사가 사회를 행복하게 만드는 데 기여하는 바가 크기 때문입니다. 그러나 현실적으로 자원봉사의 가치를 개량하기가 쉽지 않고 자원봉사의 취지상 이를 시장화폐로 보상하기도 어렵습니다.

사회적 기부의 경우에도 기부액에 대해 연말정산시 세제 혜택 방식으로 보상받기는 하지만, 노원처럼 지역화폐 방식으로 가치를 인정받는 사례는 없었습니다. 아름다운 가게나 되살림 가게에 물품을 기부하는 경우에도 마찬가지였지요.

자원봉사, 기부, 자원순환의 가치를 블록체인 기술을 기반으로 지역화폐에 담는 노원구의 실험은 어쩌면 세계적으로도 첫 사례일지 모릅니다. 그런 만큼 성공과 실패를 예측하기 쉽지 않습니다.

NW의 본격 시행일은 2018년 2월 1일부터입니다. 시행착오도 있을 테니 수정·보완해야겠지요. 하지만 이 방식이 잘 정착되면 노원의 더 많은 주민과 학생들이 자원봉사에 참여하고, 더 많은 사람들이 노원교육복지재단 등에 기부하고, 더 많은 분들이 재활용 매장에 물품을 기부하게 될 것이라고 생각합니다. 그만큼 노원이 더 행복해지겠지요.

4부

중앙과
지방의 공존

자치의 기술:
목표는 야심 차게, 방식은 창의적으로

'자치의 기술: 목표는 야심 차게, 방식은 창의적으로'라는 제목은 에릭 리우와 닉 하나우어가 쓴 책《민주주의의 정원》5장에서 따왔습니다. '좌우를 넘어 새 시대를 여는 시민 교과서'라고 이름 붙인 이 책은 제게 많은 시사점을 주었습니다.

저자는 이 장에서 '정부는 무엇을 위해 존재하는가?'라고 묻습니다. 관련하여 저자는 목표(What)를 설정하고 목표 달성을 위해 투자할 때에는 정부의 역할이 커져야 하지만, 우리가 그 목표를 달성하는 방식(How)에 있어서는 정부의 역할이 작아져야 한다고 주장합니다. 정부는 이른바 'Big What, Small How'여야 한다는 것이죠.

저자는 기존의 우파나 좌파의 주장이 모두 문제가 있다고 지적합니다. 먼저, 기존의 우파가 제한된 정부(Small What, Small How)를 주장하는 것은 이론적·실증적·정치적으로 모두 실패했다고 비판합니다. 더구나 눈먼 자유 지상주의자들은 아예 정부는 아무것도 하지 말라(No What, No How)고 하는데, 이는 제한된 정부보다 더 최악의 선택이라고 비판하지요.

한편, 좌파는 목표와 실행이 모두 큰 정부(Big What, Big How)를 주장하는데, 이 또한 실패라고 지적합니다. 이럴 경우 역동적인 사회에서 발 빠르게 대응하기 어렵고, 결정적으로는 정부의 결정에 시민들이 자발적으로 참여하기 어렵기 때문입니다.

결론적으로, 저자는 다음 표와 같이 정부는 위대한 국가적 목표를 설정하는 일에는 크게(Big What), 이러한 목표를 달성하는 방식은 작게(Small How) 접근해야 한다고 말합니다. 비유컨대, 정부는 높이뛰기를 위한 장대를 높이 걸어두고, 도약판에 최대한 투자하여 자치의 영역에서 사람들이 헌신과 노력으로 이를 뛰어넘을 수 있는 환경을 조성해야 한다는 것이죠.

사실 정부의 크기와 역할에 대해 20세기 내내 논쟁이 있었고, 미국

정부에 관한 이론

LEFT	RIGHT	NEW
큰 정부	작은 정부	자치
서비스 제공자	스스로 할 것	도구 제작자
엄마	아빠	코치
권한위임	침묵	목표
규칙	규칙이 없음	장려책
중앙집권적	분권적	다중심적
빅 왓, 빅 하우	스몰 왓, 스몰 하우	빅 왓, 스몰 하우

이 그 논쟁에서 중심적 역할을 했습니다. 1929년 10월 24일, 이른바 검은 목요일. 뉴욕 주식시장이 대폭락하면서 세계 대공황이 도래합니다. 기업들은 줄도산하고 대량의 실업자가 발생했지요.

이에 1932년 미국 대통령 후보로 나선 루스벨트는 '뉴딜(New Deal)'이라는 구호를 내겁니다. 뉴딜은 카드게임에서 카드를 바꾸어 새로 친다는 의미입니다. 이는 그동안 미국이 견지한 자유방임주의의 원칙(작은 정부)을 포기하고, 국가가 적극적으로 개입(큰 정부)하여 경제 문제를 해결한다는 것을 의미했습니다. 루스벨트는 테네시강 유역 개발 등을 통해 사회간접자본을 확충하면서 실업자들에게 새로운 일자리를 주고, 이들이 새로운 수요를 창출하는 방식으로 세계 대공황을 탈출합니다. 정부의 적극 개입으로 유효수요를 창출하여 시장의 불안정성을 막아야 한다는 '케인스주의'가 당시의 이론적 배경이었습니다.

정부의 역할을 강화한 미국은 두 차례 세계대전에서 승리했고, 이를 통해 세계에서 가장 강력한 국가로 발돋움할 수 있었습니다. 그러나 베트남전쟁과 오일 쇼크로 세계에 경제 위기가 불어 닥치자 미국은 다시 고민합니다. 때는 1980년대 초 이 무렵 집권한 공화당의 레이건 대통령은 신자유주의를 그 대안으로 제시합니다. 그는 문제의 원인이 정부에 있다고 판단해(큰 정부) 정부의 역할을 축소하고, 산업에 대한 전반적인 탈규제(작은 정부)를 시행합니다. 또한 그는 70%에 달하던 소득세 최고세율을 삭감하는 조치도 병행했는데, 이는 탈규제로 경제가 성장하면 소득세율을 낮춰도 더 많은 세금을 거둬들일 수 있다는 신자유주의 이론에 기인한 것이었습니다.

그러나 유감스럽게도 이와 같은 신자유주의 이론은 현실에서 실현되지 않았습니다. 신자유주의 정책을 추진한 대부분의 나라에서는 부가 상위 1%에 집중되어 빈부격차가 확대되고, 시장의 불안정이 커지는 결과가 나타났지요.

그리고 2008년, 미국발 세계 금융위기로 인해 30여 년간 세계를 풍미했던 신자유주의가 파산을 선언합니다. 정부 역할을 줄이고(큰 정부) 시장의 기능을 키우고자 했던(작은 정부) 실험이 실패한 것이죠.

사람들은 다시 고민합니다. 작은 정부 실험이 실패했다면, 다시 큰 정부와 케인스주의로 돌아가야 하는가? 이런 역사적 맥락에 따라 사람들이 고민할 때,《민주주의 정원》의 저자는 새로운 대안을 제시합니다. 즉, 정부의 크기 논쟁에 '자치'의 역할을 추가한 것이죠.

정리하면, "시장은 그 속성상 정부에 의해 조절될 필요가 있다. 그렇지만 정부가 모든 것을 직접 할 경우, 사회는 획일화되고 시민들이 적극적·자발적으로 참여할 수 없다. 따라서 정부가 목표를 세우고 판을 깔아주되 시민들이 스스로 참여하여 목표를 달성할 수 있도록 하라"는 것입니다. 저는 이 주장에 전적으로 동의합니다.

저는 앞서 기적과도 같은 지구 행성에서 우리 인류가 영속적으로 찬란한 문명을 발전시켜나가기 위한 두 가지 과제를 말씀드렸습니다.

첫 번째 과제가 사람과 자연의 공존입니다. 지구가 인간의 탐욕과 이기심을 무한정 받아줄 수 있는 존재가 아니라면, 지구의 유한성을 인정한 새로운 방식, 즉 사람과 자연이 공존할 수 있는 새로운 삶의 방식이 필요하다는 것입니다.

두 번째 과제가 사람과 사람의 공존입니다. 인류가 자연과 공존하기 위해서는 기아선상에서 허덕이거나 경제적 격차가 너무 커서 상대적 빈곤감에 시달려서는 안 됩니다. 그런 상태에서 지구의 미래까지 걱정하기는 어렵습니다. 당장 발등에 떨어진 불부터 꺼야 하는 것이죠. 또한 사람들이 일과 생활 속에서 서로 연대·협업하며 인간의 존엄과 행복을 느낄 수 있도록 사회 시스템을 만드는 것 역시 우리의 중요한 숙제입니다.

마지막 세 번째 과제가 이번 장의 주제인 중앙과 지방의 공존입니다. '생각은 지구적으로, 행동은 지역에서(Think Globally, Act Locally)'라는 말이 있지요. 우리가 기후변화에 대응하거나 세계의 경제 양극화 문제를 해결하는 일은 국제적 협력과 국가적 과제임에 틀림없습니다. 그러나 지방과 마을에서 이와 같은 과제를 창조적으로 함께 풀어가지 않는다면 결코 해결할 수 없습니다.

따라서 이 장의 제목처럼 중앙정부(국가)는 목표를 야심 차게 세우고, 시민은 창의적 방식을 통해 그 목표를 달성해나갈 수 있도록 중앙과 지방의 역할을 재구조화해야 합니다.

시민들이 창의적 활동을 하는 공간은 지역입니다. 시민들은 마을과 도시의 가정과 다양한 형태의 커뮤니티 공간 및 기업에서 활동합니다. 이들이 국가적 목표를 공유하고 실행계획을 수립할 수 있도록 지원하는 것을 중앙정부 혼자 하기는 불가능하지요. 이 일을 잘할 수 있는 곳은 시민들이 생활하고 있는 지방정부입니다.

인터넷과 SNS의 발전으로 중앙과 지방의 공존은 더 중요한 과제가 되었습니다. 과거 왕정국가일 때나 근대 권위주의 국가 시대에는 정보가 통제되어 있고, 주권자로서 시민의 힘은 미약했습니다. 그러나 3차 산업혁명이라 불리는 인터넷 보급 이후 상황이 달라졌습니다. 주권자인 시민들은 명령과 복종의 대상이 아니라 지원과 협력의 주인공이 되었습니다. 시민들은 또한 일방적으로 정보를 전달받는 대상이 아니라 정보를 스스로 생산하고 가공하며 유통하는 주체가 된 것이죠.

따라서 주권자인 시민들이 자율을 기반으로 창의력을 발휘할 수 있는 공간을 최대한 확대하는 자치의 기술. 이 기술의 습득이 공존의 시대를 살아가는 새로운 지혜의 샘이 될 것입니다.

지방이 살아야 중앙도 산다:
자치 분권의 확대

우리나라는 오래 전부터 중앙집권적 전통이 강했습니다. 이 흐름은 1960년대 산업화 과정에서 더 확대되었습니다. 농업국가에서 산업국가로의 압축적 경제 성장 과정에서 중앙정부는 정책을 기획하고, 지방은 이를 단순하게 집행하는 국가운영 모델을 구축해온 것이지요.

이 결과 대한민국은 수도권 일극 중심으로 기형적으로 발전한 반면, 지방의 자생적 발전은 매우 취약해지고 말았습니다. 여기에다 저출산, 고령화의 급속한 진행으로 지방의 소멸을 걱정해야 하는 단계에까지 이르고 말았습니다.

다음 그림은 228곳의 지방자치단체의 소멸 위험도를 색깔로 표시한 것입니다. 특단의 대책 없이 이대로 가면 붉은색과 주황색으로 표시된 경북 의성이나 전남 고흥군을 비롯한 84개 지방자치단체는 30년 이내에 소멸할 것이란 예측입니다. 현재 65세 이상 노인 인구와 20세부터 39세까지 아이를 낳을 수 있는 여성 인구를 비교하여 그 인구 대비가 0.5 이하인 지역이 그 기준입니다. 그 비율이 0.2 이하여서 인구소멸의 위협이 코앞에 다가온 붉은색으로 표시된 지역도 이미 7곳이

228곳 지자체 소멸위험도는?

2017년 소멸위험지수

0.2 미만	소멸 고위험
0.2~0.5 미만	소멸 위험 진입
0.5~1.0 미만	소멸 주의 단계
1.0~1.5 미만	정상 단계
0.5 이상	소멸 저위험

소멸위험지수는?
65세 고령인구 대비 20~39세
여성인구 비중이 0.5이하면
30년 내 소멸 가능성 크다고 판단

30년 내 사라질 가능성 높은 지자체 TOP10

		소멸위험지수
1	경북 의성군	0.158
2	전남 고흥군	0.167
3	경북 군위군	0.174
4	경남 합천군	0.174
5	경남 남해군	0.183
6	경북 청송군	0.195
7	경북 영양군	0.196
8	경북 영덕군	0.203
9	전남 신안군	0.203
10	경북 봉화군	0.204

젊은 지자체 Top 10

		소멸위험지수
1	울산 북구	2.034
2	대전 유성구	1.972
3	경북 구미시	1.905
4	경기 오산시	1.878
5	경기 화성시	1.734
6	광주 광산구	1.723
7	인천 연수구	1.686
8	경기 수원시	1.686
9	인천 서구	1.627
10	경기 시흥시	1.623

자료: 한국고용정보원 이상호 부연구위원
−7월 통계청 주민등록 인구통계 기준 −지자체 228곳은 자치구 기준
(중앙일보 2017. 09. 04)

나 됩니다. 걱정이 되지요.

이런 여건임에도 상황은 개선될 기미가 없는 것이 더 큰 문제입니다. 수도권은 국토 면적의 11.8%에 불과하지만 전체 인구의 49.5%를 차지하고 있고, 이 현상은 앞으로도 계속될 것으로 보입니다. 지역의 부가가치 생산, 일자리와 문화시설 등 정주 여건도 갈수록 격차가 심해지고 있지요.

정부가 노력을 안 한 것은 아닙니다. 노무현 정부 당시 국가의 균형발전을 위해 행정중심복합도시인 세종시를 만들고 전국으로 주요 공공기관을 이전하는 강력한 조치를 취했습니다. 그러나 그 효과가 나타나기 전에 다시 수도권 규제 완화가 추진되면서 일관된 추진력을 갖기에 어려움이 컸습니다.

이제는 그야말로 특단의 대책이 필요한 시기가 되었습니다. 다행스러운 것은 우리 사회에 예로부터 계와 두레 같은 공동체의 전통이 아직 살아 있고, 1995년 지방자치단체장을 주민의 손으로 뽑은 민선자치 이후 20년이 넘는 경험이 축적되기 시작한 것입니다.

또한 지난 이명박 정부 당시 미국 쇠고기 수입 반대 촛불집회나, 박근혜 정부 국정농단에 맞선 촛불집회에서 보여준 것처럼 깨어 있는 시민들의 조직된 힘이 있습니다. 시민들은 SNS를 통해 서로 소통하면서 옳고 그름을 구별하고 우리가 가야 할 방향으로 속도감 있게 움직입니다.

저는 촛불을 들었던 시민들과 함께 지방분권과 국가 균형발전의 필요성을 공유하고 해결의 방안을 마련한다면 아직도 성공 가능성이 충분하다고 생각합니다.

어려운 점도 많습니다. 현행 헌법 제117조에 '자치단체는 주민복리 사무를 처리하고 재산을 관리'한다고 되어 있습니다. 헌법은 종교로 비유하자면 성경이나 불경과 같습니다. 그런데 헌법에 규정된 지방의 역할은 너무 소극적이고 협소한 실정입니다. 차제에 헌법 개정이 필요한 이유이기도 합니다.

헌법에서 지방의 역할을 소극적으로 규정하다 보니 사무의 배분이나 재정에 불균형이 발생합니다. 현재 중앙 대 지방의 사무 배분 비율은 68:32입니다. 그런데 상당수의 일이 지방으로 위임되어, 실제 일은 지방이 하면서도 중앙이 권한만 가지고 있는 경우도 많습니다. 국가와 지방 운영의 근간이 되는 조세 분야는 불균형이 더 큰 상황입니다. 현재 국세와 지방세의 비중은 76:24입니다. 그런데 재정의 지출은 40:60입니다. 중앙정부가 국세로 징수하여 꼬리표를 붙여 지방으로 나눠주는 돈이 36%나 된다는 뜻이지요.

무엇보다 지방자치단체에 대한 주민의 신뢰가 부족합니다. 그동안 공익을 대변해야 할 선출직 공직자가 공공의 권한을 이용하여 사적이익을 취한 경우가 많았고, 일부 공무원 또한 규제 수단을 남용한 경우가 있었습니다. 이는 중앙과 지방에 공히 나타나는 문제이긴 하지만 지방자치단체는 주민과 밀착된 지점이 많다 보니 문제가 더 커 보일 수 있었겠지요.

이와 같은 상황에서 문재인 대통령은 후보시절 전국이 골고루 잘사는 대한민국을 만들기 위해 연방제 수준의 지방분권 개헌을 공약했습니다.

그리고 2018년 지방선거와 동시에 개헌 관련 국민투표를 실시하여

후보시절 지방분권 개헌을 약속한 문재인 대통령

그 약속을 지키려 하고 있습니다. 지방분권 개헌에는 어떤 내용이 담겨야 할까요? 지방분권을 오랫동안 주장해온 전문가나 시민단체는 다음과 같은 내용이 담겨야 한다고 말합니다.

우선, 지방분권국가 선언입니다. 예컨대, 헌법 1조 3항을 신설하여 '대한민국은 지방분권국가를 지향한다'고 명시하는 것이죠. 이는 중앙의 권력을 지방으로 분산한다는 의미를 넘어 헌법 1조 2항에서 규정하고 있는 주권자인 국민이 스스로 정치와 행정의 주인이 된다는 의미입니다. 즉, 자치권을 행사할 수 있도록 한다는 말입니다.

자치입법권도 확대해야 합니다. 현행 입법제도는 법률의 범위 내에서만 조례를 정하게 되어 있습니다. 이를 바꿔서, 현행 법률에 저촉되지 않으면 조례를 정할 수 있도록 지방의 입법 범위를 근본적으로 확대할 필요가 있습니다.

과세의 자주권도 필요합니다. 현행 헌법 59조는 '조세의 종목과 세율은 법률로 정한다'고 했습니다. 다시 말하면, 국정을 다루는 국회에서 정해지지 않은 조세를 징수하는 것은 불가능하다는 것입니다. 지방분권이 진정한 의미를 갖기 위해서는 다른 선진국들처럼 자치단체가 필요에 따라 세금을 부과할 수 있는 권한을 가질 필요가 있습니다.

정부와 지방자치단체라는 구분과 명칭도 정비해야 합니다. 현행 헌법은 지방을 자치단체로 정하고 있습니다. 그렇지만 지방이 스스로 판단하고 결정할 수 있도록 하기 위해서는 지방정부로 명칭을 변경할 필요가 있습니다. OECD 대부분의 자치단체가 아닌 지방정부라는 표현을 이미 쓰고 있습니다. 지방정부라 하더라도 중앙정부가 하는 모든 일을 지방으로 이관하는 것은 아닙니다. 국가 단위에서 진행할 외교, 안보, 국방 등은 여전히 중앙정부의 몫이고, 통화, 보편적 복지와 교육, 국가 단위 SOC 등 사회경제 영역에서 중앙정부가 해야 할 몫은 여전히 큽니다.

지방정부라고 정하는 것은 자치의 대원칙인 '보충성의 원칙'을 실현하는 일입니다. 즉, 지방은 중앙정부의 하부 조직의 의미를 강하게 내포하는 자치단체가 아니라, 특별한 것을 제외하고는 해당 지방의 일을 스스로 해나가는 작은 정부라는 개념을 의미합니다. 이를 보충성의 원칙에서 본다면, 지방정부가 가능한 모든 일을 자율성을 갖고 스스로 할 수 있도록 하되, 광역정부나 중앙정부가 지방정부 차원에서 불가능한 일을 '보충'해주는 역할을 담당한다는 것입니다. 이를 위해서는 헌법에 지방자치단체로 되어 있는 명칭을 지방정부로 바꿔야겠지요.

장사를 잘하려면 우선 두둑한 밑천이 있어야 한다지요. 지방이 자율성을 가지고 주민과 밀착하여 주민의 삶을 스스로 개척해나갈 수 있게 하려면, 헌법 개정을 통해 지방정부의 역할과 권능에 대한 근원적 밑천을 마련해주어야 합니다. 밑천이 생기면 장사를 본격적으로 해 봐야겠지요. 바로 지방이 자율로 움직일 수 있는 사무·재정·인사·조직 등 각 분야별 과제도 함께 해결해야 합니다.

지방분권은 권한을 중앙정부에서 지방정부로 옮기는 의미가 아닙 니다. 자치분권의 궁극적 목표는 주민의 삶을 바꾸는 일입니다. 이를 위해서는 개헌뿐만 아니라 해결해야 할 과제가 산적합니다. 관련하여 문재인 정부는 지난 2017년 10월, 자치분권 로드맵을 발표하고 이를 실행에 옮기려고 하고 있습니다.

자치분권 로드맵 비전 및 5대 핵심전략

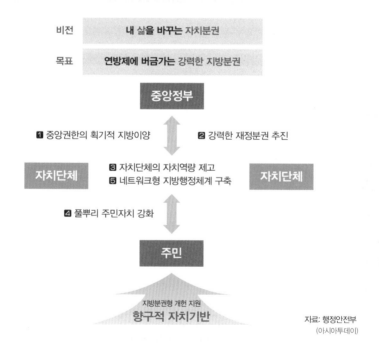

자료: 행정안전부
(아시아투데이)

첫 번째 과제는 중앙 권한의 획기적 지방이양입니다. 현재 대한민국 정부의 총 사무는 2013년 기준, 4만 6,005개입니다. 그중 국가사무는 3만 1,161개(68%)이고, 지방 사무는 1만 4,844개(32%)입니다. 그중 단순한 집행사무는 지방으로 위임되어 있는 경우가 많지만 이마저도 정확한 배분 기준이 있는 것은 아닙니다.

이제 전국적으로 일관성·통일성이 필요한 사무는 중앙정부가 맡되, 지방경제 활성화나 정주 여건 개선 등과 같은 주민의 삶과 밀접한 사업은 과감하게 지방에 이양할 필요가 있습니다. 권력의 크기를 스스로 줄이려는 속성을 가진 중앙 부처는 없습니다. 따라서 사무의 합리적 배분을 위한 중앙정부와 지방정부 간의 긴밀한 사전협의가 필요하겠지요.

대표적 사업이 자치경찰제도입니다. 지방분권이라고 하면 늘 거론되었던 주제지만, 실제로는 바뀌지 않는 제도 중 하나입니다. 저는 현재 노원구청장직 8년 차입니다. 그런데 그 사이 노원의 경찰 책임자는 여섯 번 바뀌었습니다. 짧으면 6개월, 길어야 1년 6개월 정도 근무하는 경찰서장이 마을의 좀도둑을 잡기 위해 얼마나 노력할까요? 주민 안전을 위해 마을에 건널목을 만들거나 신호등을 설치하는 일은 현재 경찰의 권한입니다. 그러다 보니 주민들은 꼭 필요하다고 요청함에도 불구하고 실현되지 않는 경우도 많습니다. 마을에 신호등을 설치하는 일을 경찰이 담당하는 것은 그다지 어울리지 않지요.

교육자치와 일반자치의 연계를 강화하는 일도 중요합니다. 교육자치의 경우 대부분의 선진국은 일반자치의 영역 안에 들어와 있습니다. 아이들이 태어나서 고등학교까지 잘 키우는 일이 지방자치에서 매우 중요하기 때문입니다. 그런데 우리는 광역 행정 단위로 결합되어 있지만, 교육감 선출이 독립되어 있다 보니 자치단체와의 연계성이 낮은 편입니다. 더구나 교육 행정의 대부분 사무를 사실상 국가 단위에서 통제하다 보니 시도 교육청의 권한도 매우 제한적으로 행사할 수밖에 없는 상황입니다.

따라서 우리가 연방제 수준의 지방분권을 이루려면 시도 단위와 시군구 단위에 교육자치 권한을 대폭 이양하고, 일반자치와의 연계 협력도 훨씬 더 강화할 필요가 있습니다.

두 번째 과제는 재정분권 분야입니다. 지방에 자율권이 확대되면 그에 상응하는 재정확충 방안이 함께 마련되어야 합니다. 현재 대략 8:2 수준의 국세 대 지방세 비율을 단계적으로 7:3을 거쳐 6:4까지 조정하여 지방재정을 확충하자는 데는 이견이 별로 없습니다. 정부는 지방소비세와 지방소득세를 확대하고, 지역자원시설세 등과 같이 새로운 세원을 검토 중입니다. 개인이 지방정부에 기부할 때 세액공제를 해주는 '고향사랑 기부제'도 좋은 방안이 될 수 있습니다.

다만, 현재 대한민국이 수도권 일극 중심으로 발전하여 지방세원을 확대하면 오히려 지방 간 격차가 커질 가능성이 크기 때문에 이를 보정할 수 있는 장치를 정교하게 만들 필요가 있지요. 어려운 숙제입니다.

시민들이 창의적으로 움직이려면 이에 상응하는 예산운영에 자율성이 보장되어야 합니다. 현재는 마치 지방정부가 중앙정부의 지방 출장소와 같은 성격이 강합니다. 2018년 노원구의 경우 예산이 일반회계 기준 7,741억입니다. 그중 복지예산이 60%로, 예산 중 가장 큰 몫을 차지하지요. 문제는 이 복지예산 중 96%가 중앙정부에서 이미 결정된 사업에 사용되고, 지방은 소위 매칭펀드 방식으로 지방정부 눈을 기계적으로 붙이는 데 급급하다는 점입니다. 이 일은 지방정부가 아니라 복지부의 출장소가 해도 될 일이지요.

예를 들어, 한국은 기초생활수급권자에게 급여를 지급합니다. 이는 전국 공통사항이죠. 저는 이와 같은 급여는 정부 광역 기초의 매칭 방식이 아니라 중앙정부가 일괄하여 예산을 편성하고 지원하는 것이 타당하다고 생각합니다.

그렇다면 지방정부가 잘할 수 있는 일은 무엇일까요? 지방정부는 수급권자와 가장 가까이에 있습니다. 지방정부는 그의 가족관계와 건강상태는 어떠한지, 근로능력과 자활의지는 어느 정도인지 등을 누구보다 잘 알 수 있습니다. 따라서 지방정부는 수급권자의 급여에 매칭하여 예산을 쓸 일이 아니라, 수급권자의 상태에 가장 적합하게 자활을 돕는 프로그램 사업을 해야 하겠지요. 그런데 심지어 이 사업마저도 우리는 중앙정부가 직접하고 있습니다. 안타까운 현실이지요.

세 번째 과제는 지방정부의 자치역량을 높이는 일입니다. 그간 지방정부는 중앙정부의 통제 문화에 익숙해져서 자발적 혁신 역량이 상대적으로 부족한 편이었습니다. 그렇지만 대한민국의 공무원은 세계적으로 우수한 인재들입니다. 그들이 자율적으로 움직일 수 있는 장이 열리면 혁신의 동력은 매우 강력할 것입니다. 이를 위해서는 정부가 쥐고 있는 족쇄를 풀어주어야 합니다. 현재 지방정부는 부단체장은 물론 과장 한 명도 추가로 늘릴 권한이 없습니다. 비극이죠. 따라서 지방정부에게 공무원의 정원을 포함하여 조직 구성의 자율성을 대폭 넓혀 줄 필요가 있습니다.

네 번째로 풀뿌리 주민자치가 대폭 강화되어야 합니다. 현재 기초 지방자치는 시·군·구 단위로 되어 있습니다. 그런데 실제 시민들의 생활은 읍·면·동 단위에서 이루어지고 있습니다. 노원의 경우를 살펴보면, 19개 동에 인구 2만에서 4만 5,000명이 하나의 동에서 거주하고 있습니다. 60만 명에 달하는 구는 말할 것도 없고 동의 규모도 생활자치를 하기에는 너무 크지요.

따라서 생활자치의 규모를 더 작게 쪼개어 마을공동체가 실제로 작동할 수 있도록 해주고, 동 단위에서 주민자치회를 비롯한 다양한 마을공동체 단위가 상호 협력할 수 있는 기반을 만들어야겠지요.

주민참여가 활성화될 수 있도록 주민투표와 주민소환제도의 범위와 요건이 개선되어야 하고, 주민참여 예산제의 적용범위 역시 확대되어야 합니다. 주민이 직접 조례를 만들고 폐기할 수 있도록 하는 제도가 온라인과 오프라인에서 운영될 수 있도록 하는 것도 꼭 필요합니다.

마지막으로 지방정부 간에 네트워크형 협력관계가 강화되어야 합니다. 지방정부의 단위는 생활과 교통, 역사와 문화, 경제와 일자리 등이 꼭 일치하지 않는 곳이 많습니다. 또한 지방정부가 모든 시설을 자족하기도 쉽지 않습니다. 따라서 이런 문제들을 해결하기 위해 인근 지방정부 간에 연계와 협력을 강화할 필요가 있습니다. 필요에 따라서는 자치단체가 구성원이 되어 별도의 법인격을 갖는 특별 지방정부를 구성하는 것도 가능할 수 있겠지요.

근대 중국의 세계적 작가 루쉰이 그의 수필 '고향'에 다음과 같이 썼습니다.

희망이란,
본래 있다고도 할 수 없고 없다고도 할 수 없다.
그것은 마치 땅 위의 길과 같은 것이다.

본래 땅 위에는 길이 없었다.
한 사람이 먼저 가고
걸어가는 사람이 많아지면
그것이 곧 길이 되는 것이다.

―루쉰의 《고향》 중에서

저는 지금 지방자치의 현실이 이 글과 비슷한 상황이라고 생각합니다. 자치분권을 강화하여 궁극적으로 내 삶을 바꾸는 것. 해야 할 숙제가 많습니다. 한 번도 가보지 못한 길도 있습니다. 그렇지만 본래 땅 위에는 길이 없었답니다. 한 사람이 먼저 가고, 걸어가는 사람이 많아지면 그것이 곧 길이 된다고 루쉰이 말한 것처럼 한 걸음씩 나와 우리 아이들과 마을에 사는 주민들의 삶을 위해 길을 만들어봐야겠지요.

던바의 법칙과
마을공동체

던바의 숫자
150

'던바의 법칙'이란 것이 있습니다. 던바의 법칙이란, 아무리 인맥이 넓은 사람이라도 150명까지만 진정으로 사회적 관계를 가질 수 있다는 것을 말합니다. 영국 출신의 인류학자 로빈 던바 교수가 전 세계 원시부족 형태 마을의 구성원이 평균 150명 안팎이라는 사실을 발견하여 법칙을 만들었고, 이에 그의 이름을 붙이게 되었습니다.

그는 아무리 발이 넓고 사람을 사귀는 재주가 뛰어나도 150명이 진정으로 사회적인 관계를 가질 수 있는 최대 한계라고 주장합니다. 또한 조직에서 집단을 관리할 때 150명이 최적이며 그 이상이 되면 두 개로 나누는 것이 더 낫다고도 말합니다.

요즘은 SNS의 사용 증가로 '친구'가 넘쳐나는 세상입니다. 페이스북 친구가 5,000명을 돌파하거나, 몇만 명 이상의 사람들과 '팔로우'를 맺으며 인맥을 과시하기도 하지만 던바의 법칙에 따르면 페이스북이나 트위터 상의 친구도 150명 정도만 가깝게 연락한다고 합니다. 그래서 150을 '던바의 수'라고도 합니다.

던바 교수가 원시공동체의 마을 구성원의 수에서 확인했다는 150. 우리의 조상들은 700만 년 전 나무에서 내려와 1만 년 전 농업혁명을 통해 정착하기까지 모두 이 정도 규모로 살았을 것입니다. 농업혁명 이후 도시화가 진전되고 마을의 규모도 외형적으로 커집니다. 그러나 700만 년 동안의 본능적 생활방식은 크게 달라지지 않았습니다.

저는 우리의 생활 유전자 속에 깊이 뿌리내려 전해져 오고 있는 던바의 수를 마을에서 발견합니다. 제가 다니는 성당의 등록 신자는 1만 명 가까이 되고, 실제 매 주일 미사에 참여하는 신자만 3,000명이 넘습니다. 제가 한 성당에 20년 넘게 다니다 보니 낯익은 얼굴이 많기는 하지만 그래도 가깝게 인사를 나누는 신자는 생각보다 많지 않습니다. 신자들 또한 구역이나 반 혹은 성가대나 레지오와 같은 단위로 활동하는데, 규모가 커도 대개 100명이 넘지 않습니다.

제가 5년 동안 일주일에 2~3회 나가는 배드민턴 클럽도 비슷합니다. 여러 사유로 회원 가입과 탈퇴가 있는데, 신기하게도 늘 80명 전후로 회원들 사이에 친목이 유지됩니다. 제가 다니는 클럽뿐 아니라 다른 배드민턴 클럽도 비슷합니다. 축구나 테니스, 탁구 등 여러 스포츠 종목도 마찬가지입니다. 거의 모든 스포츠클럽이 대략 30명에서 150명 내외의 규모로 활동합니다. 마치 던바의 법칙을 알고 하는 것처럼.

마을의 다른 조직들도 유사합니다. 학부모 모임, 주민자치위원회를 비롯한 각종 직능단체, 마을의 합창단이나 각종 문화 동아리의 경우도 던바의 수를 넘는 곳은 거의 없습니다.

저는 이와 같이 던바의 수 이내에서 활동하는 모임이 마을공동체의 기본 단위라고 생각합니다. 노원에는 19개 동이 있습니다. 규모가 작은 동의 인구가 대략 2만 명입니다. 이를 기준으로 150명 이내 이웃들이 모일 수 있는 조직으로 구분하면 대략 130개가 기본 단위가 됩니다. 각동에는 통장·반장이 있는데, 대략 '통'보다 더 작은 '반장이 관할하는 지역'이 진정한 이웃이 공동체를 이루고 소통할 수 있다는 것입니다. 요즘은 대부분 유명무실화되었지만, 예전에는 한 달에 한 번씩 반상회를 했습니다. 이 반상회가 한국판 던바의 법칙에 따른 마을공동체 회의라고 할 수 있지요.

제가 구청장이 되어 마을 반상회를 부활해보려고 했습니다. 잘 안 되더군요. 일시적으로 마을에 안건이 생겼을 때는 가능하지만 일상적으로 함께 고민하고 행동할 거리가 없으니 당연하겠지요.

공동체를 이루는 기본 특성은 마을마다 다르기 때문에 정답이 있는 것은 아닙니다. 예를 들면, '우리 아이들을 어떻게 잘 키울 수 있을까?'라는 요구는 공동체를 형성하는 좋은 매개가 됩니다. 마포의 성미산 마을이 대표적이죠. 상계동에도 '노원골 사람들'이라는 마을공동체가 있는데, 이 단체의 시작은 공동육아입니다. 처음에는 이런 목적으로 모였는데, 아이들이 점점 자라서 학교에 다니게 되니 교육과 청소년 문제 등으로 관심이 넓어지고 활동도 다양화되더군요.

저는 노원에서 육아, 교육, 문화, 스포츠, 자원봉사, 도시농업, 종교, 직장, 지역 등등 다양한 영역에서 마을공동체의 기본 단위가 활성화될 수 있도록 노력했습니다.

그동안 각동 단위 마을공동체 허브 역할을 담당한 곳은 주민센터 공간이었습니다. 주민센터는 행정기관이기도 하지만 주민자치위원회를 중심으로 각종 문화강좌가 열리고 동별 10여 개가 넘는 직능단체의 활동 근거이기 때문입니다. 그런데 동의 인구 규모를 볼 때 인구 2만에서 4만 5,000명당 1개씩 있는 주민센터만으로는 공간이 턱없이 부족할 수밖에 없었습니다. 그래서 동별로 주민들이 스스로 운영하는 마을공동체 공간을 2013년부터 본격적으로 만들기 시작합니다.

그 대표적 실험이 ○○행복발전소, 혹은 ○○작은 도서관 등의 이름으로 시작한 사업들입니다.

2014년에 상계8동 주공아파트 16단지 뒤 상계근린공원 안에 만들어진 **상계 숲속 작은 도서관**. 이 도서관은 북카페 기능을 겸한 작은 도서관, 지역아동센터, 다양한 커뮤니티 활동을 할 수 있는 공간 등 세 가지 시설이 복합적으로 이루어져 있습니다. 대한민국에서 마을공동체 활성화를 위해 만든 최초의 복합 모델이지요. 학생들은 방과 후 지역

상계근린공원 내 상계 숲속 도서관 전경

문재인 정부 국정기획자문위원회 방문

아동센터에서 책을 보면서 돌봄을 받고, 그 부모들은 북카페에 모여 차 한 잔을 나누면서 아이와 마을 일에 대해 토론하고, 커뮤니티 공간에서는 다양한 문화활동을 즐길 수 있습니다. 이 상계 숲속 작은 도서관은 문재인 정부 출범 초 국정기획자문위원회에서 모범 사례로 견학을 오기도 했지요.

이 공간의 가장 큰 특징은 공간의 주인이 주민들이라는 점입니다. 그동안은 으레 이런 공간을 만들면 공공에서 사람을 채용하여 관리하고 주민들은 이용자로서 참여했습니다. 그러다 보니 주민은 시설을 편리하게 이용했지만 그 시설의 주인이 되지는 못했습니다.

편리한 교통을 위해 지하철을 만드는 것처럼, 노원구는 마을공동체를 위해 아이들을 돌보고 책을 보고 토론하는 공간이 꼭 필요하다고 생각했습니다. 또 기왕에 마을공동체 공간이 만들어진다면 공공이 아니라 주민 스스로 책임지고 운영해나가는 것이 좋을 것이라고 판단했습니다. 하여 최소한의 운영비 지원 외에 모든 권한을 주민들에게 맡겼습니다. 다만 공간을 너무 폐쇄적으로 운영하거나 다수의 민원이 발생할 경우, 공공이 이를 회수할 수 있도록 하는 안전장치를 하나 만들어두웠습니다. 이것이 유일한 제한이었지요.

　처음에는 이런 운영 방식이 주민들에게 조금 낯설었던 것 같습니다. 그러나 점점 각 동별로 크기가 조금씩 다르고 내용도 조금씩 다르지만 주민 자율로 운영하는 공간이 다양하게 생기면서, 지금은 무척 익숙해졌습니다. 주민들이 운영위원회를 만들고 카페 수익금의 용도를 스스로 정하고, 커뮤니티 공간의 프로그램도 자율로 정하다 보니 마을에 대한 관심과 애착이 대폭 늘어났지요.

　2016년 상계10동에 지어진 **온수골 행복발전소**. 이 공간은 거의 30년간 방치되어 있던 공간인데 실버 스포츠 센터를 포함하여 마을 커뮤니티 공간으로 탈바꿈시켰습니다. 말 그대로 상전벽해가 되었지요.

상계10동 온수골 행복발전소 개소 전과 후

공릉1동 공릉 행복발전소 외부와 내부 전경

중계본동 불암골 행복발전소 전경

　같은 해, 상대적으로 변변한 도서관 하나 없던 공릉1동에 만들어진 **공릉 행복발전소**. 이곳은 다른 곳에는 없는 경로당까지 갖추고 있어 3대가 함께 다닐 수 있는 마을 커뮤니티 공간이 되었습니다. 꽤 큰 공간인데도, 주민들 스스로 운영하게 되니 구청의 예산 부담은 줄이면서도 주민 만족도는 높은 공간이 되었지요.

　위 사진은 중계본동 일반주택 내에 있는 **불암골 행복발전소**입니다. 이곳은 환경미화원 숙소가 이전하면서 오랜 기간 비어 있던 곳입니다. 처음 이곳에 갔을 때는 오랫동안 사람의 손길이 닿지 않아 현관까지 호박 넝쿨이 휘감아 사람의 접근을 막고 있었습니다.

　이 행복발전소는 현재 불암산 숲 속에서 도서관을 운영하는 분들이 직접 운영합니다. 언젠가 우연히 들렀더니 김광석 관련 작음 음악회를 발전소 안에서 개최하고 있었는데, 마을의 품격이 달라졌다는 느낌을

월계동 한내 지혜의 숲 전경과 내부 모습

받았습니다.

위 사진은 월계동 **한내 지혜의 숲**입니다. 한내 근린공원 안에 오래되어 사용하지 않던 분수대를 철거하고 만든 곳이라 더 의미 있는 공간입니다. 외관이 마치 여러 개의 나무로 이루어진 숲과 같아서 이름도 그렇게 지었는데, 2017년 서울시의 최고 건축가 상과 문화관광부 장관상을 받아 주민들뿐 아니라 건축가들의 필수 견학 코스가 되었습니다.

이 밖에도 연촌마을 사랑방, 초안산 숲속 작은 도서관, 달빛마실, 이담, 수락 숲이랑, 가재울 지혜마루, 상구네 행복발전소 등 최근 4년간 노원에는 약 20여 개의 마을공동체 공간이 만들어졌습니다. 그리고 그 공간을 아름답게 채우는 마을 사람들이 늘어났습니다. 이곳뿐만이 아닙니다.

공릉청소년센터의 든든한 이웃들이, 작은 다락방의 마을 주민들이, 교회의 빈 공간을 활용하는 주민들이, 주민센터에서 하모니카 교습을 수강하던 주민들이 마을의 행복 공간을 넓혀주고 있습니다.

마을 네크워크는 평소에는 기본 생활공동체 단위로 활동합니다. 각 거점끼리의 연결은 수평적이지만 느슨한 편입니다. 물론, 특별한 경우

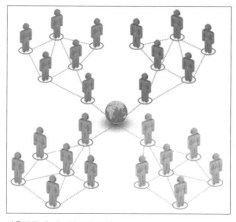
마을공동체 네트워크의 모형

도 있지요. 매주 수천 명이 예배나 미사를 보는 교회나 성당과 같은 종교단체는 매우 강력한 결합력을 갖습니다. 그 외의 일반적 생활공동체들은 평소 느슨한 네트워크로 연결되어 있다가 마을 운동회나 마을 축제 혹은 구 전체의 탈축제 행사 때에 함께 역할을 나누어 맡으면서 더 큰 일을 해냅니다. 이때에는 일시적으로 강한 결합을 갖게 되지요.

노원에서는 위 그림처럼 던바의 법칙에 기초하여 마을 네트워크가 다양한 방식으로 움직이고 있습니다. 그리고 그 뿌리가 점점 튼튼해지고 있습니다. 좋은 일이지요.

2013년 이후 마을 커뮤니티 센터 건립 현황

	공간명	개소일	주소	비고
1	연촌마을 사랑방	2013. 4.	광운로17길 48-4	커뮤니티 공간
2	초안산 숲속 도서관	2014. 9.	덕릉로 60길 199	도서관, 북카페
3	달빛마실	2015.10	광운로 13길9	커뮤니티 공간
4	공릉 행복발전소	2016. 2.	동일로 179-22	도서관, 북카페, 회의실
5	온수골 행복발전소	2016. 4.	상계동 673(지층)	주민자치프로그램실
6	불암골 행복발전소	2016. 6.	중계로 14길 51	지역아동센터, 북카페
7	상계마을숲	2016. 9.	(상계16단지상계숲속 도서관)	도서관, 커뮤니티공간
8	공릉 행복문화창작소 두드림(Do Dream)	2017. 1.	공릉동 406-1 (공릉2빗물펌프장 1층)	자치회관(지역문화) 동아리 활동 및 청소년 놀이쉼터
9	이담	2017. 2.	동일로 1697 (상계1동 주민센터)	북카페
10	한내 지혜의 숲	2017. 3.	월계동 1-1	독서공간, 북카페, 학습지원실
11	원터 행복발전소	2017. 3.	상계로23길 17	NPO지원센터, 수화통역센터, 어르신 돌봄센터
12	경춘 숲속의 집	2017. 6.	경춘선 철로변 (하계2동)	커뮤니티공간, 자치프로그램 동아리룸
13	수락 숲이랑	2017. 7.	누원로 19 수락리버타운 1층	북카페, 다양한 프로그램실
14	상구네 행복발전소	2017.11.	한글비석로 54길116 지층1호	커뮤니티 공간
15	가재울 지혜마루	2017.11.	한글비석로 97 이지주택 내	북카페, 도서관, 주민자치프로그램 시설
16	담소	2017.12.	동일로243길 57 상계문화정보도서관	커뮤니티 공간
17	수락 행복발전소	2018. 2.예정	상계동 996-21외 1필지	마을카페, 지역아동센터
18	월계 행복발전소	2018. 2.예정	월계동 333-1	북카페, 다목적회의실
19	상계5동 행복발전소	2018. 3.예정	상계동 450-6번지	카페+새마을창고+자원봉사작업실+회의실
20	하계 행복발전소	2019.10.예정	하계동 170-14 문화	도서관, 북카페, 공동육아방, 다목적공간, 다목적체육센터
21	상계6·7동 행복 발전소	2019.12.예정	국민은행 신축건물	북카페, 커뮤니티 공간

노원의
마을살이

마을에서 행복하게 산다는 것은 어떤 의미일까?

곰곰이 생각해봅니다. 지구가 유한한 존재라는 사실을 인정한다면 우리는 무한 생산과 소비를 반복하는 삶의 방식을 전환해야 합니다. 다시 말하면, 지구에 생태 발자국을 최소화하면서 인간이 보다 더 행복하게 사는 방식을 찾아야 합니다. 이 문제는 지구촌과 각 나라의 시스템을 바꾸는 것만으로 해결되지 않습니다.

개개인의 삶의 태도와 방식도 함께 바꿔야 합니다. 우리는 그동안 대체로 많은 돈을 벌고, 그 돈으로 큰 집을 사고, 큰 자동차를 타고 다니는 것을 성공의 중요한 기준으로 삼았습니다. 그러나 70억 인류가 모두 그와 같은 삶을 살 수 있을까요? 불가능합니다. 그렇게 하려면 지구가 최소한 네 개가 필요하니까요. 우리는 이제 적당한 부, 적당한 집, 그리고 작은 전기차를 가지는 것이 행복한 삶이 될 수 있도록 해야 합니다. 크게 보면 개개인의 물질적 욕구를 줄이고, 그 자리에 공유와 정신적·문화적 욕구를 채워야 합니다.

✿ 공유의 대표 공간–노원의 도서관

　정신적·문화적 욕구를 실현하기 위한 대표적 공간이 도서관입니다. 지적 욕구가 높아 독서가 취미인 사람도 모든 책을 다 구매하여 소장하기는 불가능하고, 비효율적입니다. 그래서 도서관이 필요하지요. 도서관은 대표적인 지적 공유 공간입니다.

　저는 이런 공유 공간이 더 많아야 한다고 생각했습니다. 그래서 임기 중에 크고 작은 도서관과 북카페를 10여 곳 이상 만들었습니다. 노원에는 곧 개관할 예정인 중계동 불암 도서관을 비롯해 6곳의 거점 도서관과 19개 동의 작은 도서관, 10여 곳의 북카페가 있습니다.

　그리고 이 도서관들은 도서관끼리 책 배달(상호대차)이 가능하도록 했지요. 주민들이 검색하여 책을 신청하면 직접 해당 도서관에 가지

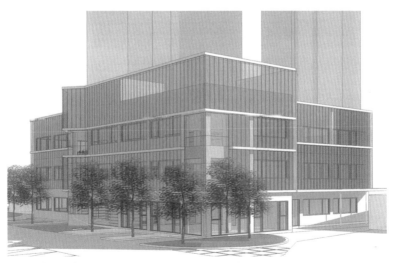

2018년 4월 개관을 앞둔 중계동 은행사거리 불암 도서관 조감도

않더라도 가까운 도서관에서 책을 대출하고 반납할 수 있는 시스템입니다.

아이들이 책을 가까이하려면 그 부모들이 책을 읽어야 한다지요. 노원에서는 매년 각 거점 도서관별로 '책 읽는 어머니 학교'를 개최합니다. 보통 100여 분 정도의 어머니들이 참여합니다. 이 학교도 벌써 7년이 되어가니 많은 어머니들이 학교를 졸업했고, 이로 인해 독서문화가 생활 속에 더욱 뿌리내리고 있습니다.

또한 어린이나 시각장애인 등에게 책을 읽어주는 '리딩인' 교육도 지속적으로 진행하고 있습니다. 2017년에만 195명의 리딩인들이 1만 1,622명에게 책을 읽어주었다고 합니다. 마을 사람들이 마을의 어린이 등에게 책을 읽어주는 모습을 보면 얼마나 감동적인지 모릅니다. 노원은 이렇게 마을의 독서력을 높여나가고 있습니다.

노원구의 도서관에서는 아동들의 읽기 습관을 높여주기 위한 '북적북적' 프로그램도 운영합니다. 아동기에 책 읽는 습관을 키우는 것은 어떤 것보다도 중요합니다. 책은 인류의 축적된 문명을 다음 세대에 전달하는 가장 좋은 도구입니다. 요즘은 다양한 정보가 넘쳐납니다.

책 읽는 어머니 학교에서 수업하는 모습

리딩인 교육을 마치고 수료식을 하는 모습

북적북적 도서관 1:1 멘토 프로그램

그 다양한 정보를 취사선택하여 자신의 삶을 풍부하게 만들려면, 먼저 독서를 통해 자신의 내적 세계를 풍요롭게 가꾸어야 합니다. 북적북적 도서관은 먼저 1:1 멘토 프로그램으로 독서습관을 키워주고, 그 단계를 지나면 독서 동아리를 구성하여 활동할 수 있도록 설계되어 있습니다. 아이들이나 부모에게 만족도가 매우 높은 프로그램입니다.

✿ 노원 휴먼 라이브러리

　노원의 도서관 프로그램 중에 가장 자랑스러운 것은 '휴먼 라이브러리'입니다. 2012년 노원이 국내 최초로 책 대신 '사람을 대출'하는 상설 도서관을 만든 것입니다. 이 도서관은 주로 청소년들이 관심을 갖는 직업군의 사람을 대출하여 1시간 내외로 토론하며 궁금증을 풀어가는 방식으로 운영합니다. 이 1시간이 책 한 권을 읽은 것보다 효과적인 경우가 많습니다.

　2017년 말 현재, 733명이 등록되어 운영되고 있는데, 전적으로 재능 기부 방식입니다. 상상해보세요. 당대 각 분야의 전문 직업을 가진 선배 세대가 마을의 다음 세대에게 집단 혹은 개별 상담 방식으로 지식과 삶의 노하우를 아낌없이 넘겨주는 모습, 참 아름답지요.

　마을의 생활방식과 문화를 바꾸는 것은 하루아침에 되는 일이 아닙

휴먼 라이브러리 송년 모임

니다. 도서관도 예전에는 중고등학교 시험기간에 북적이는 열람실 위주의 단조로운 공간이었습니다. 이제는 바뀌었지요.

마을에서 '문화'는 공동체성을 높여주는 주요한 매개입니다. 문화가 지방자치의 꽃인 이유는 그 마을의 정체성과 품격을 최종적으로 보여주기 때문입니다.

🌱 구민 체육대회

제가 처음 구청장이 되었을 무렵, 노원에는 시민들이 함께 참여할 수 있는 문화가 거의 없었습니다. 당시 노원의 대표 축제는 문화의 거리 안에서 진행되던 '국제 퍼포먼스 페스티벌'이었습니다.

이 페스티벌은 국제적인 예술가들을 초청하다 보니 예산은 적지 않게 들었는데, 문화의 거리가 워낙 협소하여, 많은 주민들이 함께 즐기기에 한계가 있었습니다. 당연히 많은 주민들은 그런 축제가 있는지도 몰랐습니다.

구민의 참여가 없고 구민을 그저 구경꾼으로 만드는 퍼포먼스 페스티벌은 폐지되었습니다. 그리고 가장 먼저 노원구민 체육대회가 부활합니다. 노원에는 그나마 이 체육대회가 노원구민의 날(10월 9일)을 기념한 가장 큰 행사였습니다.

구민 체육대회에서 동 대항 줄다리기를 하는 모습

각 동별로 줄다리기를 하고, 줄넘기도 하고, 릴레이 경기를 하다 보면, 동별 단합력이 커집니다. 1년에 한 번 치러지는 동별 대항 체육대회는 다소 고전적 프로그램이지만 단합력을 키우기에는 매우 효과적 방식입니다.

♥ 노원 탈축제

구민 체육대회를 성공리에 부활시켰지만, 저는 왠지 아쉬움이 남았습니다. 구민 체육대회와 달리 노원을 대표하는 축제를 만들어낼 수는 없을까? 이런 고민을 할 무렵, 당시 노원문화예술회관을 맡고 있던 김승국 관장님이 '탈축제'를 제안합니다. 노원구가 서울시로 편입되기 전 양주시 노해면이었는데, 양주시에서는 탈을 쓰고 하던 '양주 별산대 놀이'가 유행했으니, 이를 노원에서 부활해보자는 제안이었습니다.

공룡의 피를 빨아먹은 모기 화석을 호박 속에서 발견하고, 그 DNA를 추출하여 영화 '쥬라기 공원'을 만들었던 것처럼, 노원 탈축제는 그렇게 시작되었습니다.

축제는 아무래도 거리를 막고 해야 제격인가 봅니다. 중계동 등나

탈축제 퍼레이드를 하는 노원구민들

무 근린공원에서 출발하는 탈 퍼레이드는 약 $2km$를 행진합니다. 그리고 롯데백화점 사거리부터 순복음교회 삼거리까지 노원에서 가장 넓은 길을 막고 펼쳐집니다. 유치원이나 어린이집 아이들의 손을 잡고 온 부모들은 가족들끼리 다양한 체험코너에 참여하면서 거리에서 해방감을 느끼는 듯합니다.

2017년 가을, 노원 탈축제는 다섯 번째를 맞았습니다. 이런 야외행사는 날씨가 행사 성패의 절반을 차지하는데, 5년 동안 한 번도 비가 오지 않았습니다. 아니, 비가 비켜 갔지요. 어떤 해는 축제 당일 오전 6시까지 비가 오기도 했고, 그다음 해에는 축제 다음 날 폭우가 쏟아지기도 했습니다. 그러나 축제가 시작되었을 때는 단 한 번도 빗방울이 내리지 않았지요.

그러다 보니 해가 거듭될수록 참여 인원이 늘어 2017년에는 하루에 30만 명이 축제에 다녀가게 되었습니다. 이런 성과가 있다 보니 서울시의 각 자치구 축제 중에서 가장 성황리에 열리는 축제로 선정되어, 1억 원의 예산을 서울시로부터 보너스로 지원받기도 했습니다.

🦋 태강릉 초안산 궁중 문화제와 당현천 등축제

탈축제가 가을의 대표 축제라면, 봄의 대표 축제는 공릉, 월계 일대에서 펼쳐지는 태강릉 초안산 궁중 문화제와 중계동 당현천 일대에서 열리는 등축제입니다.

그동안 초안산에서는 내시 군묘가 집단으로 매장된 문화유산을 기념하여 초안산 문화제를 개최했습니다. 그런데 내시 문화가 부정적인 인식을 줄 수 있어서 고민하다가, 서울에서 유일하게 태강릉 같은 왕·왕비의 능과 내시·상궁 등의 묘역이 한 구에 있음에 착안하여 태강릉 초안산 궁중 문화제로 축제의 컨셉을 바꾸었습니다. 올해로 3년 차인데, 결과는 대성공입니다. 그동안 태강릉이라는 세계문화유산을 갖고 있으면서도 이를 현대에 재현하지 못했는데, 드디어 문정왕후와 명종이 세상 밖으로 나오게 되었습니다.

당현천 등축제를 즐기는 주민들

당현천에서 진행되는 등 축제는 서울시가 겨울 청계천에서 진행하는 빛 사랑 축제에 사용하는 등을 임대하여 저렴한 비용으로 진행합니다. 초여름이면 당현천에 설치된 등을 보기 위해 정말

태강릉 초안산 궁중 문화제 어가행렬

많은 주민들이 구름처럼 몰려듭니다. 노원구에서는 정말 저렴한 비용으로 주민들에게 등과 관련한 구경거리와 다양한 체험거리를 제공하니 즐거울 수밖에 없습니다.

🦉 마을별 체육대회와 마을 축제

2016년, 엘리트 체육을 주관하던 대한체육회와 주민들의 생활체육을 주관하던 생활체육협의회가 전국적 단위에서 통합됩니다. 이 통합이 실효적인가에 대해 의문이 있었지만 전국 공통이라 노원구도 통합했지요. 노원구는 통합하면서 각 동별로 동 체육회를 정식으로 구성합니다. 마을에서 주민들이 다양한 생활체육을 즐기는 것을 지원하기 위한 조직이지요. 그런데 막상 동별로 조직해놓고 보니 구체적인 사업거리가 없더군요.

고민 끝에 2017년 각 동별로 마을 체육대회를 개최하기로 결정하고 최소 예산을 지원했습니다. 구청은 예산만 일부 지원하고 일시, 장소, 종목, 방식 등은 각 동 체육회의 자율에 맡겼습니다. 대한체육회와 생체협이 통합된 후 동 단위에서 자발적으로 체육대회를 개최한 것은 노원이 처음이었습니다. 구민 체육대회만 해도 주로 직능 단체원끼리 참여하는데, 동 체육대회는 그야말로 남녀노소 참여하여 즐길 수 있어서 주민들도 무척 좋아했습니다.

마을이 살아나려면 마을 단위로 특색 있는 연중행사가 필요합니다. 노원구는 구 전체 행사는 오래전부터 있었지만, 동별 행사를 체계적으로 만들지 못했습니다. 그래서 2015년부터 각

2017년 각 마을별 체육대회 중에서

마을별 특색을 살려서 마을 축제를 열기로 했습니다. 이미 자생적으로 마을 축제를 개최했던 곳이 몇 곳 있었지만 마을 전체가 움직인 적은 없었습니다. 첫해는 엉성했던 곳도 있었는데, 지금은 각자 마을의 옛 전통을 찾아내 이를 특화하는 곳이 많아졌습니다.

이제 노원의 가 마을에서는 봄에는 체육대회가 열리고, 가을에는 수백에서 수천 명까지 참여하는 축제 행사들이 정례화되었지요. 그렇게 노원의 마을이 '문화'로 살아나고 있습니다.

⬡ 경춘선 숲길 기차 공원과 박물관

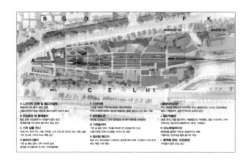

춘천 가는 기차, 경춘선. 예전에 이곳에서 청춘의 낭만을 꿈꾸었던 분들이 참 많았지요. 그 경춘선 구간이 변경되면서 광운대역부터 서울시계까지 6.3km 구간이 폐선되었고 현재 이 구간은 코레일 소유의 부지인데 서울시가 무상 임대하여 전 구간을 공원화하고 있습니다.

예전에는 기차 소음을 피하기 위해 돌아앉았던 집들이 이제는 하나둘 공원 방면으로 다시 향하고 있습니다. 철길은 이제 노원구민들의 휴식처이자 다양한 마을행사가 열리는 공동체 공간으로 바뀌고 있습니다.

이 경춘선 폐선 부지 내에 화랑대 기차역이 있습니다. 서울여대와 육군사관학교 사이 인적이 드문 곳이 있는데, 공간은 꽤 넓습니다. 서울시는 당초 이곳을 고즈넉한 산책로 수준으로 마무리할 예정이었지만, 1,000만 서울시민이 사는 곳에 기차박물관이 하나도 없는 현실을 고려하여 노원구가 주도적으로 기차 공원을 조성하고 있습니다. 이미 어린이대공원 후문에 있던 1950년대 협궤열차와 미카열차가 옮겨왔고, 체코의 노면전차와 고종황제가 탔다던 서울 최초의 개방형 노면전차도 국립민속박물관에서 이곳으로 옮겨왔습니다.

그중 하이라이트는 1968년까지 다녔던 서울의 노면전차를 부활하

일본 (주)히로시마 전철의 열차 기증식

서울 최초 개방형 노면전차

는 일입니다. 마침, 일본 히로시마에서 1957년에 제작되어 지금도 사용 가능한 전차를 기증받게 되었습니다. 제가 삼고초려를 했지요.

이 열차가 조만간 화랑대 기차역과 지하철 6호선 화랑대역을 연결하는 대중교통 수단이 될 예정입니다. 생각만 해도 근사하지요.

문화를 향유하는 것은 어느 날 뜬구름 잡듯이 이루어지지 않습니다. 역사 속에서 모티브를 찾고, 그것을 현실에서 구현해냄으로써 비로소 문화에 숨결이 생기는 것이지요. 저는 기차박물관의 서울 노면전차가 바로 그 역할을 하게 될 것이라고 믿습니다.

🌱 마을공동체 복원의 일곱 걸음

1940년대부터 1980년대까지 복지국가 시대가 열립니다. 이 시대의 키워드는 '정부'였습니다. 1980년대부터 2008년까지를 신자유주의 시대라 합니다. 이때의 키워드는 '시장'이었지요. 저는 2008년 세계 금융위기 이후 시대는 공존의 시대가 되어야 한다고 생각합니다. 그리고 이때의 키워드는 '공동체'입니다.

저는 2012년부터 노원구의 마을공동체를 복원하기 위해 아래 사진처럼 매년 주제를 달리하여 공동체 복원 운동을 전개해왔습니다. 마을의 힘을 집중하여 일점돌파를 해나가는 것이지요.

첫 시작은 이웃과 인사하기였습니다. 회색 아파트의 단단한 콘크리트 속에 들어 있는 이기심을 줄이려면 가장 먼저 이웃과 인사하기부터 시작해야 했지요.

첫 번째 발걸음 2012년 4월~

두 번째 발걸음 2012년 9월~

세 번째 발걸음 2013년~

네 번째 발걸음 2014년~

다섯 번째 발걸음 2015년~

여섯 번째 발걸음 2016년~

두 번째 걸음은 나눔과 복지였습니다. '슬픔을 나누면 절반, 기쁨을 나누면 두 배'라는 슬로건으로 기부, 자원봉사, 헌혈, 장기기증 등을 독려했지요. 노원구의 자원봉사자가 15만 명에 이르고, 교육복지재단의 기부자가 연간 1만 4,000명에 달하게 된 것도 이 캠페인 덕분입니다.

세 번째 걸음은 '마을이 학교다'입니다. '한 아이를 키우려면 온 마을이 필요합니다'라는 슬로건으로 시작한 마을학교 사업은 주민들 사이에서 반응이 무척 좋았습니다. '그래, 바로 이거야!' 같은 반응이었지요. 교사 자격증이 없더라도 여러 재능이 있는 마을 주민들이 재능을 기부하여 운영하는 마을학교. 이 학교가 현재 1,000여 개에 육박합니다. 그야말로 노원구가 온통 학교로 바뀌게 된 것이지요.

네 번째 걸음은 '사람이 우선입니다.' 이 캠페인을 할 무렵 정말 안타까운 세월호 사고가 터집니다. 노원구는 '생명은 우주만큼 소중합니다'는 슬로건으로 자살예방과 안전한 마을 만들기 사업을 펼칩니다.

다섯 번째 걸음은 '녹색이 미래다'입니다. '사람과 자연은 더불어 살아야 됩니다'를 슬로건으로 시작한 이 사업은 노원을 태양의 도시로 바꾸고, 도시농업을 활성화하며, 자원순환을 활성화하는 데 기여합니다.

여섯 번째 걸음은 '노원아 놀자, 운동하자'입니다. '운동으로 건강 올리Go, 문화로 행복 올리Go'라는 슬로건을 내건 이 사업도 주민들의 반응이 매우 뜨거웠습니다. 노원구는 이 캠페인을 하면서 주민들의 운동시설과 문화시설을 전반적으로 개보수하고, 동별로 더 가까운 곳에서 운동과 문화를 즐길 수 있는 계기를 만들었지요.

마을공동체 복원을 위한 노원의 일곱 발걸음

마을공동체 복원의 7번째 걸음
행복은 삶의 습관입니다
행복을 만드는 10가지 방법! 함께 실천해요!!

01 인사와 웃음은
행복의 시작입니다

02 하루 다섯 번
감사를 표현합니다

03 매일 나와 이웃을
한 번 이상 칭찬합니다

04 일주일에 3일 30분 이상
운동합니다

05 일주일에 1시간 이상
가족, 이웃들과 대화합니다

06 영성적 활동을 통해
마음을 풍요롭게 합니다

07 한 달에 한 번 이상
봉사 나눔 활동을 합니다

08 자연과 공존하며
식물을 키웁니다

09 독서와 문화예술 활동을
생활화 합니다

10 비교하지 않고,
자신에게 충실한 삶을 삽니다

그리고 지난해, 마을공동체 복원 운동을 총정리하는 의미에서 '행복은 삶의 습관입니다'를 주제로, 일곱 번째 걸음을 걷게 됩니다. 이 걸음은 지금도 현재 진행형입니다.

돈은 수단이요, 행복은 목표입니다. 그런데 어느 순간 우리는 본말이 전도되어 돈을 버는 것을 목표로 삼고, 행복은 뒷전으로 미뤄버렸지요.

저는 마을살이의 최종 형태이자 목표는 '행복'이어야 한다고 생각했습니다. 그래서 〈글머리〉에서도 언급했지만, 영국의 '슬로우'라는 마을에서 실험했던 방식을 옮겨와서 노원에서 이를 실천하고 있습니다. 위의 열 가지 방법은 영국, 미국, 가톨릭 교황청, 한국의 서울대 행복연구소 등에서 제안한 것 중 핵심만 뽑아서 만들었습니다.

이와 같은 행복 캠페인은 국가나 광역 차원에서는 진행하기가 어렵습니다. 이런 일이야말로 주민과 가장 가까이 있는 기초 정부가 해야 할 일이지요. 노원에는 행복을 배달하는 배달부가 약 1만 명 있습니다. 이 배달부들이 주민과 매우 가까운 곳에서 스스로 행복을 실천하고, 다른 이들에게 전파하는 일을 담당합니다. 그리고 매일 아침 행복을 명상할 수 있는 '행복편지'가 카톡으로 배달되는데, 현재 약 4만여 명이 이 편지를 받아보고 있습니다. 앞으로 더 늘어나겠지요.

행복은 주관적·심리적 요소가 강하여 객관적으로 평가하기가 쉽지 않습니다. 그렇지만 위의 열 가지를 꾸준히 실천했더니 실제로 자신의 삶의 태도가 바뀌었다는 일종의 '간증'을 하는 주민들이 많이 늘고 있습니다.

제 민선 6기의 구정 목표가 '대한민국에서 가장 행복한 노원구'를 만드는 일이었습니다. 이 목표가 얼마나 달성되었는지는 좀 더 시간이 흘러봐야 알게 되겠지요. 더 넓게 보면 저는 노원에서 마을공동체를 복원하는 일에 도전했습니다. 물론 쉬운 도전은 아니었습니다. 그렇지만 누군가 도전하고, 실천하고, 성패를 검증하는 과정에서 더 좋은 마을들이 많이 만들어질 수 있겠지요.

인류와 지구의 안녕을 위하여

애향심(愛鄕心), 애국심(愛國心), 애구심(愛救心)

우리는 가족을 사랑합니다. 조상 대대로 물려받은 자신의 유전자가 사랑하는 배우자의 그것과 합쳐진 후 출산의 고통을 거쳐 태어난 아들딸들이 부모의 입장에서 얼마나 사랑스러울까요. 또 그렇게 낳아주고 길러주신 부모님에 대한 자식들의 사랑 역시 인류지사의 자연스러운 마음이겠지요. 자기 자신에 대한 사랑을 포함하여 가족에 대한 사랑은 가장 기본적인 공동체의 출발입니다. 그리고 가족 사랑의 단계를 넘어서면, 우리는 보통 두 가지 더 사랑의 마음을 품습니다.

하나는 애향심(愛鄕心)입니다. 자신이 태어난 동네를 사랑하는 마음이지요. 걸음마 단계를 넘어 친구들과 뛰어놀던 들판이나 멱 감던 개울은 세월이 아무리 오래 흘러도 우리의 기억 속에 남아 있지요. 저도 고향을 떠올리면 늘 바닷가 유림 해수욕장에서 놀던 기억이 납니다.

조금 커서는 여름방학 때 아버지와 해 질 무렵 도미 낚시를 하던 추억이 잊히질 않습니다. 여우가 죽을 때 자신이 살던 굴이 있는 언덕 쪽으로 머리를 둔다는 뜻의 수구초심(首丘初心)이라는 사자성어도 있지요. 수구초심이 생기는 이유는 모두 조금씩 다르겠지만, 우리가 태어나서 첫 경험을 쌓은 곳에 대해 애향심을 갖는 것은 당연하겠지요.

나머지 하나는 애국심(愛國心)입니다. 자신과 형제, 이웃들이 태어나서 자란 나라를 사랑하는 마음. 애국심은 민족과 영토 그리고 언어와 생활을 공유하며, 추상적이지만 독특하게 형성되는 마음입니다.

애국심은 때로는 민족 우월주의와 연결되면서 다른 나라와 민족을 침략하는 근거로 작동하기도 합니다. 독일의 나치가 유대인을 대량학살한 것처럼 말이죠.

애국심은 마치 우주에 나가서야 비로소 공기의 소중함을 느끼는 것처럼, 보통 때는 잘 느끼지 못하다가 해외여행을 할 때 많이들 느낀다고 하지요. 또 평소 국내 축구경기에는 별 관심이 없다가 국가대표 한일전을 보면서 애국심이 발동하여 열띤 응원을 하는 경우도 많지요.

곧 한국에서 평창 동계올림픽이 열립니다. 각 나라를 대표하여 출전한 선수들은 금은동 메달레이스를 펼칩니다. 만약 쇼트트랙 경기에서 한국 선수가 금메달을 따면 왠지 내가 메달을 딴 것 같은 느낌이 드는데, 이것이 곧 애국심의 발로이지요.

저는 여기에 한 가지를 더 사랑하자고 제안합니다. 우리 인류가 탄생하여 살아가고 있는 지구를 사랑하는 마음. 바로 애구심(愛球心)입니다. 생소한 말이지요. 백과사전 검색에도 아직 나오지 않는 말이니 그럴 만도 합니다.

지구는 우주적 관점에서 보면 한강에 있는 모래알 하나보다도 작은 존재입니다. 그러나 인류에게 지구는 아무리 앙탈을 부려도 무한한 사랑을 베푸는 어머니 같은 존재였습니다. 사람들은 500년 전까지도 '지구는 신이 창조한 우주의 중심'이라고 생각했습니다. 우주의 중심이니 상상할 수 없을 만큼 크다고 느꼈겠지요. 현대 과학이 발전한 지금도 지구 반대편에 있는 남미 대륙에 가려면 비행기로 꼬박 하루가 소요되니, 둘레가 4만km인 지구는 인류에게 엄청나게 큰 존재임에 틀림없습니다.

지구가 무한히 크고 아낌없이 주는 어머니 같은 존재이다 보니, 그동안 사람들은 지구에게까지 사랑을 나눌 필요를 느끼지 못했을 것입니다. 그런데 지구 행성이 아프기 시작했습니다. 산업혁명 이래 인구는 지구가 감당할 수 없을 정도로 늘어나고 있고, 석탄과 석유에 기반을 둔 문명은 지구의 이산화탄소의 농도와 온도를 빠르게 올리고 있습니다.

그 결과 제가 이 책을 쓰고 있는 2018년 1월 겨울에는 미국 기온이 영하 69℃까지 내려가는 한편, 호주 시드니에서는 사상 두 번째로 높은 기온인 47.3℃까지 올라가는 현상이 드물지 않게 나타나고 있습니다. 생태계는 빠르게 파괴되고 있고, 그 상징인 북극곰은 삶의 터전인 빙하가 모두 녹아 없어져서 조만간 동물원에서만 볼 수 있게 될지도 모릅니다.

과학적으로 지구의 모든 생명의 원천은 태양으로부터 옵니다. 그 태양도 앞으로 50억 년 후면 그 빛을 다할 것이라고 합니다. 태양이 생명을 다하여 백색왜성으로 쪼그라질 때면 지구의 운명도 함께 사라지겠지요. 저는 그때까지 지구와 함께 찬란한 인류 문명이 계속되기를 바랍니다. 그런데 이런 속도라면 50억 년은 고사하고 50년도 더 버틸 수 있을지 장담하기 어렵습니다.

태양이 아버지라면 지구 행성은 어머니입니다. 지구라는 어머니도 아플 수 있다는 사실을 인정해야 합니다. 우리 인류가 어머니가 돌아가신 후 비가 올 때마다 개울가에서 우는 청개구리가 되어서는 곤란하겠지요. 우리가 청개구리가 되지 않으려면 자기 고향과 나라를 사랑하는 마음처럼 지구를 사랑하는 마음(愛救心)을 가져야 합니다.

누군가 혹은 무엇인가를 사랑하는 마음은 그냥 생겨나지 않습니다. 사랑도 노력하는 것이요, 쟁취하는 것이라 했습니다. 애구심도 마찬가지입니다. 애구심이 넘치는 지구인이 되려면 병들기 시작한 어머니인 지구를 살리려는 노력을 게을리 해서는 안 됩니다. 어려서부터 교육하고 연습해야 합니다. 부모님들도 아이들에게 모범을 보여야 하겠지요. 이제는 70억 명 인류 모두가 말이 아니라 행동으로 어머니 지구를 사랑할 때입니다.

지구촌을 이끌 모범 국가 – 대한민국

병들어가는 어머니인 지구를 살리는 일은 일국 차원의 노력만으로는 불가능합니다. 그렇다고 누군가 대신해줄 수도 없습니다. 하버드대학의 한 연구결과에 따르면 행복은 전염된다고 합니다. 마을 전체가 행복해지려면 누군가부터 행복 연습을 시작하고 이를 전염시켜야 합니다. 지구를 살리는 일도 마찬가지입니다.

저는 이 책에서 지금의 시기를 신자유주의 시대를 넘어 공존의 시대라고 칭하고, 지구를 살리기 위한 세 가지 공존 과제에 대해 말했습니다.

첫 번째 과제는 사람과 자연의 공존입니다.

자연과 공존하기 위해서는 우리의 인식이 변해야 합니다. 그 핵심은 지구가 유한한 존재라는 것을 인정하는 것입니다. 지구가 유한하다면 무한성장을 전제로 한 경제 방식을 지속가능한 발전으로 바꿔야 합니다. 지구에 부담을 주지 않으면서 사람이 행복하게 사는 경제 방식으로요.

그 목표치는 이산화탄소 농도 기준 350ppm, 지구 온도 기준 1.5℃ 이내입니다. 그러나 현실은 이미 400ppm을 넘었고, 매년 2ppm 이상 이산화탄소 농도가 오르고 있는데, 시간이 얼마 남아 있지 않습니다. 우리는 매우 빠른 속도로 탄소 의존 경제를 재생에너지 기반 경제로 바꿔야 합니다. 당연히 이산화탄소가 발생하는 굴뚝에 환경세 혹은 탄소세를 부과해야 하겠지요. 그 밖에도 해야 할 숙제가 많습니다.

두 번째 과제는 사람과 사람의 공존입니다.

지구와 인류의 공존을 위해서는 사람과 사람 간의 불평등 문제를 해결해야 합니다. 1980년대 신자유주의 시대 이후 세계적으로 경제 불평등이 확대되었습니다. 이와 같은 세계적·일국적 불평등은 범죄와 테러를 확산하고 자살률을 높이고 출산율을 낮추는 등 여러 사회현상의 근본적 원인을 제공합니다. 이런 사회에서 사람과 자연의 공존을 말하기는 어렵지요.

사람과 사람의 공존이라고 해서 절대적 평등을 주장하는 것은 아닙니다. 그러나 사람 그 자체로 존엄성이 보장될 수 있는 정도로는 격차를 줄여야 합니다. 한국사회 모든 국민들이 서로가 서로의 서비스업으로 더불어 살기 위해서는 비정규직을 줄이고 최저임금을 올려야 하는 이유가 여기에 있지요. 이는 결과적으로 사회 경제의 혁신을 높이는 데 도움이 됩니다. 우리는 유럽의 많은 복지국가에서 이런 현상을 목격합니다.

세 번째 과제는 중앙과 지방의 공존입니다.

과거에는 중앙정부가 모든 것을 다 했거나, 혹은 정반대로 시장에 그 기능을 맡기고 정부의 일을 소홀히 하는 양극단의 선택을 해왔습니다. 그러나 오늘날에는 중앙정부가 전략적 사고와 방향에 집중하고, 실천적 활동은 마을의 주민들이 수행하는 방식이 더 효율적입니다. 구체적으로 보면, 세계적 차원의 기후변화 대응도, 경제 양극화의 해소도 결국은 지역 차원에서 해결해야 합니다. '생각은 세계적으로, 행동은 지역에서'라는 격언과 같은 의미죠.

이를 위해서 먼저 그동안 중앙정부가 가지고 있던 권한을 주민과 밀접하게 결합되어 있는 지방으로 분산해야 합니다. 한국 상황에서는 지방분권형 개헌과 함께 중앙의 권한을 지방으로 과감하게 이양하고, 예산과 조직의 자율권을 확충하고, 풀뿌리 자치가 더 깊이 뿌리내릴 수 있도록 해야 합니다. 이와 같은 변화는 시민주권 시대의 특성을 반영한 것이기도 하지요.

저는 현재 위 세 가지 과제를 가장 모범적으로 실천하는 나라가 북유럽 국가들과 유럽 대륙의 독일과 프랑스라고 생각합니다. 잘 알려진 바와 같이, 북유럽의 핀란드, 스웨덴, 노르웨이, 덴마크 등과 같은 나라는 인구가 1,000만 명을 넘지 않습니다. 그래서 우리나라와 직접 비교하기는 어려운 측면이 있습니다. 우리가 비교할 나라들은 우리와 인구 규모가 비슷한 독일, 영국, 프랑스, 이탈리아, 스페인과 같은 곳입니다.

저는 특히 EU에서 중심적 역할을 하고 있는 독일에 주목합니다. 독일은 1989년 동서독이 통합되는 과정에서 많은 혼란을 겪었습니다. 그럼에도 지금은 4차 산업혁명이라는 새로운 물결을 주도할 만큼 세계에서 가장 강한 산업 경쟁력을 지니고 있습니다. 노동조합이 기업 경영에 참여하면서 기업의 투명성도 높고, 직업 간 격차도 크지 않습니다. 우리나라와 제조업 비중도 비슷하지요. 또한 2021년까지 원자력발전소의 완전 폐쇄를 진행시키면서 재생에너지 비중을 급속하게 늘려나가고 있습니다. 독일의 경제 수도 격인 프랑크푸르트의 인구가 70만 명에 불과할 정도로 국가의 균형발전과 지방자치도 활성화되어 있지요.

그렇지만 유럽의 독일만으로 지구촌 전체 공존의 과제를 해결할 수 없습니다. 아시아 대륙에서는 누가 그 역할을 담당할 수 있을까요?

저는 대한민국이 그 역할을 해야 한다고 생각합니다. 아시아에는 일본과 중국이 있습니다. 우리와는 수천 년간 같은 문화권에 있었기 때문에 서로 잘 알고 있는 나라들입니다.

일본은 한때 세계 경제 2위 국가로 산업 경쟁력은 여전히 매우 우수합니다. 그러나 2차 세계대전의 침략 국가로서의 전후 처리가 미흡한 데다 자민당이 장기집권하면서 사회적 역동성이 급격히 약화되었습니다. 후쿠시마 원자력 발전소 사고의 처리 과정에서도 기존의 방식을 바꾸지 못했습니다. 이런 조건에서 공존의 시대를 이끌어나갈 리더십을 발휘하기에는 어려움이 많습니다.

중국은 등소평이 개혁개방 정책을 편 이래 세계의 공장 역할을 하면서 2016년 1인당 국민소득 8,200달러를 달성하며, 어느새 미국과 함께 G2가 되었습니다. 중국의 지도자 시진핑은 2017년 12차 당대회에서 2050년까지 중국이 세계적 영향력을 지닌 지도국가로 부상하는 계획을 발표했습니다.

중국이 13억 인구를 바탕으로 거대 시장을 형성하며 무한한 가능성을 가지고 있는 것은 사실입니다. 그러나 중국도 조만간 1인당 국민소득 1만 달러를 넘어섭니다. 소위 소득 1만 달러로 상징되는 절대 빈곤 상태를 벗어나 2만 달러로 향하게 되면 시민들의 다양한 욕구들이 분출됩니다. 통제된 언론 환경도 이대로 유지되기는 쉽지 않겠지요. 그런 다양한 욕구와 이해관계를 독특한 중국식 방식(정치는 사회주의, 경제는 자본주의)으로 수용·조절할 수 있을지, 또 어떤 변화를 겪게 될지 현재로서는 예측하기 쉽지 않습니다.

그럼, 우리 한국은 어떤가요? 2019년은 3·1운동과 임시정부 수립 100주년이 되는 해입니다. 우리의 근대 100년사를 되돌아보면 참 기적과도 같은 시간이었습니다. 잘 아시는 바와 같이 우리는 36년간 일본의 식민 지배를 받았으며, 해방과 함께 남북이 분단된 후 6·25전쟁을 치르면서 100만 명이 넘는 희생자를 냈고 폐허가 된 국토를 물려받았습니다.

그 후 약 70여 년. 그동안 우리는 서울 하계올림픽과 월드컵을 지러냈고 평창 동계올림픽을 앞두고 있습니다. 올해 1인당 국민소득도

3만 달러를 넘어서고, 인구 규모가 비슷한 유럽 국가들과 경제 규모를 비교하면 독일, 영국, 프랑스 다음으로 큽니다. 이미 이탈리아나 스페인은 따라잡았지요.

주변에 미국, 중국, 일본, 러시아 등 워낙 거대 국가들이 있다 보니, 우리는 상대적으로 스스로 작은 나라로 느끼는 경우가 많습니다. 그러나 우리는 결코 작은 나라가 아닙니다. 아직 국토가 분단되어 있지만 통일이 되면 국토는 영국만큼, 인구는 독일만큼 큰 나라입니다.

무엇보다 한국의 강점은 시민사회에 역동성이 살아 있다는 점입니다. 한국 현대사도 굴곡이 많았지요. 독재와 인권유린이 횡횡하던 시절에는 민주의 함성으로, 외환위기 때는 금 모으기 운동으로, 권력의 사유화와 국정농단 시기에는 촛불의 힘으로 이겨냈습니다. 무엇보다 우리 국민은 정보 공유 속도가 빨라 옳고 그름에 대한 분별력이 뛰어나고, 새로운 변화에 민감하며, 정의롭습니다.

아직 해결해야 할 숙제도 많습니다. 외환위기 이후 확대된 경제 양극화와 세계 최고 자살률, 최저 출산율 등의 문제를 안고 있고, 이산화탄소 발생 세계 7위 국가로서의 지구적 책임도 미흡한 편입니다. 남북의 평화적 통일도 민족사적 과제로 남아 있습니다.

그러나 세계적 복지 전문가들은 아시아에서 유럽형 복지국가에 가장 가까운 나라로 대한민국을 꼽습니다. 또한 현 정부는 원전과 석탄 발전소를 줄이고, 재생에너지 비중을 빠르게 높여나갈 예정입니다. 북의 연이은 핵과 미사일 실험으로 긴장이 유지되고 있지만 이를 잘 관리하면서 남북이 주도적으로 정전협정을 평화협정 체제로 바꿔나간다면, 언젠가 남북도 독일처럼 하나가 될 수 있을 것입니다. 어렵지만 해결할 수 있는 과제들입니다.

남은 문제는 우리의 '지구적 목표'입니다.

우리는 아시아에서 이미 경제력과 문화 창조력뿐 아니라 사회 역동성 등 여러 측면에서 최고 수준에 올라섰습니다. 특히 케이팝 등 한국의 문화는 아시아를 넘어 지구촌 전역에서 가장 사랑받는 콘텐츠로 자리 잡기 시작했습니다. 그렇다면 지구촌에서 우리 대한민국의 역할은 어디까지일까요?

저는 이제 대한민국이 지구촌의 가장 모범적 국가가 되는 것을 목표로 삼아야 한다고 생각합니다. 아니 실제 그렇게 될 것이라고 믿습니다. 지구촌은 아담 스미스의 주장처럼 각자 경제 활동을 열심히 하다 보면 보이지 않는 손이 작동하여 최적의 자원배분이 이루어지는 곳이 아닙니다. 누군가가 지구적 관점에서 의식적으로 노력해야만 지구의 운명도 바뀔 수 있습니다.

앞서 언급했지만, 병들어가는 어머니인 지구를 살리면서 찬란한 인류 문명을 유지 발전시켜 나가야 하는 지구촌의 숙제가 있습니다. 이 숙제는 70억 인류 모두에게 주어져 있습니다. 그러나 전체 인류가 겨울철 순천만의 청둥오리 떼처럼 일사불란하게 움직이기는 어렵습니다. 누군가 앞장서 노력해야 하겠지요. 저는 그 숙제를 유럽에서는 독일이, 아메리카 대륙에서는 미국이, 그리고 아시아에서는 한국이 중심이 되어 풀어나가야 한다고 생각합니다.

특히 한국은 근대 100년사를 통해 보여주었던 사회적 역동성을 바탕으로, 인구수로 따지면 전체 인류에서 약 1%에 불과한 민족이지만, 장차 지구촌 전체에서 가장 모범적 국가로서 역할을 하게 될 것이라고 생각합니다.

문명의 사춘기 – 인류의 미래

사춘기는 성적 성숙이 현저하게 눈에 띠며, 2차 성징이 나타나 남성다운 체격이나 여성다운 체형을 갖추기 시작한다. 그리고 생식기관의 성숙과 함께 성에 대한 관심과 성적 충동이 높아지고 그와 같은 육체적 변화와 함께 감수성이 예민해진다. 논리적 사고가 발달하여 독립심이 생기고 자아의식이 강하게 일기 시작한다. 또한 주위에 대한 부정적 태도가 강해지며 구속이나 간섭을 싫어하고 반항적인 경향으로 치닫는 일도 많다. 그리고 에너지가 왕성해져 신체적·정신적으로 힘이 솟아올라서 가만히 있기가 어려워진다. 새로운 일이나 미지의 세계에 대한 관심이 커져 의욕도 그 어느 때보다 왕성하다.

위 문장은 사춘기에 대한 백과사전의 설명입니다. 사춘기의 이런 특성에서 유추하여, 천문학자 칼 세이건은 그의 책《코스모스》에서 인류의 현주소를 '문명의 사춘기'라고 표현했습니다.

저는 우주 138억 년 역사, 지구 46억 년 역사, 생명 창조 38억 년 역사, 인류 700만 년 역사를 통틀어 '문명의 사춘기'라는 문구가 우리 인류를 가장 적절하게 표현해준다고 생각합니다.

현재까지 확인된 바에 따르면, 무한히 넓고 깊은 우주에서 지구 행성처럼 다양한 생명체가 살고 있는 곳은 우리 지구가 유일합니다. 특히 그중 가장 최근에 출현한 인류가 직립, 불의 발견, 언어와 문자 사용의 과정을 통해 당대의 지적 자산을 누적하여 대물림하면서 오늘날과 같은 찬란한 문명을 만든 생명체 역시 우리가 유일합니다.

여기까지 오게 된 과정을 눈을 감고 파노라마처럼 펼쳐보면 곳곳에 정말 기적 같은 역사적 변화가 있었음을 깨닫게 됩니다. 특히, 우리 인류가 태어나 걸음마 단계와 아동기를 거쳐 사춘기 시기까지 온 것만으로도 참으로 대단한 일입니다.

문제는 우리 인류가 사춘기까지 잘 성장했다고 해서 훌륭한 성인으로 계속해서 성장할 것인지, 아니면 사춘기를 극복하지 못하고 나락으로 떨어질 것인지는 알 수 없다는 점입니다. 사춘기는 그 시기의 특성상 감수성이 예민하고, 독립심과 자의식이 강해지며, 간섭을 싫어하고, 반항적 경향으로 치달을 수 있기 때문이죠.

그렇다면 어떻게 해야 할까요?

우선 우리 인류가 여기까지 온 과정을 긴 호흡으로 살펴볼 필요가 있습니다. 우리는 흔히 눈앞의 나무만 바라보면서 숲 전체를 보지 못하는 경우가 많습니다. 당장 눈앞의 이익만을 취하다 보면, 결과적으로 큰 손해를 볼 수 있지요. 하여 망원경의 조리개를 늘렸다 줄였다 하면서 숲과 나무를 모두 관찰할 수 있어야 합니다.

여기서 말하는 숲은 '빅 히스토리'이자 '코스모스'입니다. 오늘날 나 자신과 인류의 현재를 이해하려면 우주의 시작부터 현재까지의 변화 과정을 전반적으로 이해할 필요가 있습니다. 내 몸을 이루고 있는 원소들, 그리고 지구의 하찮게 굴러다니는 돌멩이부터 우리가 알고 있는 모든 생명체의 원소들도 모두 우주에서 만들어졌기 때문입니다.

우주의 변천사는 곧 나의 변천사를 의미합니다. 이 변천사를 유심히 따라가다 보면 여섯 번째 멸종이 눈에 들어옵니다. 다섯 번째 멸종의 주인공이 공룡이었다면 그다음 멸종의 주인공은 다름 아닌 인류가 될 가능성이 높습니다. 부정하고 싶지만 과학적인 사실입니다.

나무는 우리가 살고 있는 삶의 현장입니다. 오늘의 삶의 현장은 우리의 과거가 되고, 역사가 됩니다. 그 역사가 사회와 나라와 지구촌 전체에 하루하루 쌓이게 되는 것이죠. 우리는 숲에 해당하는 우주적 시각을 가지면서도 하루하루 나무와 같은 삶의 현장을 진지하고 치열하게 가꾸어가야 합니다. 멸종은 긴 과정이지만, 결국 하루하루가 쌓이는 누적적 결과이기 때문입니다. 그런데 아직 많은 사람들은 숲은 보지 못한 채 당장 눈앞의 이익만 좇는 경우도 많습니다. 안타깝지요.

결론적으로 인류가 문명의 사춘기를 잘 극복하고 성년이 되려면, 여섯 번째 멸종의 주인공이 되지 말아야 합니다. 다시 말해, 우리 인류가 현재까지 이룩한 찬란한 문명을 계속해서 더 발전시키려면 기후변화로 상징되는 멸종의 길을 삶의 현장에서 빨리 차단하고 공존의 시대로 가야 한다는 것입니다.

그 책임은 70억 인류 모두에게 있습니다. 나에게도 1/70억의 책임이 있지요. 앞서 행복은 전염된다고 했습니다. 따라서 인류를 멸종으로부터 구하는 일도, 행복을 전염시키는 것처럼, 나부터 시작하여 주위로 퍼트려나가야 합니다.

이 책 〈글머리〉에 쓴 것처럼, 제가 '지구를 지키는 독수리 5형제'가 되겠다는 꿈을 갖게 된 것도 이와 같은 이유 때문입니다. 다행히 지구촌에 독수리 5형제가 되겠다는 사람들이 점점 늘어나고 있습니다. 또한, 인터넷과 SNS 등 현대 문명이 발달하면서 사람들 사이의 공감대도 빠른 속도로 넓어지고 있습니다.

이렇듯 지구촌 전체에서 독수리들이 지구를 지키기 위해 서로 연대하고 협력해나가다 보면 머지않은 시일 내에 기후가 정상화되고 지구의 생태 발자국이 줄어드는 때가 오게 되겠지요.

저도 다른 이들과 같이 우주에서 온 생명체입니다. 나름대로 의미를 부여하며 살다가 언제가 다시 우주로 되돌아가겠지요. 몸은 우주로 되돌아가지만, 인류 문명사 어느 한편에 '그대 독수리 5형제 덕분에 문명의 사춘기를 슬기롭게 극복하는 데 도움이 되었다'는 작은 흔적 하나 남길 수 있으면 좋겠습니다.

공존의 시대

초판 1쇄 인쇄 2018년 1월 25일
초판 1쇄 발행 2018년 2월 8일

지은이 • 김성환

발행인 • 양문형
펴낸곳 • 타커스
등록번호 제313-2008-63호
주소 서울시 종로구 대학로14길 21 (혜화동) 민재빌딩 4층
전화 02-3142-2887 팩스 02-3142-4006
이메일 yhtak@clema.co.kr

ⓒ 김성환 2018

ISBN 978-89-98658-49-6 (03340)

이 도서의 국립중앙도서관 출판시도서목록(CIP)은 서지정보유통지원시스템 홈페이지
(http://seoji.nl.go.kr)와 국가자료공동목록시스템(http://www.nl.go.kr/kolisnet)에서
이용하실 수 있습니다.(CIP제어번호: CIP2018001700)